Rosie Swale, geboren in Davos in der Schweiz, wuchs als Waise bei ihrer Großmutter in Irland auf, die nichts von Schulerziehung hielt, dafür um so mehr von Selbstverantwortung und der Idee, daß alles, was man wirklich möchte, machbar ist. Rosie Swale ging also erst ab ihrem 13. Lebensjahr in die Schule. Nach ihrer Ausbildung als Reporterin reiste sie nach Indien, Nepal und Rußland und schrieb darüber ihr erstes Buch. 1972–1973 segelte sie zusammen mit ihrem Mann und ihren zwei kleinen Kindern mit dem Katamaran nach Australien und um das Kap Horn zurück. Auch über diese Reise entstand ein Buch. 1983 überquerte sie allein den Atlantik in einem 6-m-Boot
Heute lebt sie mit ihrer
kleinen Dorf in Wales.

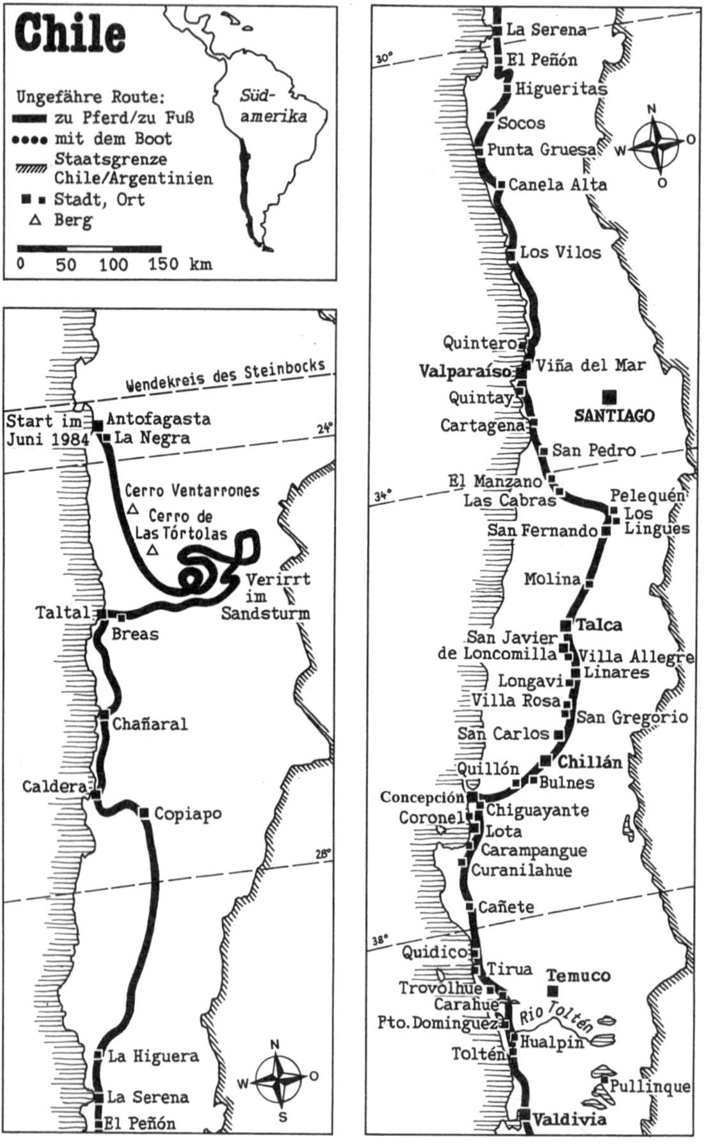
Chile
Ungefähre Route:
zu Pferd/zu Fuß
mit dem Boot
Staatsgrenze Chile/Argentinien
Stadt, Ort
Berg
0 50 100 150 km
Süd-amerika
Wendekreis des Steinbocks
Start im Juni 1984
Antofagasta
La Negra
24°
Cerro Ventarrones
Cerro de Las Tórtolas
Verirrt im Sandsturm
Taltal
Breas
Chañaral
Caldera
Copiapo
28°
La Higuera
La Serena
El Peñón
N
W
O
S
30°
La Serena
El Peñón
Higueritas
Socos
Punta Gruesa
Canela Alta
Los Vilos
Quintero
Valparaíso
Viña del Mar
Quintay
SANTIAGO
Cartagena
San Pedro
El Manzano
34°
Las Cabras
Pelequén
Los Lingues
San Fernando
Molina
Talca
San Javier de Loncomilla
Villa Allegre
Linares
Longavi
Villa Rosa
San Gregorio
San Carlos
Chillán
Quillón
Bulnes
Concepción
Chiguayante
Coronel
Lota
Carampangue
Curanilahue
Cañete
38°
Quidico
Tirua
Temuco
Trovolhue
Carahue
Rio Toltén
Pto. Dominguez
Hualpin
Toltén
Pullinque
Valdivia

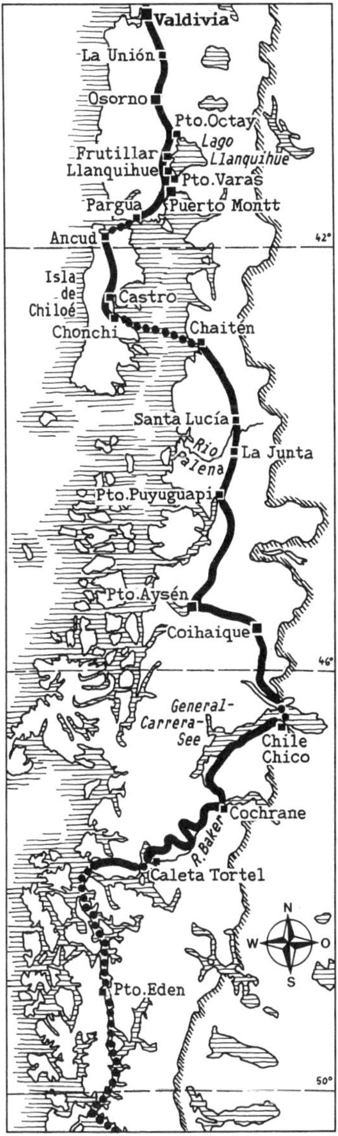

Valdivia
La Unión
Osorno
Pto. Octay
Lago Llanquihue
Frutillar
Llanquihue
Pto. Varas
Pargua
Puerto Montt
Ancud
42°
Isla de Chiloé
Castro
Chonchi
Chaitén
Santa Lucía
Río Palena
La Junta
Pto. Puyuguapi
Pto. Aysén
Coihaique
46°
General-Carrera-See
Chile Chico
Cochrane
R. Baker
Caleta Tortel
N
W
O
S
Pto. Eden
50°

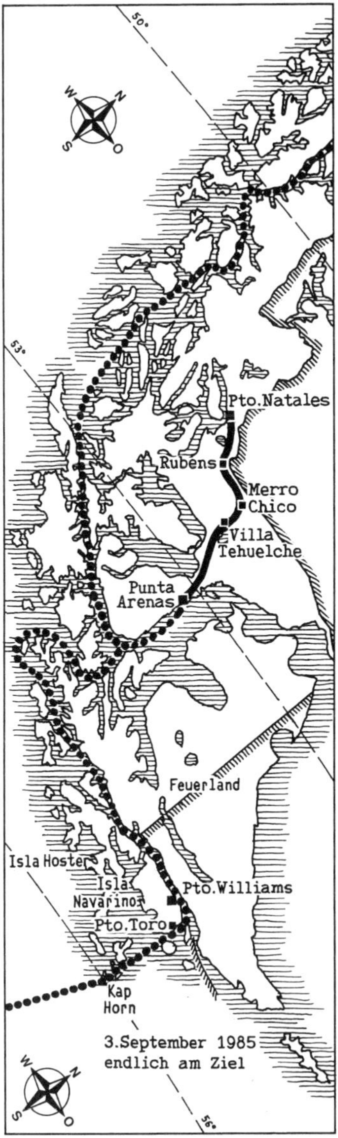

50°
W
N
S
O
53°
Pto. Natales
Rubens
Merro Chico
Villa Tehuelche
Punta Arenas
Feuerland
Isla Hoste
Isla Navarino
Pto. Williams
Pto. Toro
Kap Horn
3. September 1985 endlich am Ziel
56°

Rosie Swale

Zu Pferd durch Chile

Ein Jahr unterwegs bis zum Kap Hoorn

Aus dem Englischen
von Werner Peterich

SIERRA

Die Deutsche Bibliothek – CIP-Einheitsaufnahme
Ein Titeldatensatz für diese Publikation ist bei
Der Deutschen Bibliothek erhältlich

REISEN · MENSCHEN · ABENTEUER

2.überarbeitete Auflage 2001
SIERRA bei Frederking & Thaler Verlag, München,
einem Unternehmen der Verlagsgruppe Random House GmbH

erschienen bei Harper Collins, London
Originaltitel: Back to Cap Horn
Titelfoto/Fotos: Rosie Swale
Autorenfoto: Clive F. B. Pope
Karten: Gert Köhler
Umschlaggestaltung: Atelier Seidel, Altötting
Lektorat: Susanne Härtel, München
Infos: Rosie Swale und Gabriele Herzog
Produktion: Sebastian Strohmaier, München
Gesamtherstellung: Presse-Druck Augsburg
Papier: Das Papier wurde aus chlorfrei gebleichtem Zellstoff hergestellt
ISBN 3-89405-030-6

www.frederking-und-thaler.de

Inhalt

Zurück zum Kap Horn?

Ich bin überzeugt, daß der Glauben Berge versetzt, und ich glaube, daß Luftgeister aus Flaschen entweichen und einem heimliche Wünsche erfüllen; vor allem aber glaube ich, daß – wenn man etwas von ganzem Herzen will – man es auch schafft.

An einem dunklen Januarabend des Jahres 1984 saß ich in meinem Cottage in Wales vor dem Kaminfeuer, setzte das Weinglas ab und sagte mir: „Ich möchte noch einmal zurück zum Kap Horn." Als das Feuer an diesem Abend heruntergebrannt war, hatte in meinem Kopf in Umrissen ein Plan Gestalt angenommen.

Vor elf Jahren – am 8. Februar 1973 – war ich mit meinem Mann und zwei kleinen Kindern in einem zehn Meter langen Katamaran um das Kap Horn herumgesegelt. Es war der Höhepunkt einer Weltumseglung gewesen – einer Reise, die wir vielleicht nie hätten machen sollen. Colin und ich waren noch sehr jung gewesen, aber vielleicht hatten wir uns auch etwas vom Instinkt wilder Tiere bewahrt, die ihre Brut selbst in Zeiten größter Gefahr bei sich behält. In all den elf Jahren, die seither vergangen sind, haben mich nie Bilder meiner Kinder verlassen, wie sie mit jungen Albatrossen, Robben und langen Streifen Blasentang spielen. Auch das Kap Horn hatte ich in meinem Herzen bewahrt, und es bedeutete mir mehr als jeder andere Ort auf Erden.

Schönheit und Zauber dieses fernen Tages verfolgten mich immer noch; auch kann ich nie vergessen, daß das Kap Horn – die gefährlichste Wasserstraße der Welt, das Grab Tausender von Schiffen und einer der ungezähmtesten Landstriche überhaupt – unsere Unschuld nicht bestraft hatte.

Seither war viel geschehen. Meine Ehe mit Colin war gescheitert, und Eve und Jimmy waren inzwischen zu aufgeweckten Teenagern herangewachsen, die im Augenblick bei ihrem Vater lebten und vollauf mit ihren eigenen Träumen und ihrer Ausbildung beschäftigt waren. Eve bemühte sich um die Zulassung zum Studium der Veterinärmedizin, und Jimmy ging völlig in seinem Karate, seinem Ingenieurstudium und seiner Musik auf.

Ob ich wohl Kap Horn noch einmal sehen wollte, um danke schön zu sagen? Um einen Geist zu bannen? Um Erinnerungen aufzufrischen? Oder um etwas Neues zu finden?

Zunächst einmal wußte ich nur eines: daß meine Reise bis ans Ende der Welt diesmal anders vonstatten gehen, daß sie etwas Besonderes sein müßte. Weder wollte ich Kap Horn einfach noch einmal mit einem Segelboot umrunden noch etwa mit einem Flugzeug darüber hinwegfliegen. Und so nahm ein Plan immer deutlicher Gestalt in mir an. In den nächsten Tagen und Nächten war ich vollauf damit beschäftigt, in meinem Cottage auf und ab zu tigern und zu versuchen, meine Idee fester zu umreißen.

„Diesmal", notierte ich mir, „soll die Herausforderung darin bestehen, daß es eine Überlandreise ist. Ich werde allein von dort, wo Südamerika am dicksten ist, bis hinunter an den ausgefransten Schwanz und die geheimnisumwitterte Landseite des Kaps hinunterreiten und dabei die südliche Inselwelt Chiles durchqueren, die zwar nur ein Prozent der Bevölkerung, dafür aber neunundneunzig Prozent der Geheimnisse dieses Landes birgt.

Ich habe vor, ungefähr in dem gleichen Tempo zum Horn vorzustoßen, mit dem ich damals daran vorübergesegelt bin – und zwar diesmal zu Pferde, denn das Pferd ist jahrhundertelang für die Abenteurer an Land das gewesen, was für die auf See das Segelschiff war. So werde ich mich dem Geist dieser unerschrokkenen Pioniere näher fühlen, wenn ich mich auf dieselbe Art und Weise vorwärtsbewege, die ihnen zur Verfügung standen. Außerdem liebe ich Pferde. Während meiner Kindheit in Irland war meine beste Spielkameradin und Vertraute eine stolze Rappstute namens Columbine gewesen. Wie oft war ich mit einem Beutel Lebkuchen als Proviant den ganzen Tag auf Erkundung fortgeritten, wobei ich mir vorstellte, irgendein großes Abenteuer zu erleben! Mit Pferden müßte es zu schaffen sein, den größten Teil der Strecke zu Lande zurückzulegen und nur dort Fähren zu benutzen, wo in dem verrückten Puzzle des äußersten chilenischen Südens ein paar Teile fehlen ..."

Aus irgendeinem Grund schien der Ort, an dem mein Abenteuer beginnen sollte, genauso wichtig zu sein wie das Ziel. Vor elf Jahren war für uns Kap Horn der Höhepunkt eines gewaltigen Kampfes gewesen, in dessen Verlauf wir über neuntausend Kilometer des Südmeers bewältigt hatten. Deshalb schien es irgendwo nicht recht, meine Reise etwa von Aisén oder Magallanes aus anzutreten, um gleichsam „von nebenan" ans Kap zurückzukehren, auch wenn ich dabei die ganze chilenische Inselwelt zu durchqueren hätte, einer der ungewöhnlichsten und am wenigsten erforschten Landstriche der Erde. Auf seltsame Weise hing die Freude des Zurückkehrens zusammen mit den Mühen und Schwierigkeiten hinzukommen.

Ich lebte gern in Wales, und das brachte mich auf eine Idee. Die meisten Waliser Pioniere, die um die Jahrhundertwende der Armut ihrer Heimat entflohen waren, um es mit dem ungezähmten Land in Südamerika aufzunehmen, waren nach Argentinien ausgewandert. Dort hatten sie sich an Orten wie Trevelin oder Esquel niedergelassen. Während der Nachwehen des Falklandkrieges war es mir vielleicht nicht möglich, nach Argentinien hineinzukommen. Einige Waliser waren jedoch auch nach Chile ausgewandert und hatten zu den Gründervätern der Stadt Antofagasta gehört, die viertausend Kilometer nördlich von Kap Horn mitten in der Atacama-Wüste liegt. „Dort", sagte ich mir, „werde ich meinen Ritt beginnen."

Nicht viele Träume werden Wirklichkeit. Da saß ich nun,

klammerte mich an meine phantastische Idee, hatte aber wenig sonst, woran ich mich halten konnte. Ich hatte kein Geld, um eine solche Expedition zu finanzieren, und verfügte über wenig Information, wie man so etwas anfängt. Meine früheren Abenteuer hatten sich auf dem Meer abgespielt, und auf See gelten überall auf der Welt dieselben Regeln. Ein Landunternehmen muß anders sein; dabei muß der Reisende sich nicht nur nach den Gesetzen der Natur richten, sondern auch noch nach den Sitten und Gebräuchen der Menschen.

Eine sorgfältige Vorbereitung für eine Expedition kann über Erfolg und Mißerfolg entscheiden. Ehe ich auch nur anfangen konnte, meine Reise im einzelnen zu planen, galt es, die Antwort auf die eine entscheidende Frage zu finden: Läßt sich das, was ich vorhabe, überhaupt verwirklichen? „Unmöglich“ bedeutet für gewöhnlich nur: „fast unmöglich“ – und in dem kleinen Wörtchen „fast“ steckt das Abenteuer.

Im Laufe der nächsten paar Wochen schrieb ich Briefe und telefonierte. Meine Regale bogen sich unter der Last Dutzender von Büchern über Südamerika. Ein Faltblatt nach dem anderen aus der langen Landkarte von Chile – einem Land, das sich über vierzig Breitengrade hinzieht (wenn man die Antarktis hinzurechnet, sogar siebzig) – legte ich auf dem Fußboden meines Cottage aus.

Reiche Leute brauchen nur Schecks auszuschreiben, um dorthin zu kommen, wo sie hin wollen. Ärmere müssen Bücher schreiben, was wesentlich schwieriger ist – eine Tatsache, deren ich mir zunehmend bewußt wurde, als ich mich fast eine Woche lang damit herumschlug, nur ein paar Seiten für eine Buchsynopsis hervorzubringen. Ich war angewiesen darauf, daß jemand auf ein ungeborenes Buch setzte und mir einen Vorschuß zahlte, der ausreichte, um die Reise zu finanzieren. Ohne ihn mußte ich den Plan aufgeben.

„Schlechte Zeiten, so was finanziert zu bekommen", sagten mir alle. „Und was ist, wenn Sie mit dem Vorschuß nach Chile fahren, und in der ersten Woche fallen Sie in eine Schlucht, brechen sich das Bein, und es gibt kein Buch?"

„Es gibt aber auch kein Buch, wenn alles glattläuft und nichts Ungewöhnliches passiert."

„Oder wenn zuviel Ungewöhnliches passiert und Sie überleben nicht ..."

Vielleicht konnte ich eine Firma bewegen, mir einen Teil des Geldes aus ihrem Werbeetat vorzustrecken? Doch wie sollten die Leute mir glauben, wenn ich gleich am Anfang meines Buches behauptete, irgendein bestimmtes Produkt sei gut, bloß weil ich dafür bezahlt worden war? Ich wollte unbedingt, daß das Buch frei geboren werden würde – und daß es niemandem etwas schuldete, außer dem Verleger.

Doch ich brauchte Geld. Je mehr fachmännischen Rat ich einholte und je tiefer ich in die faszinierende Welt der Expeditionsausrüstung eindrang, desto mehr ging mir auf, daß ich mich unmöglich mit einem Schlafsack, einem Zelt oder auch Kleidung begnügen konnte, bloß weil der Preis verführerisch niedrig, die Dinge sonst aber einfach ungeeignet waren. Nicht anders als bei einer Seereise mußte auch hier die Ausrüstung hinsichtlich der Qualität und nicht der Kosten ausgesucht werden. Was jedoch hatte ich zu bieten, um eventuelle Rabatte zu erhalten oder Gelder zur Unterstützung meiner Reise? Meine einzige Hoffnung bestand darin, einen Hersteller zu bewegen, mich so etwas wie ein Testpilot sein zu lassen, der hinterher seine ehrliche Meinung darüber abgibt, wie ein bestimmtes Produkt sich bewährt hat.

Schließlich wurde es April, und plötzlich erwachten nicht nur die Heckenrosen und Narzissen in Pembrokeshire zu neuem Leben, sondern auch meine Pläne. Der Verleger William Collins beauftragte mich, ein Buch zu schreiben. Es fällt mir schwer, die Erregung zu beschreiben, die mich befiel, als plötzlich alles ins

Rollen geriet, weil einige Leute endlich das Zauberwort „ja" ausgesprochen hatten. Von einem bestimmten Punkt an wird aus einem Vorhaben eine Leidenschaft, und es gibt kein Zurück mehr, weil andere sich genauso begeistern konnten wie man selbst.

Sobald ich den Brief vom Verlag mit dem Auftrag in den Händen hatte, ließ ich ihn zusammen mit der Buchsynopsis ins Spanische übersetzen und schickte beides an Lorenzo Prieto, Kulturattaché an der chilenischen Botschaft. Der fügte noch einen Begleitbrief bei, in dem er um alle möglichen Informationen bat, insbesondere darüber, wo ich am besten die Pferde kaufen könnte, die ich für die Reise brauchte, und schickte das ganze Konvolut an Señor Carlos Jelvez, den Tourismus-Direktor von Antofagasta.

Die Vorbereitung auf mein Abenteuer war äußerst lehrreich und demonstrierte mir zugleich, wie hilfsbereit die Menschen doch sind. Ein Vertreter einer Ausstatter-Firma kam eigens von Nordengland herunter und baute in meinem großen Wohnzimmer, das Kummer gewohnt war, drei Zelte auf, damit ich mir schlüssig werden könnte, welches mir am besten gefiel. So entschied ich mich für ihr Phazor Dome, ein frei stehendes, besonders windabweisendes Iglu-Zelt.

In einer Anwandlung von Großzügigkeit hatte ich einen Teil meiner Ersparnisse für ein prachtvolles Paar Stiefel ausgegeben und angefangen, sie in den Presil Hills einzulaufen. Nie zuvor hatte ich so etwas Teures an den Füßen gehabt. Doch vergaß ich darüber nicht die anderen vier Beine der Expedition. Unermüdlich suchte ich Veterinärstationen auf, besonders die von Dai Bowen, einer der erfahrensten Tierärzte in Pembrokeshire. Während seiner Zeit bei der Army im Pandschab hatte er außerdem große Erfahrung mit Tragtieren gewonnen.

Dai Bowen zeigte mir, wie man einem Pferd eine Spritze gibt, wie man es beschlägt, wie man eine örtliche Betäubung bei ihm vornimmt und wie man mit dem leuchtendgrünen Chirurgenfaden, den er mir zur Verfügung stellte, Wunden vernähte. Er

Mein geliebtes Iglu-Zelt – meine Wohnung für lange Zeit

lehrte mich, die Anzeichen einer Kolik und anderer Krankheiten zu erkennen und auf Schnitt- und Kratzwunden, Quetschungen, Scheuerstellen und Entzündungen und überhaupt auf Verletzungen jeglicher Art zu achten – und seien sie noch so leicht. Ich sollte hellwach auf jede Veränderung des Pferdes achten, sogar im Augenausdruck. „Untersuchen Sie Ihre Pferde nach jedem Tagesritt ganz gründlich, als ob Sie eine Detektivin wären", sagte er mir.

Als ich aus Dai Bowens tierärztlicher Praxis herauskam, wankte ich förmlich unter den Riesenpaketen Pferdemedizin. Da gab es Ampullen mit B12-Vitamin-Spritzen, die ganz allgemein der

Gesundheit des Tieres dienlich sein sollen, sowie Spritzen gegen nahezu jedes Pferdeleiden. Der wichtigste Rat jedoch, den Dai mir gab, bezog sich auf den Packsattel. „Bitten Sie das *Royal Army Veterinary Corps,* Ihnen einen zu leihen", sagte er. „Südamerikanische Packsättel sind tödlich für den Pferderücken."

Eine Woche später fuhr ich daher nach Leicestershire, wo Major Bill Beldham vom RAVC mich in einen Raum führte, der mehr von einem einschlägigen Tempel – mit Sattelfett statt Weihrauch – hatte als von einer Sattelkammer. Alles sah viel zu schön und auf Hochglanz gefettet und gewienert aus, als daß man es hätte anfassen, geschweige denn auf eine lange und schmutzbringende Expedition hätte mitnehmen können. Doch Bill Beldham lieh mir nicht nur einen wunderschönen Packsattel – einen von vieren, die die britische Army nur besaß – sowie Futterbeutel, Halfter und alle möglichen anderen Ausrüstungsgegenstände, sondern auch noch das handschriftliche Exemplar eines „Handbuchs für den Transport zu Pferde". Es enthielt die Grundprinzipien des Beladens und gab Hinweise darüber, wann Rast eingelegt werden müßte, ja es enthielt überhaupt eine Fülle nützlicher Informationen. Unter anderem fand sich hier der Rat wieder, den mir schon Dai Bowen und andere Tierärzte gegeben hatten: „Am besten geht es mit einheimischen Tieren."

Sosehr ich mich auch bemühte, sie zu verdrängen, die Bezeichnung „einheimische Tiere" setzte sich in mir fest. Auch wenn ich vorhatte, nur durch ein einziges Land zu reiten, galt es zu berücksichtigen, daß Chile sich über mehrere extreme Klimazonen erstreckt. Sämtliche Fachleute, die ich konsultierte, waren eisern der Ansicht, es sei ausgeschlossen, für dieses Unternehmen von Anfang bis Ende nur dieselben zwei Pferde zu benutzen.

Das traf mich bis ins Mark. Ich hatte kein Interesse, durch Chile zu reiten und unterwegs die Pferde zu wechseln wie Autobusse. Wovon ich träumte, das waren zwei schöne, charaktervolle Pferde, die mich die ganze Strecke über begleiten würden. Sie sollten die

Hauptthelden meines Buches sein und – wie ich hoffte – zu engen Freunden und Gefährten werden, also weit mehr als bloße Transportmittel.

Die Experten wiesen mich immer wieder darauf hin, daß das, was ich wollte, ein Ding der Unmöglichkeit sei. „Kein Pferd", erklärten sie mir, „kann sich innerhalb von so kurzer Zeit so weit umstellen, daß es sowohl die Hitze der Atacama-Wüste als auch das Eis in der Nähe von Kap Horn erträgt. Sie werden eingehen. Da müssen Sie Maultiere nehmen oder sich auf Pferdewechsel einlassen."

Einer jedoch war offensichtlich nicht dieser Ansicht. Wie aus heiterem Himmel erhielt ich kaum drei Wochen vor meiner Abreise aus England ein an meinen Verleger gerichtetes Fernschreiben von einem Señor Germán Claro Lira, der sich erbot, mir zwei von seinen chilenischen Vollblütern zur Verfügung zu stellen. Die Buchsynopse, die von Lorenzo auf die andere Seite der Welt geschickt worden war, hatte ein Wunder bewirkt.

„Meine Pferde", hieß es in diesem Telex, „entstammen der ältesten Zuchtlinie reinrassiger chilenischer Pferde namens Aculeo, deren bewußte Zucht bis auf das Jahr 1760 zurückgeht. Die Ahnen der Aculeos hatten das Blut von Berbern, Nubiern und Arabern, die von den Moslems aus Afrika nach Spanien gebracht worden waren. Um 1700 überlebten die widerstandsfähigsten von ihnen eine Seereise, die sie von Spanien über das Kap Horn bis nach Chile führte. Fünfundsiebzig Jahre später gingen aus den Blutlinien der Aculeos die Lipizzaner der Spanischen Hofreitschule in Wien hervor." Des weiteren schrieb er, sie hätten während des Pazifikkrieges in der Atacama, im Burenkrieg und während des Krimkrieges auf seiten der Briten Verwendung gefunden. Aculeos waren, so schien es, stets von denen gesucht worden, die von einem Pferd mehr verlangen mußten, als eigentlich möglich war. Per Telex übermittelte ich Señor Lira, daß ich sein Angebot dankend annähme.

Am 11. Juli 1984 schloß ich mein Cottage hinter mir ab. Ich verabschiedete mich von meiner Nachbarin, die mir einen Kuß auf die Wange gab. Und ich sagte der kleinen Kirche nebenan sowie den geduldigen Grabsteinen Lebewohl, zwischen denen ich an sonnigen Tagen manchmal die Geister der Verstorbenen um Erlaubnis gebeten hatte, meine Wäsche trocknen zu dürfen.

Bei einem Interview mit der BBC-Cardiff wurde ein riesiger Karton ins Studio getragen, und auf Drängen des Produzenten wurde das Überraschungspaket sogleich geöffnet. Zum Vorschein kamen zwei Sturmhauben, zwei Paar dunkelblaue Handschuhe sowie zwei Paar himmelblauer Unterhemden und lange Unterhosen!

In Reaktion auf ein erregtes Telefongespräch, das ich zwei Tage zuvor mit einer Wäschefirma geführt und in deren Verlauf ich erklärt hatte, daß diese lebensnotwendigen und fest versprochenen Ausrüstungsgegenstände noch nicht eingetroffen seien, hatte der Fabrikant in aller Eile mit einem Geldtransporter von Yorkshire aus eine Ersatzsendung nach Cardiff auf den Weg gebracht. Diese Thermounterwäsche sollte sich für mich als wertvoller erweisen als alle Diamanten oder Gold.

Als ich in Heathrow schließlich mutterseelenallein zwischen meinen Bergen von Gepäck stand, mußte ich an die Geschichte denken, die meine Großmutter immer erzählt hatte, von einer indischen Prinzessin, die stets und überall mit mindestens vierzig Koffern reiste, von denen nur ein oder zwei ihre Habseligkeiten enthielten, während die anderen mit Steinen gefüllt waren, *just for show!* Das aber muß vor der Zeit der Flugreisen gewesen sein. Mir taten alle Glieder weh von der Anstrengung, Gepäck mit mir herumzuschleppen, das eigentlich für acht Beine gedacht war. Ja, ich war so sehr mit Paketen beladen, daß ich es nicht schaffte, damit durch die Tür des Damenklos zu kommen, und so mußte ich statt dessen leiden. Eine zweite Krise tat sich beim Einchecken auf. Ich war gerade dabei zu überlegen, wie ich die etwa fünfzig Kilo

Übergewicht an Pferdemedikamenten erklären sollte, und ob ich den Packsattel wirklich selbst mit ins Flugzeug schleppen müsse, wobei ich Zaumzeug und Halfter am Leib trug, als wäre dies der letzte Schrei in modischen Accessoires für Damen. Doch alle Sorge erwies sich als überflüssig, denn die venezolanische Fluggesellschaft erwies sich als überaus entgegenkommend und ließ das Ganze gratis im Bauch der Maschine verschwinden.

„Was sollen eigentlich all die vielen Witze über Seeleute zu Pferde?" fragte der Steward lächelnd, als ich es mir auf meinem Platz bequem machte.

Erste Berührung mit Südamerika

Vor einem Jahr um diese Zeit war ich auf der winzigen Fünfeinhalb-Meter-Yacht *Fiesta Girl* mutterseelenallein über den Atlantik geschippert. Auf diesem Törn hatte es drei Augenblicke gegeben, in denen ich glaubte, ich würde nie wieder einen Baum, Grashalm oder das Gesicht eines anderen Menschen zu sehen bekommen. Als ich jetzt über Paris, Madrid und Caracas hinwegflog, um meine erste Landexpedition anzutreten, nahm ich mir vor, den Schatz meines vom Meer gebeutelten Geistes zu bewahren und dafür zu sorgen, daß meine Sinne stets so hellwach und aufnahmefähig wären wie damals, als ich nach siebzig Tagen allein auf See schließlich in New York eintraf.

Als der Morgen des 13. Juli heraufdämmerte, flogen wir parallel zu einer Bergkette von so gewaltigen Ausmaßen, daß es mir schwerfiel zu glauben, es immer noch mit unserem Planeten zu tun zu haben. Das, was ich da sah, waren die Anden, und bald landeten wir in Lima, einer faszinierenden Stadt, die Zwischenstation auf dem Billigflug von England bis in den Westen Südamerikas war.

Am nächsten Tag flog ich mit einer kleineren Maschine über Hunderte von Kilometern öden braunen Landes bis an die chilenische Grenze. In den klaffenden Rissen zwischen endlosen Felsen und Sanddünen vermochte ich nur ein oder zwei winzige Siedlungen auszumachen. Wovon leben die Menschen hier? fragte ich mich, trank heißen Kaffee und verzehrte Sandwiches vom Plastiktablett der Bordküche. Worüber denken sie nach? Über was reden sie? Plötzlich ging mir auf, daß auch ich binnen kurzem mit solchem Gelände würde fertig werden müssen. Also lautete die Frage doch wohl zutreffender: Worüber werde *ich* nachdenken? Wie werde *ich* damit fertig? Ich kam mir in diesem Moment überhaupt nicht wie eine mutige Abenteurerin vor, sondern eher unendlich verletzlich.

Am Sonntag, dem 15. Juli, traf ich endlich in Antofagasta ein, jener historischen Wüstenstadt gleich unterm Wendekreis des Steinbocks, von der aus ich meinen Ritt antreten wollte. Als ich vor dem ein wenig außerhalb gelegenen Flugplatz stand und wie benommen meinen Blick über die Atacama schweifen ließ, kamen mir zum erstenmal Zweifel, ob dieser Entschluß auch klug gewesen sei. Ich hatte mir vorgestellt, daß diese Wüste wenigsten ein paar Büsche, ein paar Sträucher aufwies, statt dessen sah das Gelände zu beiden Seiten der Rollbahn aus wie eine Mondlandschaft: endlose dünenähnliche Hügel aus Sand und Kies und in der Ferne hohe Berge.

Die Stadt Antofagasta selbt nahm sich bei meiner Ankunft trotz ihrer eleganten Bürobauten, schmucken Wohnhäuser und Hotels, die auf die schöne Antofagasta-Bucht hinausgingen, eher wie eine Insel aus, die den Grenzbereich zwischen dem blauen Pazifik und dem Sandmeer der Wüste ausfüllte.

Trotz meiner Bedenken war ich glücklich, endlich angekommen zu sein. Ich hatte nun seit so vielen Monaten an Chile gedacht und von Chile geträumt, daß es mir jetzt überhaupt nicht wie ein fremdes Land vorkam. Fast hatte ich das Gefühl, als käme ich nach

Ankunft in Antofagasta

Hause. Irgendwie schaffst du es schon, sagte ich mir und hoffte optimistisch, daß mich das Schicksal, das mir bisher immer freundlich gesonnen gewesen war, auch diesmal nicht im Stich lassen würde.

Immerhin hatte mein gesamtes Gepäck den Flug heil überstanden. Das heißt: doch nicht ganz. Eine Tube mit einem Anti-Wurmmittel war geplatzt. Doch der Rest der Ausrüstung war nach den vielen Etappen mit dem Flugzeug mehr oder weniger in Ordnung.

„Sämtliches Gepäck bisher heil durchgekommen", notierte ich in mein Tagebuch, „ich eingeschlossen!" Für eine Weile überließ ich es dem von langem Leiden geprägten Blick des Hoteldieners in einem der Hotels unten am Hafen und spazierte die Avenida Balmaceda hinunter.

Als erstes schaute ich bei Mr. Thursday hinein, dem hiesigen Tourismus-Direktor, einem Freund von Señor Lorenzo Prieto und vor Monaten Empfänger meiner Buchsynopse. Er war aber auch der Zauberer, durch den Señor Claro Lira von der Hacienda Los Lingues in San Fernando von mir gehört hatte, der sich wiederum erboten hatte, mir die Pferde für meine Expedition zu leihen. Der richtige Name des Tourismus-Direktors lautete Carlos Jelvez, doch brachte ich diesen mit *Jueves* oder Donnerstag durcheinander, und für mich blieb der neue Name haften.

Mein Bundesgenosse erwies sich als wesentlich jünger, als ich erwartet hatte. Er war groß, modisch gekleidet und hatte ein pfiffiges, freundliches Gesicht. Er begrüßte mich überschwenglich und berief sofort eine Pressekonferenz ein, bei der meine wenigen Brocken Spanisch bis zum äußersten gefordert wurden. Was mir zu Hilfe kam, war meine Waliser Musik. Als ich auf einem der kleinen Recorder der Journalisten ein wenig mein Band mit Aufnahmen vom Treorchy-Chor abspielte, wippten bald etliche Füße im Takt, und ich wußte: In den Adern dieser Männer muß keltisches Blut fließen.

Hinter der Freundlichkeit der Reporter spürte ich eine gewisse Verwunderung über das, was ich vorhatte. Ob ich denn, wurde ich höflich gefragt, das Terrain wirklich studiert hätte? Dann erklärten sie mir, im Augenblick befände ich mich in einer Gegend, die immer Wüste gewesen sei, seit sich das Land aus dem Meer erhoben habe, eine Gegend, in der es noch nie geregnet habe. Antofagasta und andere Häfen am Rand der Küste der menschenleeren Wüste seien ausschließlich zu dem Zweck gebaut worden, Nitrate und andere Bergwerkserzeugnisse zu verschiffen. Die

Menschen, die dort lebten, hingen vollständig von den Lebensadern ab, die Wasser und Elektrizität von den Bergen herunterbrächten. Alles, was der Mensch brauche, müsse entweder durch die Wüste oder übers Meer herbeigeschafft werden.

Thursday jedoch blieb optimistisch, was mein Projekt betraf. „Daß etwas schwierig ist", sagte er fröhlich, „bedeutet doch nicht notwendigerweise, daß es unmöglich ist." Sein Schreibtisch war übersät mit Karten, auf denen mögliche Routen eingezeichnet waren. Ich war überrascht über das Maß an Arbeit, das er meinetwegen bereits geleistet hatte. Die berühmte Autostraße der *Pan Americana,* bedeutete er mir, führe gen Süden über Hunderte von Kilometern durch den einsamsten und ödesten Teil der Wüste. Auch gebe es ein paar alte Bergarbeiterpfade, die kürzer und für Pferde vielleicht geeigneter wären. Die wenigen Siedlungen jedoch lägen günstigstenfalls nur ein paar Tagesritte auseinander. Dazwischen, warnte er mich, würde ich nichts finden, weder Wasser noch Futter. Allerdings habe er einen Plan.

Vor meinem Eintreffen in Chile hatte er Kontakt mit General Cesar Mendoza aufgenommen, dem Kommandeur der Militärpolizei. General Mendoza, selbst ein großer Pferdeliebhaber, der als Springreiter einst bei den Olympischen Spielen für Chile angetreten war, habe sich begeistert von meinem Vorhaben gezeigt und Befehl gegeben, daß seine Carabineros mir in jeder Weise behilflich sein sollten. Die Wüstenpolizei würde unterwegs an bestimmten Punkten Wasser- und Heudepots für mich anlegen.

Das war eine wunderbare Nachricht, und als ich mich am Nachmittag in der Amtsstube der Polizei vorstellte, fand ich dort einen zuvorkommenden, äußerst umgänglichen Mann vor, der sich sofort daran machte, mir mit viel Sachverstand eine mögliche Route vorzuschlagen. „Unsere Uniform", erklärte er mir, wobei Thursday wieder den Dolmetscher machte, „wird das einzige Grün sein, das Sie in der Atacama auf einer Strecke von fast tausend Kilometern zu Gesicht bekommen werden." Dann fügte er noch hinzu, die alten Bergarbeiterpfade seien übersät mit den Knochen von Maultieren, die verendet seien, als sie, mit Mineralien beladen, nach Antofagasta unterwegs gewesen seien.

Ich hatte meine Route; jetzt brauchte ich noch meine Pferde. Ihre Heimat – San Fernando in Zentralchile – war nahezu 1500 km entfernt. Als ich am nächsten Morgen bei Thursday in seinem Büro vorsprach, hatte er gerade Señor Germán Lira am Telefon, und ich konnte Thursdays Gesichtsausdruck entnehmen, daß er schlechte Nachrichten für mich hatte. Wollte man die Pferde per Lastwagen nach Antofagasta heraufschaffen, würden die Transportkosten genau 70 000 Pesos, also um die 2000 DM betragen. Germán Claro Lira sprach ein weiches, gepflegtes Englisch, und seine Stimme verriet großes Bedauern, als er mir erklärte, diese Ausgabe sei notwendig, weil in nächster Zukunft weder andere Pferde noch irgendwelches Vieh nach Antofagasta auf den Weg gebracht würde; deshalb brauchten die Aculeos einen Laster ganz für sich allein.

Ich war wie vor den Kopf geschlagen. Siebenhundert Pfund! Das war fast ein Viertel des gesamten mir noch verbliebenen Budgets. Zwei Pferde hätte ich für weit weniger bekommen. Allerdings: was für Pferde? Bei den einzigen, die es in Antofagasta gab, handelte es sich um ein paar hochgezüchtete Tiere, die zu dem kleinen Reit-Club des Ortes gehörten und die einen Ritt, wie ich ihn vorhatte, niemals überstehen würden. Wahrscheinlich hatten sie nie auch nur eine einzige Nacht ihres Lebens draußen in der Wüste verbracht.

Ich führte mir nochmals alles vor Augen, was man mir von den Aculeos erzählt hatte, von ihrer Kraft, ihrem Durchhaltevermögen, das, was sie in verschiedenen Kriegen geleistet hatten. Die richtigen Pferde zu haben war das Wichtigste von allem. Auf manches andere konnte ich verzichten oder daran sparen, die Pferde aber brauchte ich unbedingt, und so hörte ich mich zu

Señor Lira sagen, er möge doch so gut sein, sie so schnell wie möglich herzuschicken.

Bis zu diesem Zeitpunkt machte ich mich daran, alles so gut vorzubereiten wie möglich. Und viele Leute halfen mir dabei: Im Ausgleich zu neu entstandenen Geldsorgen stellte sich der Bank-Manager Don Paricio als sehr aktives Mitglied des Reit-Clubs heraus, der mir einen Heuvorrat für die ganze Reise verschaffte. Das war für mich wertvoller als alles, was er in seinen Gewölben sonst haben mochte. Außerdem sagte er, die Pferde könnten bei ihrem Eintreffen in den Club-Stallungen unterkommen. Eine amerikanische Familie, die bei einer Bergwerks- und Baufirma in Antofagasta arbeitete, stand mir mit Rat und Tat zur Seite. Diese Freunde besorgten mir zwei lange Eisenstangen, an deren einem Ende Ringe festgeschweißt waren. Die Idee, diese nachts in die Erde zu treiben und die Pferde an den Ringen anzutüdern, war ausgezeichnet; denn Bäume zum Anbinden gab es unterwegs bestimmt nicht.

Fehler, die ich bei meinen Vorbereitungen in Wales gemacht hatte, traten jetzt zutage. Zunächst einmal kam ich dahinter, daß Zuchtpferde mit langem Stammbaum von Geburt an ständig geimpft werden. Die Aculeos brauchten also weder Tetanusspritzen noch Anti-Wurm-Brei, Dinge, die ich den ganzen Weg aus Wales mitgeschleppt hatte. Auch entdeckte ich, daß sämtliche Pferdemedikamente in Chile weit billiger waren als daheim. Das gleiche galt für Medikamente für mich selbst und darüber hinaus auch noch für Dinge von Socken bis Camping-Gas-Kartuschen. Wieder einmal bewahrheitete sich die alte Maxime: „Was man braucht, ist halb soviel Ausrüstung und doppelt soviel Geld."

Hornero und Jolgorio

Am Donnerstag, den 19. Juli – nur vier Tage nach meiner Ankunft in Antofagasta –, trafen per Laster und frisch von ihren üppigen Weiden im Süden des Landes die Pferde ein. Wie schön sie waren – wie aus dem Bilderbuch! Der Aculeo Hornero hatte ein Stockmaß von 1,42 m und war ein klassischer Apfelschimmel, das stolzeste Pferd, das ich je gesehen hatte, mit majestätisch gewölbtem Hals und großen braunen, von einem dichten Wimpernkranz umgebenen Augen, mit denen er ziemlich hochmütig auf die gewöhnliche Welt herabschaute. Der Aculeo Jolgorio war ein bißchen kleiner, dafür aber fetter und frecher als Hornero: ein dunkler Brauner mit auffallender Blesse und weißen Gamaschen an der Hinterhand. Jolgorio beschloß augenblicklich herauszufinden, wie gut die Atacama sich eignete, sich den Rücken zu kratzen. Die beiden Pferde waren samt ihren achtunggebietenden Papieren, aus denen ihre Abstammung sich über mehrere Generationen zurückverfolgen ließ, eingetroffen.

Beide Pferde betrachteten ihre neue Umgebung mit sehr viel Argwohn, und das trotz des relativen Komforts, den der gastfreundliche Reit-Club bot. Insbesondere aber schienen sie Zweifel gegen mich zu hegen, zumal als ich einen Ausritt mit ihnen machte, um den Packsattel auszuprobieren. Obwohl zusätzlich zu den langen Gurten, die zu seiner Befestigung um das Gepäck herumgeschlungen waren, noch lange Enden Seil verwendet wurden, fiel alles immer wieder herunter. Die Pferde waren sehr lebhaft und schienen entschlossen, mir so oft als möglich durchzugehen. Ich spürte, daß sie nur den einen Wunsch hatten, von diesem schrecklichen Ort fortzulaufen und im Galopp zurückzukehren in die Geborgenheit ihrer Heimat-Hacienda.

Erster Reitversuch auf Hornero – Jolgorio begleitet uns

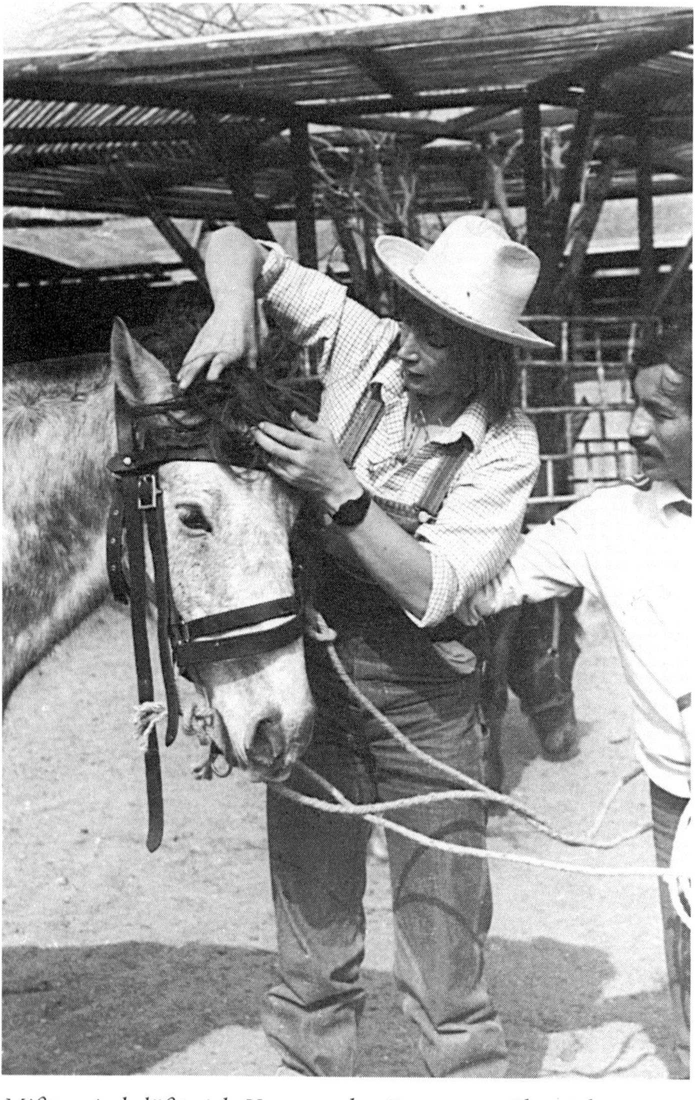

Mißtrauisch läßt sich Hornero das Zaumzeug überziehen

Hornero wollte anfangs überhaupt nichts mit dem Packsattel zu tun haben, wohingegen Jolgorio etwas geduldiger war. Bei meinem Herumprobieren kam ich schließlich dazu, die Traggurte der Rucksäcke über die Haken des Packsattels zu hängen, so daß sie zu beiden Seiten herunterbaumelten. Echte Probleme ergaben sich mit den Wasserbehältern, mit Schreibmaschine, Kamera, Stablaterne, Tagebuch und dem Futter. Alles Schwere mußte möglichst tief verstaut werden, und die Last mußte ausbalanciert werden. Gleichzeitig mußte ich aber berücksichtigen, daß ich an manche Dinge leicht herankommen mußte. Einen Kompromiß zwischen den beiden Erfordernissen zu finden erwies sich als äußerst schwierig.

Ich kam bald zu dem Schluß, daß mehr als ein gewisses Maß an Einübung reine Zeitverschwendung war. Machte ich zu viele Packproben, wirkte sich das höchstens zum Nachteil auf die Pferde, die Ausrüstung und auch auf mich aus – und das, ehe wir die Reise auch nur richtig angetreten hatten. Die einzige Möglichkeit, mit dem Leben auf den Wüstenpfaden zurechtzukommen, bestand darin, mit den Pferden loszuziehen und es zu versuchen. Was mich weiterhin innerlich drängte, endlich anzufangen, war die Überlegung, daß die Expedition meinen Plänen entsprechend nur etwa vier Monate dauern sollte, ich also Kap Horn während des Sommers auf der Südhalbkugel erreichen wollte. Es galt also, keine Zeit zu verlieren.

So ritt ich am 22. Juli, nur eine knappe Woche nach meiner Ankunft in Antofagasta, los. Bis zum etwa dreiundzwanzig Kilometer weiter südlich gelegenen Polizeiposten La Negra begleitete mich eine kleine Eskorte von Mitgliedern des Reit-Clubs. Der über die Dünen heulende Wind schien dem armen Hornero und Jogorio Angst zu machen; nicht anders wirkten die kleinen weißen Schreine am Wegesrand, die daran mahnten, daß hier jemand ums Leben gekommen war. Ein paarmal stoben die Pferde wie aus heiterem Himmel davon, fielen binnen Sekunden von gemächlichem Trott in gestreckten Galopp. Es dauerte jedesmal eine Zeitlang, bis es mir – puterrot im Gesicht vor Anstrengung und Scham – gelang, sie wieder zu zügeln. Die Mitglieder des Reit-Clubs verbargen ihr Lächeln und beglückwünschten mich zu meinen Reitkünsten. In La Negra wendeten sie mit ihren eleganten, von englischen Zuchtlinien abstammenden Pferden und kehrten zurück.

Endlich waren wir allein mit der Wüste. Die Pferde fingen an, sich ein wenig zu beruhigen; vermutlich waren sie auch müde. In den ersten paar Tagen ritten wir an Varillas und Cerro Ventarrones vorüber, um dann die Steigung bis nach Cerro de Las Tortolas anzugehen – wobei sich herausstellte, daß jeder dieser Namen auf der Karte nichts weiter anzeigte als gebirgige Wüste.

Drei Tage nach Antofagasta in der Nähe von Cerro de Las Tortolas

So wie die Atacama muß die Erdoberfläche vor Anbeginn der Zeiten ausgesehen haben. Eine Wüste, zu der sich im Vergleich die Sahara, wo es immerhin Oasen gibt, wie ein Blumengarten ausnimmt. Hier gibt es Hunderte von Meilen zu beiden Seiten der Berge kein Leben, keine Grünpflanzen, selbst keinen Kaktus, keinen Vogel, keine Tiere, nicht einmal Insekten. Nichts, außer Mineralien, die für Pferde ungenießbar sind, und ausgebleichte Knochengerippe. Bisweilen konnte ich mich nicht des Gedankens erwehren, daß auch wir einmal so enden könnten.

Diese Gegend ist merkwürdig und unheimlich, ohne jeden Laut, vollkommen leer, und hat weder etwas Freundliches noch Bedrohliches. Hier gibt es weder Böses noch Gutes. Nur hügeliges Land, das nie auch nur das Gewicht einer menschlichen Hütte getragen hat; auch nicht die winzigste Wurzel hat jemals versucht, hier Fuß zu fassen.

★

Aufbruch in die Atacama-Wüste

Tagsüber war es so heiß, daß selbst meine Sonnenschutzcreme sich auflöste. Nachts hingegen bildete sich Eis in meinem Zelt und im Trinkwasser. Ich war froh, meine Thermounterwäsche zu haben; die verspieltesten Dessous hätten mir nicht so viel Freude bereiten können. Meine Sonnenschutzcreme teilte ich mit den Pferden und ersparte ihnen somit rissige Hufe. Sie hinwiederum gaben mir von ihrer Pferdesalbe ab, die wunderbar war für meine schmerzenden Arme und Beine, obwohl sie nicht ganz so gut duftete wie Chanel No. 5.

Die Wüste mag berühmt sein wegen ihrer Fata Morganen, wenn ich jedoch an die Atacama zurückdenke, erinnere ich mich vor allem daran, daß ich dort eine Menge über die Wirklichkeit lernte. Während die Pferde sich langsam an ihr neues Leben gewöhnten, war ich in jenen ersten Tagen in der Wüste bis zur Erschöpfung damit beschäftigt, mit ihnen und mit der Hitze fertig zu werden. Abends mußte ich erst einmal eine geschlagene Stunde auf meinem Zelt hocken, bevor ich mich dazu aufraffen konnte, es aufzubauen. Schon in diesem Stadium erwies sich das Unternehmen als das bei weitem am meisten Kräfte verschleißende Abenteuer, auf das ich mich je eingelassen hatte.

Nachts konnten wir keine größeren Strecken zurücklegen – obwohl es sicher viel angenehmer gewesen wäre, nachts zu reiten als bei Tage –, denn der Mond nahm zwar von Tag zu Tag mehr zu, doch ging er immer noch früh unter. Die Pferde konnten nicht sehen, wo sie hintraten, und nach Einbruch der Dunkelheit konnten die Löcher im Gelände zu tödlichen Fallgruben werden.

Als eines der größten Probleme erwies es sich, einen Ort zu finden, wo wir haltmachen konnten. Selten gab es etwas, woran ich die Pferde hätte festmachen können. Wer mit Wildwestfilmen groß geworden ist, in denen die Pferde die meiste Zeit vor irgendwelchen Bars angehalftert herumstehen und offenbar nie gefüttert oder getränkt zu werden brauchen und nie fortlaufen, begreift vielleicht nicht, wie unendlich schwierig es ist, sich unterwegs nicht um ein, sondern um zwei Pferde kümmern zu müssen. Wie Segelboote neigen Pferde dazu, einfach davonzutreiben, wenn sie nicht fachgerecht vertäut oder angehalftert sind. Jolgorio und Hornero hatten kurzen Prozeß mit den Fußfesseln gemacht, die in Antofagasta für sie angefertigt worden waren, und obwohl wir jetzt wesentlich besser miteinander auskamen, kam es immer noch vor, daß sie unverhofft scheuten und davonstürmten. Es ging nicht anders, sie mußten angehalftert werden. Die Eisenstangen, die die beiden Amerikaner mir in Antofagasta besorgt hatten, waren meine Rettung. Sie taten ihren Dienst ganz gut, wenn man sie tief genug in den Boden trieb, so daß nur noch die angeschweißten Ringe zu sehen waren. Doch Boden, in dem sie sich hielten, war selten, und wo immer möglich, wälzte ich noch einen Felsblock oben auf die Stangen. Bei kleineren Rasten zwischendurch, wenn es zum Beispiel nur darum ging zu pinkeln, hielt ich mich einfach an den Halfterstricken fest.

Die chilenischen Zeitungen hatten ziemlich viel Getue darum gemacht, daß ich als Frau allein auf Expedition ging, doch in Wirklichkeit war ich ja gar nicht allein. Immerhin mußte ich nicht auf zwei Füße aufpassen, sondern auf zehn, galt es, drei Mägen zu versorgen und nicht nur einen – von denen in zwei auch noch extrem viel hineinging. Für die Pferde war das Leben weit härter als für mich. Zunächst einmal brauchte ich nicht zu laufen. Außerdem hatte ich genug Käse, Zwieback, Zucker und Kaffee dabei, so daß ich notfalls mehrere Wochen damit auskommen konnte. Auch meine Wasserprobleme waren, verglichen mit denen der armen Pferde, geringfügig. Am besten war aber, daß ich relativ frei war von geistigem Streß. Immer wieder sagte ich mir, daß ich aus freien Stücken hier in der Wüste war und nicht etwa durch Zufall. Ich erfüllte mir schließlich einen Herzenswunsch, einen Traum. Und dann bemühte ich mich, mich nach einer Lektion zu richten, die ich vor langer Zeit gelernt hatte und die, auf eine kurze Formel gebracht, nichts weiter besagt, als daß man in schwierigen Situationen so nett zu sich selbst sein sollte wie möglich.

Beim Weiterziehen behielt ich mich selbst nicht weniger wachsam im Auge als die Pferde. Ich versuchte immer, ein paar Minuten zu rasten, ehe ich allzu müde wurde; etwas Wasser zu trinken, bevor ich allzu durstig wurde; nie an einem schattenspendenden Felsen vorüberzureiten, ohne die Gelegenheit auszunutzen, um dort eine kurze Pause einzulegen, das Gepäck zu inspizieren oder kleinere Veränderungen bei der Verstauung vorzunehmen; langärmelige Kleidung zu tragen, die mir gegen die Sonne Schutz bot, und stets irgend etwas auf dem Kopf zu haben, für gewöhnlich meinen Sombrero. Zuerst taten mir nicht nur meine Beine und der Rücken weh, sondern ich fühlte mich von Kopf bis Fuß wie durchgewalkt. Und soviel ist sicher: Angehörige der Frauenbewegung – zu denen ich nicht gehöre –, die ihren Büstenhalter für immer verbannt haben, sind noch nie zehn Stunden am Tag auf einem lebhaften Pferd herumgejuckelt. Doch wie gesagt, die Pferdesalbe wirkte wahre Wunder, ebenso der Beschluß, von jeder Stunde ungefähr zehn Minuten nicht zu reiten, sondern zu Fuß zu gehen.

Während meiner Anpassung an das neue Leben merkte ich, daß ich selbst nur sehr wenige wirkliche Probleme hatte. Meine ständige Sorge jedoch galt Hornero und Jolgorio. Die Leute in Antofagasta hatten selbstverständlich recht gehabt: Nur eine Verrückte verließ sich bei einem Wüstenabenteuer ausschließlich auf Pferde. Kamele oder Lamas ja – oder heutzutage noch besser: robuste Jeeps. Außerdem waren meine Pferde alles andere als „einheimische Tiere“ und hatten eine Fülle von Bedürfnissen, die dieser Teil der Atacama in keiner Weise befriedigen konnte. Aber schließlich war ich ja nicht eigentlich auf die Wüste aus, sondern versuchte nur, sie hinter mich zu bringen. Irgendwie mußte ich es schaffen, Hornero und Jolgorio möglichst gefahrlos auf die andere Seite der Atacama hinüberzubringen, damit wir unsere Partnerschaft über den Rest der unendlich langgestreckten Landkarte Chiles hinweg fortsetzen konnten.

Die Pferde schienen sich, obwohl die leere Wüste dem Augenschein nach absolut dagegen sprach, vollkommen darauf zu verlassen, daß sie irgendwie genug zu fressen und zu saufen bekommen würden. Ich wünschte, ich könnte diese Zuversicht mit ihnen teilen!

„Maultiere/Pferde benötigen zwischen 30 und 35 Liter Wasser pro Tag“ hieß es in dem „Handbuch für den Transport zu Pferde“.

„Sie sollten drei- bis viermal am Tag getränkt werden ... Pferde/Maultiere brauchen bei der Arbeit täglich 8 Pfund Körnerfutter und 10 Pfund Heu ..." Diese Bedürfnisse zu befriedigen war hier ein Ding der Unmöglichkeit, denn es gab keinerlei Vegetation. Außerdem hatte ich weder Korn noch Kraftfutter kaufen können, so daß sie ausschließlich auf Heu angewiesen waren, und Heu wiederum nimmt besonders viel Raum ein.

Trotz Horneros gerechtem Zorn trug ich in einem großen Netz hinter seinem Sattel stets ein Bündel Heu mit uns herum. Auch der arme Jolgorio mußte nicht nur unsere Ausrüstung und das Wasser schleppen, was zusammen fast achtzig Kilo schwer war – es war die Höchstladung, die ein Lastpferd zu tragen imstande ist –, sondern auch noch das Heu. Er sorgte auf seine Weise dafür, daß er bei Kräften blieb: Immer wieder rupfte er ein kräftiges Maul voll Heu aus Horneros Netz heraus.

Den größten Teil der Vorräte und einige zusätzliche Wasserbehälter hatte ich der Polizei überlassen, die sie an bestimmten Punkten unterwegs deponieren wollte. Wo immer möglich, spürte sie uns auf, um Wasser nachzufüllen und uns zusätzlich mit Heu zu versorgen. Wenn die Pferde die roten Blitzlichter eines Polizei-Jeeps über die Wüste auf uns zukommen sahen, stellten sie die Ohren vor und verfielen in Trab. Solange die Carabineros damit fortfuhren, uns zu versorgen, und die Elemente sich ähnlich gnädig zeigten, mußten wir es schaffen.

Je mehr Tage verstrichen, desto eingehender beschäftigte ich mich mit Hornero und Jolgorio. Die beiden Pferde hatten grundverschiedene Charaktere. Hornero war ein stolzer Introvertierter, Jolgorio hingegen ein liebenswert Extrovertierter. Dabei bestanden sie beide gleichermaßen darauf, daß ich spanisch mit ihnen sprach. Auf irgendwelche englischen Befehle wie etwa *Stop!* oder *Whoa – Brrr!* reagierten sie überhaupt nicht. Es mußte einfach heißen: *Tranquilo!, Pacito!, Adelante!* oder *Quieres comer por favor, Aculeo Hornero?* Und wehe, das Ganze wurde nicht korrekt ausgesprochen! Anfangs sah es so aus, als hätte ich mein Lehrbuch aufgeschlagen vor mir liegen, wenn ich zu ihnen sprach.

Mein Spanisch wurde besser. Vielleicht zahlten sich aber auch meine ständigen Bemühungen aus, die Aculeos mit irgend etwas zu bestechen, damit sie mich lieben lernten. Jedenfalls schienen die Pferde zunehmend Geduld mit mir zu haben, und das war gut so, denn sie mußten sich schon mit vielen Dingen abfinden. Nach und nach entwickelte ich eine besondere Routine, die zu unserem merkwürdigen Leben paßte.

Um fünf Uhr morgens herum begann unser Tag. Ich spähte zum Zelt hinaus und sah nach den Pferden, die – vom orangefarbenen Frühlicht übergossen – auf ihr Frühstück warteten. Als erstes befreite ich sie von den rosa Ballett-Wadenwärmern, die ich ihnen geliehen hatte, um ihre Beine in den bitterkalten Wüstennächten warm zu halten. Dann nahm ich ihnen die Ponchos ab, die ich aus ihren Woilachs gefertigt hatte. Jetzt erst gab es Heu und Wasser für sie sowie Kaffee, Brot und Käse für mich. Sie bekamen ihr Frühstück immer „vom Tischtuch", zu dem ich meinen grünen Army-Regenponcho umfunktionierte, weil ich die Warnung, Sand in ihrem Futter könne Koliken zur Folge haben, nicht vergessen hatte.

Da die Pferde weit länger fürs Frühstück brauchten als ich, ließ ich sie im allgemeinen in Ruhe und machte mich daran, das Zelt abzubauen, Ordnung in das unglaubliche Durcheinander darin zu bringen und die Sachen in die Kummer gewohnten grünen Rucksäcke zu stopfen.

Die Sachen zu verstauen erwies sich als weit schwieriger als bei einem Segeltörn. Ist man statt mit einem Boot mit Pferden unterwegs, muß alles jeden Tag neu aus- und wieder eingepackt werden. Schon wenige Extrakilo Gepäck belasten ein Pferd, das sich unter sengender Sonne vorwärtsbewegen muß, mindestens so sehr wie einen Derby-Renner.

Jeden Morgen saß ich im Sand und überlegte: Habe ich irgend

etwas in meiner Ausrüstung, das ich eigentlich doch nicht brauche? Ich ließ eine ganze Gräberspur von Dingen hinter mir zurück, die ich für überflüssig hielt und vergrub.

Zurück blieben meine Army-Kochtöpfe. Desgleichen die Ketten, die ich zusammen mit den Lederhalftern von der Army bekommen hatte. Dann eine Flasche Shampoo, die irgendeine Haarpflegemittel-Firma mir freundlicherweise geschickt hatte – woher hätte ich auch das Wasser nehmen sollen, mir die Haare damit zu waschen? Meine kleine Olivetti-Schreibmaschine, die mich schon bei meinen Segeltouren über den Atlantik begleitet hatte, behielt ich, da ich sie für meine Arbeit brauchte. Die Entscheidungen, was zurückbleiben konnte und was nicht, fielen mir nicht leicht. Schließlich wußte ich, daß, wenn ich dieses extra Paar Socken, jene Ersatzbatterie oder die Werkzeuge, die ich für das Beschlagen der Pferde brauchte, zurückließ, dies vielleicht später über Erfolg oder Mißerfolg meiner Expedition entscheiden konnte.

Sobald ich die Rucksäcke so gepackt hatte, daß sie beide ungefähr gleich viel wogen, waren wieder die Pferde an der Reihe. Es galt, zu überprüfen, ob sie sich während der Nacht irgendwelche Beulen oder Schürfwunden geholt hatten, und ihnen die Hufe auszukratzen, sie einzufetten und gleichzeitig zu überprüfen, ob Eisen und Nägel sich auch nicht gelockert hatten. Von größter Wichtigkeit war es, nachzusehen, ob ihnen Sandkörner oder andere Fremdkörper in die Augen geraten waren, und notfalls ein paar Augentropfen hineinzuträufeln. Dann mußten die Pferde gestriegelt werden, damit sie möglichst bald ihr langes Winterfell los wurden, das ihnen tagsüber so viel Unbehagen bereitete. Zum Schluß mußte ich ihnen dann noch unbedingt Rücken und Beine mit Salbe einreiben und massieren.

Erst jetzt konnte ich ihnen Sattel und Packsattel auflegen, was immer noch eine schweißtreibende Angelegenheit war, obwohl ich allmählich einige Übung darin bekam und immer weniger

Verdiente Ruhepause nach einem anstrengenden Tag

Schnur zum Festzurren brauchte. War all dies endlich geschafft, kletterte ich an Bord von Hornero und brach mehr oder weniger auf dem Sattel zusammen. Ich war dann mittlerweile so erschöpft, daß ich fand, eigentlich müsse der Tag jetzt vorbei sein, statt erst anzufangen.

Mittags wurde den Pferden alles wieder abgenommen, denn ihr Rücken brauchte Entlastung. Wieder gab es Heu, Wasser, Essen und eine Massage. Nachdem ich abends das Lager aufgeschlagen hatte, rieb ich Schultern und Beine der Pferde mit entzündungshemmender Salbe ein – und natürlich bekamen sie wieder ihre Wadenwärmer an und die Ponchos übergelegt. Übrigens behielt ich auch ein paar Wadenwärmer für mich. Sie waren in der Tat sehr nützlich und beanspruchten nicht viel Raum.

Die Pferdepflege nahm zwar viel Zeit in Anspruch, war aber absolut notwendig. Hornero und Jolgorio waren schließlich unschuldig. Sie hatten nicht darum gebeten, mitgenommen zu werden und ein so albernes Abenteuer mitzumachen. Offenbar genossen sie es aber auch, daß ich mich so viel um sie kümmerte.

Es kam immer wieder zu kleinen Zwischenfällen: Einer meiner Wasserkanister fiel hinunter und barst. Meine Zenith-Kamera suchte auch einmal Bodenkontakt, überlebte den Sturz jedoch. Ich verlor meine Isomatte, die ich immer unter dem Schlafsack ausbreitete, und ein- oder zweimal rutschte die Traglast von Jolgorio auf die Seite, so daß um ein Haar auch das Pferd zu Boden gerissen worden wäre. Doch im allgemeinen schienen wir drei ganz gut mit unserem ungewöhnlichen Leben zurechtzukommen.

In der siebten Nacht nach Antofagasta kroch ich in meinen behaglichen Schlafsack und fühlte mich zuversichtlicher als zuvor. Als ich zum Zelt hinausspähte, um nach meinen Pferden zu sehen, die ich an den Eisenstangen festgebunden hatte, fand ich ihren Anblick unglaublich schön, wie sie so friedlich vor dem riesigen Vollmond standen. Es war eine zauberhafte Nacht – wir drei allein, mitten in einem silbernen Ozean.

Die erste Woche, dachte ich und kuschelte mich in den Schlafsack, die erste Woche war sicherlich die schwerste. Das jedoch war ein Irrtum . . .

Sandsturm und Panik

Wir befanden uns im Maul eines Alptraum-Tieres. Sein heißer Atem und seine scharfen Zähne fielen über uns her. Ich griff nach den Pferden und klammerte mich an sie. Dann riß ich mir das Hemd herunter, um es ihnen über die Augen zu legen, und versuchte, ihre Köpfe so dicht wie möglich an mich zu drücken.

Alles war so plötzlich gekommen. Ich war heftig aus dem Schlafsack herausgeschleudert worden. Sekunden später waren Zelt und Ausrüstung verschwunden, vom wütenden Wind einfach davongerissen. Die Atacama war nicht mehr tot – sie war zu einem wirbelnden Sanddrachen geworden.

Mich an den Führstricken der Halfter festhaltend, dachte ich an Bilder von Seeleuten, die sich während eines Orkans auf See am Mast festbinden ließen. Jetzt versuchte ich, uns alle an einem großen Felsblock festzubinden, dem einzigen unbeweglichen Gegenstand um uns herum im tosenden Sandsturm. Aber ich wußte, daß das dünne Band des Vertrauens und die dickeren Hanfstricke dem Ziehen und Zerren der Pferde und dem wirbelnden Sand nicht lange standhalten würden. Ich meinte, wir alle müßten ersticken und kämen nie hier heraus.

Calma ... tranquilos ..., versuchte ich die Pferde zu beruhigen. „Bald ist alles wieder in Ordnung." Doch sie ließen sich nicht narren. Meine Nervenenden befanden sich nicht mehr in meiner eigenen Haut, sondern saßen unter Horneros Apfelschimmelfell, das jetzt vor Schweiß ganz dunkel war, oder unter dem Weiß von Jolgorios verdrehten Augen. Die Pferde hörten nicht auf mein schlechtes Spanisch, sondern auf meine Gefühle, auf meine Furcht.

Da er meine Panik spürte, versuchte Hornero, aus dem Sturm hinauszuspringen in einen Himmel, den er nicht sehen konnte. Im Dunkel blinkte ein silbernes Hufeisen auf, und ich hörte über das Heulen des Windes hinweg, wie donnernde Hufe sich entfernten. Der Strick war gerissen, meine Pferde fort.

Der Sturm nahm an Stärke noch zu, vollführte tolle Bocksprünge um mich herum, als wollte er seinen Erfolg feiern, und ich blieb allein am Felsen zurück und versuchte, mich daran festzuhalten. Um mich besser zu schützen, rollte ich mich zu einer Kugel zusammen und ächzte dabei vor Qual. Der Boden der Atacama besteht nicht aus feinem Sand, wie er Ferienstrände bedeckt, sondern aus einem Gemisch von Millionen rasiermesserscharfer Kiesel und winziger Steine. Ihr Geprassel brannte wie Salz in einer offenen Wunde.

Wie lange ich dort kauerte und wie lange der Sturm anhielt, kann ich nicht sagen. Ich weiß nur, daß ich plötzlich vom Maul des Sandwurms ausgespuckt wurde und feststellte, daß ich – die Fetzen der zerrissenen Führstricke immer noch in der Hand – neben dem Felsbrocken kauerte. Es war noch sehr früher Morgen.

Ich bildete den völlig zerzausten Mittelpunkt eines schartigen, über dreihundertsechzig Grad um mich herumführenden Horizonts. Endlose Wüstenberge dehnten sich, riesigen Wellen gleich, über einen unbewegten Ozean hinweg. Eine pralle runde Sonne tauchte auf und sah für dies Elend viel zu saftig aus. Viele verschiedene Violettschattierungen breiteten sich langsam über den Sand aus; dann waren es plötzlich verschiedene Orange- und Goldtöne. Es war wunderschön, doch die Schönheit war hohl. Irgendwo da draußen waren meine Pferde.

Wird in England ein Pferd von seinem Reiter getrennt, kehrt es für gewöhnlich nach Hause in seinen Stall zurück, doch hier gab es kein Zuhause und keinen Stall – nur ein winziges Zelt, das jeden Abend an einer anderen Stelle in der Wüste aufgeschlagen wurde und im Augenblick samt all meinen Habseligkeiten unterm Sand vergraben lag. Die Pferde hatten keinen vertrauten Ort, an den sie zurückkehren konnten.

Jetzt war mir überdeutlich klargeworden, daß ich mich bei meinen Reisevorbereitungen wie besessen ausschließlich von der Vorstellung von einem eisigen Süden hatte leiten lassen und die Atacama unterschätzt hatte. Im Umkreis von mehr als siebenhundert Kilometern wuchs nicht nur kein einziger Grashalm, sondern es gab auch keinen Tropfen natürliches Trinkwasser. Fand ich meine tapferen kleinen Pferde heute nicht mehr, mußten sie schrecklich leiden. Und fand ich sie morgen nicht, mußten sie sterben.

Selbstverständlich war ich gewarnt worden, aber ich hätte mir dies alles auch selbst sagen können. In keinem der Bücher, die ich gelesen hatte, hatte es auch nur einen einzigen Hinweis gegeben, wie man Pferde sicher durch die Atacama bringt. Ich war naiverweise davon ausgegangen, dies liege daran, daß es so leicht war. Auf der Karte jedenfalls hatte es leicht ausgesehen. Da gab es eine Straße, da waren irgendwelche Namen eingetragen, die doch wohl irgendwelche Siedlungen sein mußten, oder?

Was ich nicht wußte, jedoch auf die härteste Weise erfahren sollte, war, daß die Straße eben nur eine Straße war, durchaus geeignet für die großen Wüstenlaster, die aber bei keinem Menschen den Wunsch weckte, ein Haus daran zu bauen. Die Ortschaften waren gar nicht vorhanden. Sie waren nichts weiter als Namen auf der Landkarte. Nirgends eine Spur von Menschen. Der Grund, warum es keine Bücher gab, aus denen man erfahren konnte, wie man mit zwei Pferden durch die Atacama zieht, war, daß kein Mensch so dumm war, das auch nur zu versuchen. Da mußte erst ich kommen.

Meinen kleinen Kompaß hatte ich noch um den Hals hängen. Ich wußte, daß irgendwo im Westen die *Pan Americana* entlangführte. Rund hundertfünfzig Kilometer weiter südlich lag die Wüstenstadt Caldera und seewärts Taltal. Wo aber waren Hornero und Jolgorio? Die Pferde konnten in jede nur denkbare Richtung davongelaufen sein.

Da ich sie bei hellem Sonnenlicht nirgends entdecken konnte, mußten sie inzwischen wohl hinter dem Horizont verschwunden sein. Doch wie weit war der Horizont entfernt? Fünfundzwanzig Kilometer? Dreißig Kilometer? Von dem fast siebentausend Meter hohen Vulkan Llullailaco, der in den ersten Tagen nach Verlassen Antofagastas immer zu sehen gewesen war, keine Spur.

Da stand ich nun, starrte zum Horizont hinüber und auf den steinigen Boden unter mir hinunter, und die Entfernung kam mir riesig und nicht zu bewältigen vor.

Ich war mutterseelenallein, genauso wie bei meiner Atlantiküberquerung in der winzigen *Fiesta Girl.* Nur kam mir das Meer weit freundlicher vor als die Wüste hier. Ist man erschöpft oder läßt sich treiben, kann es sein, daß die Strömung einen in die richtige Richtung entführt; plagt einen der Hunger, lassen sich vielleicht Fische fangen. Eines hatte ich jedoch durch meine Erfahrungen auf See gelernt, und ich wußte, hier würde es nicht anders sein: Den Luxus von Angst und Niedergeschlagenheit kann man sich in wirklich schwieriger Lage nicht leisten. Von Furcht gelähmt, befreit man sich nie aus einer Gefahr. Durch das Dunkel der Verzweiflung ist nicht gut sehen, und wenn einem das Herz bis zum Halse schlägt, hört man nicht gut. Ist man ganz auf sich allein gestellt, muß man sein Bestes geben; und das ist unmöglich, wenn man zittert und einem übel ist – wie das im Moment bei mir der Fall war.

Ich kannte dieses Gefühl noch von damals, als ich meinte, mein kleines Boot versinke im Meer, das viel zu groß für diese Nußschale war. Und wie zittrig war meine Handschrift gewesen, als ich später nach bestandener Gefahr in mein Logbuch eintrug: „In schwieriger Lage bleibt einem gar nichts anderes übrig, als die Angst Angst sein zu lassen."

Wie leicht war es damals gewesen, das niederzuschreiben, und wie leicht, es jetzt zu denken – doch wie schwierig, es in die Tat umzusetzen! Ich betete zu Gott, er möge sich nicht an die Augenblicke erinnern, in denen ich vergessen hatte, ihm zu danken, und er möge mir trotzdem helfen!

Ich hatte noch immer ein großes rotes Baumwolltuch um den Kopf geschlungen, mit dem ich mich gegen den Sandsturm zu schützen versucht hatte. Dies Tuch hatte auf der Reise bisher bereits als Kopftuch, Tischtuch, Kopfkissen, Handtuch und auf hunderterlei andere Weise gute Dienste getan. Dies Tuch schlang ich jetzt um meinen Felsbrocken, um ihn später wiederzuerkennen. Dann machte ich mich mit dem Seil überm Arm und meinem

Kompaß am Hals auf den Weg. Außerdem umklammerte ich die Pferdetrinkschale aus blauem Plastik, in der Hoffnung, der Ruf des Wassers könnte überzeugender sein als meine Stimme.

Der vom Sturm hochgewirbelte Sand, der noch unter meiner Kleidung festsaß, ließ mich wünschen, es wäre nicht meine Haut, die da juckte, und das Gewicht der Sonne auf meinen Schultern wurde mit steigender Temperatur immer schwerer. Sobald ich zu meinen Füßen hinuntersah, wurde mir schwindlig. Ich hatte den Eindruck, als hastete ich in großer Geschwindigkeit über die Wüste und könnte jeden Augenblick das Gleichgewicht verlieren, stolpern und stürzen. In Wirklichkeit war es die Wüste, die sich da bewegte; der Oberflächensand wurde von einem stetigen Nordwind, der sich in den Nachwehen des Sturms erhoben hatte, fortgeblasen.

Die Stunden schleppten sich nur so dahin, und Hunderte von Pferden tauchten vor mir auf. Kam ich näher heran, erwiesen sie sich entweder als Erdhaufen, als Schatten oder einfach als Anhäufungen von Sand. Manche lösten sich auch schon in meinem Geiste wieder auf. Jeder Fels, der etwas weißer war als der Rest der Wüste, sah aus wie Hornero, jeder braune Fleck wie Jolgorio. Shakespeares Richard III. hat nicht so inbrünstig um ein Roß gebetet wie ich.

Starrsinn ist gewiß eine der sieben Todsünden. Warum hatte ich alle Warnungen in den Wind geschlagen, den Versuch, durch die Wüste zu reiten, nicht aufgegeben? Warum war ich überhaupt nach Chile gekommen?

Meine Füße bluteten, und im Kopf fing sich alles an zu drehen. Ich war so sehr damit beschäftigt, mich mit Selbstvorwürfen zu überhäufen, daß ich es kaum merkte, als sich in der Ferne irgend etwas bewegte. Ich wagte es kaum zu glauben. Dafür hatten sich für mich an diesem Tag zu viele Pferde in Schatten und Felsen verwandelt. Jetzt jedoch erkannte ich einen dünnen Staubfleck, und diesmal entpuppte er sich wirklich als ein Pferd!

Die Augen taten mir weh, doch immer wieder spähte ich in das grelle Licht hinein, einfach, um mich zu vergewissern, daß es sich wirklich um Hornero handelte, der sich fast weiß von dem etwas dunkleren Hintergrund der Wüste abhob – nicht weit von ihm entfernt entdeckte ich auch Jolgorio. Vom Abgrund zurück, dachte ich. Plötzlich wurde ich ganz schwach vor Erleichterung, und ich konnte mich kaum noch aufrecht halten, doch unsere Prüfung war noch lange nicht vorüber!

Stunden um Stunden schleppte ich mich hinter den Pferden her. Längst folgte ich keinem Kompaßkurs mehr, sondern versuchte nur, die Gestalten von Hornero und Jolgorio nicht aus den schmerzenden Augen zu verlieren. Sie schienen jedoch niemals näher zu kommen, sondern tauchten auf und verschwanden wieder.

Jedenfalls schien ihnen nichts zugestoßen zu sein. Offensichtlich hatten sie auf ihrer wilden Flucht vor dem Sturm keine ernstlichen Verletzungen davongetragen, wie ich befürchtet hatte.

Nur folgte auf meine ursprüngliche Erleichterung, sie überhaupt wiedergefunden zu haben, eine womöglich noch größere Verzweiflung. Jedesmal, wenn ich näher an sie herankam, warfen sie nur den Kopf in die Höhe und galoppierten davon. Allerdings nicht weit. Vielleicht spürten auch sie die Hitze, vielleicht aber wankte ich auch so langsam hinter ihnen her, daß sie sich nicht bedroht fühlten.

Jetzt, da die panische Angst vor dem Sturm vorüber war, schienen sie das Ganze für ein Spiel zu halten. Jolgorio, der sich gern den Rücken kratzte, hielt immer wieder an, um sich im Sand zu wälzen. Er war schon lange kein Dunkelbrauner mehr, sondern wüstenfarben, wobei Mähne, Schwanz und Lider voller Staub waren. Aus amüsiert-neugierigen Augen sah er mich an.

Die Pferde würden, das wußte ich, viel länger durchhalten als ich, aber zuletzt würden wir alle drei sterben. Da half es nicht, daß ich mit meinem besten Spanisch auf sie einredete, da halfen auch Lehrbücher nichts. Die Aculeos schienen ständig in einer Geheimsprache miteinander zu kommunizieren, für die es kein Wörterbuch gibt.

Wenn sie doch nur begreifen würden, daß unsere einzige Hoffnung darin bestand, daß sie mich auf Horneros Rücken klettern ließen und wir zurück in Richtung Süden ritten! Wie schön sie aussahen, wenn sie mit dem Schweif peitschten und in der goldenen Wüste umhertollten. Wenn sie doch bloß die furchtbare Gefahr begriffen, in der wir drei uns befanden!

Meine Zunge war dermaßen dick, daß es sich anfühlte, als füllte sie meinen gesamten Kopf aus. Die Füße waren geschwollen, sie schmerzten und pochten. Nach verzweifeltem Ringen und mit zusammengebissenen Zähnen gelang es mir, die Stiefel mit einem Stein von den Füßen herunterzuschlagen, und in zart-blutig-rosafarbenen Socken marschierte ich weiter. Immer noch wollten die Pferde nicht warten.

Kälteschauder durchzitterten mich, obwohl die Nachmittagssonne sehr heiß war. Ich sehnte mich nach meinem Zelt und besonders nach meiner kleinen Feldflasche mit der Notration Wasser, die ich immer noch unversehrt unterm Sand zu finden hoffte. Warum hatte ich sie nur nicht mitgenommen?

Wenn ich heute daran zurückdenke, bin ich froh, daß die Logik manchmal bei einem aussetzt. Denn aller Logik zufolge wäre das einzig richtige gewesen, die Pferde Pferde sein zu lassen, solange ich noch die Kraft hatte, nach Westen vorzustoßen, die Straße zu erreichen und Hilfe zu finden. Aber ich wußte, wenn ich sie jetzt allein ließ, würde ich sie nie wiedersehen. Dann wäre der ganze Traum aus. Die Expedition wäre vorüber, gescheitert, noch ehe sie richtig begonnen hätte. Doch wichtiger noch, Hornero und Jolgorio würden sterben, und ich würde schuld daran sein. Und ich wußte, ich würde nie den Mut aufbringen, die Schande zu ertragen, die ich dann empfinden würde.

Es war später Nachmittag, als Hornero endlich müde stehenblieb. Langsam und mit bis zum Halse pochendem Herzen schob ich mich näher an ihn heran. Er sah aus wie ein Pferd, das sich zum Sprung versammelte, ein Tier, das aufgedreht war und jeden Augenblick explodieren konnte. Immer näher kam ich heran. Ich streckte die Hand aus, um ihn zu streicheln, und sofort war er wieder fünfhundert Schritt weiter und ließ ein nervöses Schnauben vernehmen. Beim nächstenmal erlaubte er mir, ihn zu streicheln und ihn an jener besonderen Stelle am Hals hinter den Ohren zu kitzeln, wo er es besonders gern hatte. Behutsam streifte ich ihm das Seil über den Kopf und schob ihm einen Schifferknoten ins Maul statt des Trensengelenks.

Jetzt mußte ich nur noch aufsitzen. Eigentlich gab das Seil mir nicht sonderlich viel Halt. Ich wußte, daß ich nicht die Kraft hatte, Hornero zu halten, sollte er beschließen, wieder davonzusprengen. Wenn er noch einmal davonlief, war ich entschlossen mitzugehen. Ich führte ihn an einen kleinen Erdbuckel heran und war dankbar, daß er nur eineinhalb Meter groß war, und doch kam er mir riesig vor, als ich mit dem Aufsitzen kämpfte. Ich sprang und saß rittlings auf ihm. Die erste Empfindung, die mich durchflutete, war das köstliche Gefühl der Erleichterung für meine Füße.

Jolgorio war selbstverständlich nicht weit. Wie verloren er aussah! Er war nur stehengeblieben, weil das Seil, das von seinem Halfter herunterhing und hinter ihm herschleifte, sich am Fesselgelenk seiner Hinterhand verheddert hatte. Ich sah, daß er eine scheußliche Scheuerstelle aufwies.

Ich glaube, nicht einmal der Anblick des Ambrose-Leuchtturms vor dem Hafen von New York nach meiner Siebzig-Tage-Reise von Wales aus hat mir mehr Freude gemacht als der meines roten Tuchs, das ich nach einem ungefähren Kompaß-Ritt zurück kurz vor Einsetzen der Dunkelheit entdeckte. Hier in der Atacama mit der Kompaßabweichung zurechtzukommen, hatte immer noch etwas von einem Zufallstreffer; doch genauso wie auf See hatte meine einfache Navigation geklappt.

Als ich in der Nähe des Felsens im Sand herumstocherte, fand ich mein Zelt und den größten Teil meiner anderen Ausrüstung anscheinend unversehrt. Selbst die Schreibmaschine war offenbar noch zu gebrauchen. Ich holte mein Veterinärpack aus dem Sand hervor und puderte Jolgorios Fußgelenk mit einem Antibiotikum.

Sogar den Notvorrat Heu und die Notration Wasser für die Pferde fand ich, obwohl ein Teil des Heus verschwunden war. Ich dankte Gott für das Heunetz, das ich unterwegs mit Zahnseide verstärkt hatte und in dem wirklich noch genug fürs Abendessen vorhanden war. Das einzige, das ich nicht finden konnte, war etwas zu essen für mich. Ich trank etwas Wasser und kaute auf ein paar Heuhalmen herum.

Dabei beunruhigte mich die ganze Zeit über das überwältigende Gefühl, ich würde die Pferde und alles, was ich hatte, noch einmal

Das ersehnte Heu für die Pferde

verlieren. Nicht wegen eines neuerlichen Sandsturms, sondern wegen eines Schwindelgefühls, dessen ich nicht Herr werden konnte. Ich fühlte mich schwach, hatte ein flaues Gefühl im Magen und spürte, wie alle Kraft mich verließ. Die Pferde beobachteten mich, während sie auf ihrem Heu kauten – wie ich meinte – mit Mitgefühl in den großen Augen.

Von irgendwoher mußte ich mir etwas Kraft holen. Geistesabwesend und verwirrt langte ich nach den Vitaminampullen, wobei ich mir im Moment kaum bewußt war, daß es sich um Medikamente für Tiere handelte. Die Spritze gab ich mir selbst und folgte dabei der früheren Anweisung einer freundlichen Krankenschwester in Pembrokeshire.

Plötzlich ging es mir noch viel schlechter, und mir dämmerte, daß ich den größten Fehler meines Lebens begangen hatte.

Dann wurde mir schwarz vor Augen.

Ruhepause – und zurück in die Atacama

Zuerst glaubte ich, daheim in meinem Bett in Wales zu liegen. Ich war entspannt, fühlte mich geborgen und sehr glücklich. Allerdings schien mir jemand ins Gesicht zu atmen, und das war merkwürdig.

Es dauerte eine ganze Weile, bis ich im Mondlicht die Gestalt eines Pferdes dicht bei mir erkannte. Sein Atem, der mich geweckt hatte, war in der bitterkalten Wüstennacht wie dicker Dampf. Plötzlich ging mir auf, wo ich war, und ich wußte, daß ich gegen dieses trügerische Behagen ankämpfen mußte. Ich setzte mich auf und kroch mühselig auf das Zelt und meinen Schlafsack zu.

Wenn man gerade aus einer Bewußtlosigkeit erwacht ist, fällt es schwer, genug Zuversicht aufzubringen, sich wieder in den Schlaf fallen zu lassen. Als ich jedoch am nächsten Morgen erwachte, fühlte ich mich besser. Nicht einmal hungrig war ich mehr. Das Schwindelgefühl war einer gewissen sorglosen Benommenheit gewichen.

Mir fiel ein Stein vom Herzen, als ich daran dachte, daß die Pferde auf mich gewartet hatten, als ich hilflos dagelegen hatte. Dann setzten schreckliche Erinnerungen an den Sandsturm und an meinen dummen Fehler mit der Vitaminspritze ein. Aber ich hatte es eben doch nicht ganz verpatzt. Noch konnten wir weiterziehen. Meine Kehle war so trocken, daß ich nur noch krächzen konnte, doch innerlich sang und jubelte ich. Dann sah ich die schwärende Stelle, wo Jolgorio sich am Fuß mit dem Seil wund gescheuert hatte, und die Ernsthaftigkeit unserer Lage wurde mir wieder bewußt.

Wenn ein Pferd krank wird, fühlt man sich auf besondere Weise hilflos. Die Geschichte strotzt von Helden, die sich, selbst schwer angeschlagen, immer noch weiter eingesetzt und für eine besondere Sache gekämpft hatten. Pferde jedoch sind in bezug auf „gute Sachen" mit Unwissenheit gesegnet. Irgendwie würde dieses Pferd aber durchkommen müssen. Wir konnten nicht einfach mitten in der Wüste sitzen bleiben, wo wir keine Nahrung, kein Wasser und keinerlei Schutz hatten.

Die Atacama dehnt sich nicht nach allen Seiten aus wie die Sahara, wird aber durchaus ihrem Ruf als „die am meisten Kräfte verschleißende und trockenste Wüste der Erde" gerecht. Sie ist lang, schmal und tückisch wie eine Schlange, dachte ich.

Doch gerade ihre Schmalheit konnte unsere Rettung sein. Eigentlich konnte ich so fern nicht von jeder Hilfe sein. Irgendwo zwischen Anden und Meer mußte die Straße verlaufen.

Obwohl er offensichtlich etwas dagegen hatte, belud ich Hornero mit der Hälfte des Gepäcks; die andere Hälfte lud ich mir selbst auf. Zumindest die Rucksäcke waren ursprünglich für Menschen gemacht worden. Dann zückte ich meinen getreuen Kompaß und bestimmte einen westlichen Kurs.

Gegen Mittag war der Sand einer Hochebene gewichen, die übersät war mit einer Fülle von merkwürdigen schwarzen Felsen, die die Form von Grabsteinen hatten. Das schien ein Zeichen von schlimmer Vorbedeutung, doch wir bemühten uns, einen Weg durch sie hindurch zu finden.

Als wir endlich auf die Autostraße stießen, war es fast dunkel. Sie schien vollständig verlassen. Ich sah nichts weiter als endlose Kilometer von Asphaltband, das sich zu beiden Seiten entrollte. Schon wollte ich mich daranmachen, irgendwo am Straßenrand das Zelt aufzuschlagen, da hörte ich Motorengeräusche. Kurz darauf röhrte ein riesiger Wüstenlastwagen an uns vorüber, und zwar so nahe, daß der Auspuff den Pferden die Schweifhaare hätte versengen können. Doch der Fahrer bremste, mehrere Leute sprangen heraus und machten verwunderte Gesichter, als sie uns sahen.

Ich stellte fest, daß ich am ganzen Leib zitterte. Es war, als ob man mitten auf einer Ozeanreise einem Tanker begegnete. Der Fahrer und seine Freunde sprachen einen mir unbekannten Dialekt, und ich verstand kein Wort, doch waren sie freundlich und versorgten sowohl die Pferde als auch mich mit Wasser. Das Wasser schmeckte entfernt nach Benzin, war aber trotzdem überaus köstlich.

Rund eine Stunde später trafen mit ihrem prächtigen Wüsten-Jeep die Carabineros ein. Sie schauten sehr besorgt drein. „Señor Jelvez hat sich nach Ihnen erkundigt", sagte er. „Wir haben uns größte Sorgen gemacht..."

Nach einem kurzen Blick auf mich fuhren sie wieder davon und kehrten einige Zeit später mit einem Carabinero-Arzt wieder, der unbedingt wollte, daß ich eine Dose von etwas aß, das aussah wie Babynahrung. Er desinfizierte alle meine Kratzer und Wunden und bestrich sie mit Salbe. Die Carabineros hatten außer dem Arzt auch noch einen reizenden Tierarzt namens Julio mitgebracht, der sich um die Pferde kümmerte. „Sie müssen mitkommen nach

Taltal und sich ein paar Tage ausruhen", sagte er. „Es ist nicht weit."

Bei aller Erleichterung stellte sich jedoch neuerlich Verzweiflung ein. Taltal lag noch hinter der Wüstenlandebahn Breas am Ende einer Dreiundzwanzig-Kilometer-Stichstraße, die von der Straße abging. Das war zwar nicht weit, führte leider aber genau in die falsche Richtung. Der Gedanke, wieder zurückzureiten, hatte etwas sehr Bedrückendes. Außerdem glaubte ich nicht, daß Jolgorio im Moment auch nur einen weiteren Schritt machen könnte.

„Keine Bange", erklärte Julio freundlich, „ich sorge für einen Transporter für ihn." Etwas später traf ein ziemlich klappriger alter Anhänger ein, gegen den Jolgorio augenblicklich eine Abneigung faßte. Schließlich gelang es mir jedoch unter Schmeicheleien und gutem Zureden, beide Pferde an Bord zu bekommen, und wir konnten losfahren. Bald bog die Straße von der flimmernden Höhe der Wüste ab und führte hinunter an die Küste.

Die alte Bergwerksiedlung schien tiefer gelegen als die Atacama; die Außenbezirke wurden von Felsen geschützt, die in ein Gespinst von Meeresdunst und Salzgeruch eingehüllt waren. Es war ein freundliches Städtchen mit windschief zusammengeschusterten Häusern und einer im Gegensatz dazu wohlgeordneten Plaza voller exotisch duftender Pflanzen, die man mit viel Mühe und wenig fruchtbarer Erde und Wasser der Wüste abgerungen hatte.

Julio nahm die Pferde mit zum Polizeiposten, wo sie in Gesellschaft von vier uralten Polizeigäulen soviel Heu fressen durften, wie sie wollten. Julios erste Sorge galt Jolgorio. „Für ein Auto läßt sich immer ein neuer Motor oder ein Ersatzteil auftreiben", sagte er, „aber einem Pferd kann man keinen neuen Fuß kaufen, und ohne gesunden Fuß haben Sie kein Pferd." Er gab mir eine Liste mit frischen, ortsüblichen Heilmitteln, die ich in der Apotheke kaufen sollte.

Mütter standen nach Mittelchen für ihre Babys oder andere Familienmitglieder an. Sie plauderten freundlich mit mir und fragten mich, wie es meinem Kind gehe. Als ich ihnen sagte, mein Patient sei ein Pferd, machten sie erstaunte Gesichter.

Unter Julios hingebungsvoller Pflege erholte sich Jolgorio rasch wieder. Er und Hornero bekamen neue Hufeisen; die alten waren bereits nach der einen Woche abgewetzt. Julio zeigte mir, wie man die Spitzen von Hufeisennägeln noch spitzer klopft und leicht nach außen biegt, ehe man sie ins Horn hineintreibt; dann kommen sie mit größerer Wahrscheinlichkeit an der richtigen Stelle des Hufes wieder heraus und richten im empfindlichen Hufinneren keinen Schaden an. Das war ein guter Rat, zumal die Hufe chilenischer Pferde nur von einer verhältnismäßig dünnen Hornwandung umgeben sind.

Bald waren wir soweit, daß wir wieder aufbrechen konnten. Wäre ich nur nicht von solcher inneren Unruhe erfüllt gewesen! In der Geborgenheit von Taltal hatte ich mich gefragt, ob ich rücksichtslos genug sein könnte, die Pferde und mich noch weitere zwei Wochen und mehr durch die Atacama zu treiben. Dann jedoch sagte ich mir, daß ich das Ganze ja schließlich nicht nur meinetwegen machte. Ich hatte einen Auftrag auszuführen, und ich tat gut daran, mich zu beeilen, denn die Last des Vertrauens, das mein Verleger und ein paar wenige andere Leute in mich setzten, die Reise erfolgreich zu Ende zu führen, war etwas, das der kleine Jolgorio mir nie würde abnehmen können.

Und noch etwas ging mir auf. Ein bißchen hatte das Ganze ja doch etwas von einem Segeltörn. Wir konnten unmöglich für immer bleiben, wo wir gerade waren; und zurückkehren würde sich wahrscheinlich als nicht minder schwierig erweisen als weiterzumachen. Also nahmen wir Abschied. In Taltal genauso wie in Antofagasta lernte ich die überwältigende Gastfreundlichkeit der Chilenen kennen. Wohin ich ging und was auch an Prüfungen noch vor mir lag, ich war sicher, daß eine der größten

Schwierigkeiten des ganzen Unternehmens darin bestehen würde, mich auf angemessene Weise bei ihnen zu bedanken.

Wieder unterwegs, wandten wir uns – jetzt besser in Form und besser organisiert – wieder unserem eigentümlichen Nomadenleben zu, dem durch den Sandsturm auf so drastische Weise ein Ende gesetzt worden war.

Südlich von Taltal führte unsere Route uns wieder hinein in die eigentliche, hochgelegene Wüste, und es ging durch eine dem Anschein nach nie enden wollende, von abgeflachten Bergen gebildete Hochebene. Da wir nur langsam vorankamen, schien das Gelände ewig gleich zu bleiben. Es fiel mir schwer, mich auf ein Ziel zu konzentrieren, das weiter als einen Ritt von einer Stunde entfernt lag. Der Gedanke, daß ich auf dem Weg zurück ans Kap Horn begriffen war, hatte hier etwas Absurdes. Die eisigen Meere des Südens waren bestimmt genausosehr eine Fata Morgana wie die flimmernden Seen, die ich ständig auf der Oberfläche der Wüste auftauchen sah. Ich wußte, irgendwann würden wir sie hinter uns haben, aber manchmal kam es mir vor, als wäre die ganze Erde eine Wüste.

So war es eine Erleichterung, endlich die kleine Hafenstadt Chañaral zu erreichen. Malerische Fischerboote und hoch ihre Kreise ziehende graue Möwen, die merkwürdig glucksende Schreie ausstießen, signalisierten, daß es im Gegensatz zu der Leblosigkeit der Wüste ringsum im Meer von Fischen nur so wimmelte. Ich gönnte mir eine köstliche Seeaal-Suppe, eine Spezialität der Gegend, doch die Pferde fuhren nicht so gut, denn das Heu war nicht eingetroffen. Mich bedrückten große Schuldgefühle, als ich mir den Bauch vollschlug, während sie leer ausgingen.

Wir hielten uns nicht länger in Chañaral auf, sondern stießen weiter gen Süden vor, immer den schönen Strand entlang.

Es dauerte seine Zeit, bis ich die Pferde dazu bewegen konnte, im seichten Wasser zu gehen, denn sie hatten noch nie zuvor das

Meer gesehen. Sie dachten, die Wellen hätten es auf sie abgesehen. Beide probierten an den kleinen Tümpeln und Pfützen am Strand immer wieder das Meerwasser, um es sogleich wieder unter Schnauben und Lippenaufwerfen auszuspucken. Schließlich gelang es mir, sie dazu zu bewegen, tiefer ins Wasser hineinzugehen, wo sie nun herumplanschten, als wäre dies ihr Element. Alles wurde ziemlich naß, aber für die strapazierten Beine der Pferde war es wunderbar.

War das Herumstapfen im Wasser eine gute Idee gewesen, so war das bei dem Salz, auf das wir am Strand stießen, etwas anderes. Oft war das Gelände um uns herum mit etwas bedeckt, das aussah wie Schnee, sich jedoch als dicke Salzkruste herausstellte. Auch wenn wir es nicht sehen konnten, war die Wüste um uns herum sehr salzig, und das – ich wußte es wohl – war sehr schlecht für die Hufe der Pferde. Ganz besonders besorgt war ich um die armen kleinen weißen Hufe an Jolgorios Hinterhand. Weiße Hufe sind viel weicher als schwarze oder graue. Jolgorio hatte dazu noch die schlechte Angewohnheit, sie nachschleifen zu lassen, wenn er müde war, und vorn sahen sie nachgerade wie durchgesägt aus. In Caldera konnte ich glücklicherweise etwas Teer kaufen, und so bereitete ich einen Teer-Sonnencreme-Cocktail zu, mit dem ich die Hufe bestrich.

Hier sah ich zum ersten Mal einige künstlich bewässerte Felder und Weingärten, doch Weiden für die Tiere gab es immer noch nicht. „Es ist ein ganz besonders trockenes Jahr", versicherten mir alle.

Als ein paar Carabineros mit frischen Heuballen eintrafen, dachte ich zum x-tenmal dankbar an Mr. Thursday in Antofagasta. Ich konnte sogar ein bißchen Stroh hinzukaufen und den Vorrat damit ergänzen. Während des Einkaufs näherte sich mir ein alter Mann und zeigte aufgeregt auf den kleinen roten Drachen, der auf meine Jeans aufgenäht war. Was er sich wohl dachte?

Nach Caldera durchquerten wir das grüne Tal des Copiapó, wo einige der besten Weine Chiles hergestellt werden. Dann ging es wieder hinein in die leere Wüste, um das Huasco-Gebiet der Atacama zu durchqueren.

Der August war schon fortgeschritten, und meine endlose Landkarte von Chile war immer schmutziger und zerknitterter geworden. Nach und nach schafften wir es jedoch, ein weiteres Faltblatt hinter uns zu bringen, indem wir schonungslos bis zu zehn Stunden am Tag marschierten. Ich lebte mit Sand in der Zahnpasta, Sand im Kaffee und Sand an allen möglichen und unmöglichen Körperstellen, ja wie es mir vorkam, sogar Sand im Getriebe meines Denkens. Allerdings erschien mir die Wüste inzwischen weit vertrauter als noch vor wenigen Tagen, und je mehr Kraft und Durchhaltevermögen ich aufbrachte, desto mehr war ich imstande, die außergewöhnliche Schönheit dieses Landstrichs zu würdigen.

Insbesondere die Nächte waren voller Zauber. Die Überwindung, die es mich kostete, aus meinem Zelt herauszukriechen, um nachzusehen, ob alles in Ordnung sei, wurde reichlich mit dem Anblick der klaren Silhouetten der Pferde vor dem gewaltigen Wüstenmond belohnt. Friedlich standen sie da oder mampften Heu. Nur wir drei – mitten in der gewaltigen, silbrigen Leere.

So unterwegs zu sein, wie es früher üblich war, und an Orte zu gelangen, wo Autos nie hinkommen konnten, lehrte mich manches. Den ganzen Tag über zu reiten und nachts in meinem winzigen Iglu-Zelt zu schlafen, öffnete mir die Augen darüber, in welchem Maße wir in unserem modernen, bequemen Leben von der Natur abgeschottet sind und wie wenig wir uns ihr noch stellen müssen. Friert man, dreht man einfach die Heizung auf, hat man Schmerzen, gibt es tausend Mittelchen, die man schlucken kann, selbst gegen die Angst. In der Wüste gab es derlei Schutzvorrichtungen für mich nicht. In gewisser Weise war ich nicht einfach auf einer Reise begriffen, die mich über dreitausend Kilometer durch Chile führen sollte, sondern ich reiste auch in der Zeit zurück, zwei- oder dreihundert Jahre. Wenn man sich so vorwärtsbewegt, wie unsere Vorfahren es getan haben, wird jedes Sinnesorgan bis an die Grenzen seiner Möglichkeiten gefordert, und Schmerz, Angst, Empfinden von Schönheit und vor allem Entfernungen werden stark vergrößert.

Vom Rücken eines Pferdes aus sieht man einen Sonnenuntergang nicht nur mit den Augen, sondern man spürt ihn mit jeder Faser. Doch man bezahlt für dieses Mehr an Schönheit mit der Tatsache, daß auch die bittere Nachtkälte hinterher stärker erscheint als anderswo. Lohn wie Strafe übersteigen eben alles gewohnte Maß.

In der Gegend von Elqui wich der nackte Sand langsam Gebieten mit sonderbaren, wie Kandelaber geformten Kakteen, die größer und immer größer wurden, je weiter wir nach Süden vorstießen. Noch einige Kilometer weiter, und die Kakteen wurden verdrängt von kleinen, verkümmerten Sträuchern und kleinen Vegetationsbüscheln, aber Bäume waren es immer noch nicht. Außerdem begegneten uns jetzt die ersten Moskitos und Fliegen. Eidechsen sonnten sich auf den Felsen, und es gab eine ganze Menge Vögel. Wir hatten die chilenische Savanne erreicht.

Als wir die Atacama hinter uns ließen und in das Tal von Coquimbo hineinritten, tauchten neue Wunder auf. Welche Aufregung, in die das erste Gras uns versetzte! Und bald war das wunderbare Geräusch von Pferdezähnen zu hören, die dieses frische Gras zermahlten. Dann die erste Wolke nach der Wüste, der erste mit feinen Lämmerwölkchen überzogene Nachthimmel und der Mond hinter den Wolken, was genau die Farbe des Apfelschimmelfells von Hornero ergab. Die ersten kleinen Bäche, die ersten winzigen Dörfer mit Bauerngehöften ...

Hornero und Jolgorio wurden angesichts all dieser Zeichen von

Leben völlig aufgeregt. Endlich gab es auch wieder andere Menschen und andere Tiere. Falls überhaupt, beäugten die Pferde die ersten Zeichen der Zivilisation mit viel zuviel Genuß. Eines Abends knabberte Jolgorio einen Teil des geteerten Telegrafenmastes weg, an dem er angehalftert war. Ich machte mir deswegen größte Sorgen, bis mir einfiel, daß seine Vorfahren ja die weite Seereise von Spanien bis in die Neue Welt nur dadurch überstanden haben, daß sie Teile der Pechkiefer verzehrt hatten, aus denen die Schiffe gebaut worden waren.

Kurz bevor wir La Serena erreichten, kam es zu einem womöglich noch schlimmeren Desaster in seiner Ernährung. Wir waren bei einer winzigen *posada* oder Restaurant angelangt, und die ganze Familie stürzte heraus, uns zu begrüßen. Die Señora bat mich ins Haus, während ihre Kinder die Pferde in den Schatten eines der ersten Bäume lotsten, den wir seit langem wieder zu Gesicht bekamen. Es handelte sich um einen besonders schönen, gerade in voller Blüte stehenden Baum, der offenbar mit der ganzen Hingabe und dem wenigen Wasser gepflegt worden war, das die Familie erübrigen konnte. Bei der allgemeinen Aufregung vergaß ich ganz Jolgorios Appetit!

Die Entfernung zwischen Antofagasta und La Serena beträgt über die Autostraße rund 850 km, die mit einem Auto in drei Tagen gut zu schaffen sind. Wir hatten für dieselbe Strecke über drei Wochen gebraucht. Da ich bis auf die Pferde fast immer völlig allein gewesen war, bedeutete die Bewältigung der Atacama eine ausgeprägte, persönliche Erfahrung für mich. Das größte Geschenk der Wüste an mich bestand jedoch darin, daß sie mich das ganze Abenteuer mit völlig neuen Augen zu sehen gelehrt hatte. Alles, was noch vor mir lag, versprach, unendlich viel herzugeben und war ungeheuer verlockend.

Wieder unter Menschen

Hoch zu Roß mit einer Schreibmaschine bewaffnet durch eine Wüste zu ziehen ist schon exzentrisch und schwierig genug. Aber das Kunststück, beim Dahingaloppieren über eine Ebene auch noch zu tippen, hätte wohl nicht einmal John Wayne mit den Zügeln zwischen den Zähnen fertiggebracht. Deshalb tauschte ich in La Serena einen meiner kostbaren Reiseschecks gegen einen winzigen Kassettenrecorder ein, um mein Tagebuch auf Band zu sprechen.

Die Pferde hielten davon nicht viel. Als sie mich das erste Mal englisch in das Gerät hineinsprechen hörten, waren sie so erschrocken, daß sie mir ums Haar durchgegangen wären. Die ländliche Bevölkerung Chiles, die Schwachsinnigen und dem Walten Gottes offenbar mit besonderer Nachsicht begegnet, lächelte nur freundlich, wenn ich vorüberritt.

Die Tage wurden jetzt merklich kühler und die Nächte wärmer. Ponchos und Wadenwärmer für die Pferde gehörten genauso in die Vergangenheit wie Einreibungen und besessene Massagen. Jetzt schaffte ich es eigentlich immer, abends genug Wasser zu bekommen, um den Pferden Rücken und Beine zu waschen. Auch gab es morgens immer noch eine zusätzliche Stunde Sonnenlicht. Doch das Beste von allem war, daß ich – obwohl die Vegetation immer noch nicht üppig genannt werden konnte – nicht mehr ständig Angst haben mußte, ob ich auch rechtzeitig das nächste Heu- und Wasserdepot erreichen würde.

Die nächste Etappe meiner Expedition war weniger eine Sache des bloßen Überlebens als vielmehr ständiger Neuentdeckungen. Es war kaum zu fassen, wie schnell sich alles veränderte, obwohl ich doch so langsam ritt. Alle paar Kilometer weiter südlich schienen die Düfte in der Luft andere zu sein, ebenso die Laute, die Umrisse der Berge und die Farben der Landschaft. Ich begann, das Besondere meiner Art des Reisens jetzt in vollen Zügen zu genießen. Zu Pferde hat man das Gefühl, jede Handbreit Land wirklich zurückzulegen, und das Wunder liegt in den kleinen Dingen des Lebens.

Bei Dunkelheit erreichten wir das winzige Dorf El Peñon. Von etwa zweihundert Kindern umringt, baute ich das Zelt auf. Alle wollten mir die Taschenlampe halten und helfen. Ich versuchte, ihnen zu erklären, das Zelt sei *mi casa del desierto* gewesen, mein Wüstenhaus, und daß es überhaupt mein Zuhause in Chile sei. Und wie sie sich das vorstellen, ich könnte doch unmöglich in allen ihren Häusern schlafen, oder? *„Soy perrita"*, sagte ich. „Ich bin ein Hündchen, das es gewohnt ist, dauernd unter freiem Himmel zu schlafen ..."

Tatsache war, daß ich die Geräusche der Nacht zu lieben gelernt hatte und das Gefühl, die kühle Erde direkt unter mir zu haben. Am meisten jedoch hatte ich mich daran gewöhnt, stets in der Nähe meiner Pferde zu schlafen.

„Hola gringa!" riefen sie. „Dann werden wir eine *fiesta* in deiner *casa del desierto* feiern!" Es dauerte nicht lange, und sie waren mit Wein, Obst, Käse und *empanadas* zurück. Bei letzteren handelte es sich um eine Art gefüllter Maisfladen, die man mit den Fingern aß.

Soviel Menschen wie nur irgend möglich drängten sich in meinen Iglu, der Rest hockte draußen auf Wolldecken. Jemand brachte eine Gitarre zum Vorschein, und alle sangen. Dann erhoben sich zwei Kinder und tanzten unter viel Gewirbel von Taschentüchern einen traditionellen Tanz.

Ein Gefühl der Einsamkeit wäre, solange man mit diesen freundlichen Menschen zusammen war, ein Ding der Unmöglichkeit gewesen. Trotzdem war ich bei allem Spaß, den wir hatten, traurig und wurde von einem Heimweh geplagt, wie ich es

Kleine Zwischenmahlzeit am Wegesrand

während meiner Wochen allein in der Atacama nicht gekannt hatte. Beim Klang der Musik fühlte ich mich fast überwältigt von Verlassenheit. Ich hatte immer noch eine sehr weite Strecke vor mir, und wenn ich für meine Reise auch ungefähr vier Monate veranschlagt hatte, so hatte ich doch keine Ahnung, wann ich wirklich wieder daheim in Wales sein würde. Was diese Expedition wirklich kostet, dachte ich und zerfloß vor Selbstmitleid, das ist die Zeit, die ich von meinen Lieben daheim getrennt bin – und das läßt sich mit nichts bezahlen.

Als ich El Peñon frühmorgens wieder verließ, verwandelte das erste zaghafte Licht die geheimnisvollen Umrisse und Schatten des nächtlichen Dorfes in wirkliche Häuser und Gebäude.

Eigentlich hatte ich vorgehabt, den nächsten winzigen Weiler, der Higueritas hieß, über einen Abkürzungsweg zu erreichen. Statt dessen stellten Hornero, Jolgorio und ich fest, daß wir auf einer Bergbesteigung begriffen waren. Selbst die kleineren Berge in diesem Teil Chiles schienen wild und steil, und dieser hier bildete keine Ausnahme. Immer wieder stießen wir auf breite Spalten, über die wir hinwegspringen mußten. Sie sind doch nicht breiter als kleine Gräben, sagte ich mir, als Hornero und Jolgorio samt Gepäck und allem darüber hinwegsetzten. Nur, daß diese „Gräben" keinen Boden hatten. Die vermutlich durch Erdbeben entstandenen Felsspalten bildeten regelrechte Schluchten, in denen tief unten weiße Dunstschwaden brodelten.

Auf der anderen Seite des Berges begrüßte uns ein alter Mann und seine Frau, die inmitten eines flammenden Meers von orangefarbenen Bergblumen zu leben schienen. Die beiden boten mir ein gekochtes Ei an sowie köstliches, noch heißes Brot, das frisch aus einem Ofen kam, der nicht mehr als ein Haufen heißen Sandes unter einem offenen Feuer war. Der alte Mann bewunderte Hornero und Jolgorio, die an den grünen Rändern eines steil bis weit ins Tal hinunterreichenden Abgrunds Gras rupften. Dann zeigte er mir seine Herde wohlgenährter Ziegen, seine Hühner und etliche ziemlich giftig zischende Gänse.

Vor fünfundzwanzig Jahren sei er aus Santiago hierher gekommen, erzählte er. Dort habe er sich seinen Lebensunterhalt als Straßenpflasterer verdient. Nein, er verspüre nicht den geringsten Wunsch zurückzukehren. *„Por qué?"* fragte er. „Warum denn? Hier habe ich doch alles."

Er nahm ein Stück Brennholz und hatte es in wenigen Minuten zu der originalgetreuen Miniaturausgabe eines traditionellen chilenischen Steigbügels zurechtgeschnitzt. Den schenkte er mir; ich ließ dafür meinen Sombrero in seiner Hütte hängen.

Über ein Flußbett, das selbst das Wasser als zu schwierig aufgegeben hatte, stolperten wir den Berghang hinunter und standen zu unserem Mißvergnügen schließlich einer Wand von undurchdringlichen Dornbüschen gegenüber. Es dauerte etliche Stunden, diese zu umrunden.

Die kleine *posada* in Higueritas war eine baufällige Holzhütte, die nicht viel Vertrauen erweckte. Unglaublich köstliche Küchendünste lockten mich jedoch unwiderstehlich an die windschiefe Tür. Dies war kein Abend für meinen zerbeulten, aber unverwüstlichen Camping-Kocher, der mir in der Wüste so gute Dienste geleistet hatte.

„*Sí, sí, señorita*", rief eine große, lustige Frau. „Selbstverständlich können Sie im Hof campen."

So organisierte ich meinen Segeltuchhaushalt und die Pferde, überließ es dann Hornero und Jolgorio, sich am Mais der aufgeregt gackernden Hühner gütlich zu tun, und begab mich zum Essen ins Innere. Die *Señora* strahlte und holte mit der Schöpfkelle einen Schlag Eintopf aus einem schwarzen Topf, der so groß war, daß man sich darin hätte zusammenrollen können. Außerdem stellte sie ein kleines Glas mit einer farblosen Flüssigkeit vor mich hin, die genauso aussah wie Wasser und soviel kostete wie Coca-Cola. Beim ersten Schluck explodierten Flammen in meiner Kehle. Die *Señora* strahlte übers ganze Gesicht. So wurde ich mit *aguardiente* bekannt gemacht, einem Branntwein, der aus den hiesigen Trauben destilliert wird und fünfzig Prozent reinen Alkohol enthält.

Als ich mich an diesem Abend schlafen legte, standen mir zwei Bilder vor Augen: das des alten Mannes, der mit seiner Frau und seinen Ziegen unter den Blumen auf dem Berg lebte, und das eines Halbwüchsigen, der früh am Tage an mir vorübergeritten war. Er hatte auf einem weißen Pony gesessen, einen Lianenzügel in der einen Hand – mit dem er das Pferd vollkommen beherrschte – und einen großen Weinkrug in der anderen. Die Hose des Jungen hatte mehr aus Löchern denn aus Stoff bestanden, und doch hätte man ihn nicht arm nennen mögen.

Der Río Limarí sei im Monat zuvor schlimm über die Ufer getreten, wurde mir berichtet, und manche der Häuser in Ufernähe lehnten auch jetzt noch auf ihren Dächern, weil eine Wand eingebrochen war. Jetzt war das ganze Gebiet wieder trocken, und der Fluß hatte sich so weit ins Erdreich verkrochen, daß er fast unter seinem eigenen Bett dahinfloß; folglich konnte ich das Flußbett hinunterreiten. Von Zeit zu Zeit ließ ich die Pferde allein zurück und begab mich auf Wassersuche. Dabei mußte ich mir mit der Machete den Weg durch wahre Wälder von hohen Disteln bahnen, die die Ufer säumten.

Bei der Rückkehr von einer dieser Exkursionen stieß ich auf einen prächtig in wallenden Poncho und hohen Sombrero gekleideten Mann mit gewaltigen, blitzenden Sporen, der sich gerade meine Pferde genauer ansah. Vornübergebeugt untersuchte er das Brandzeichen an Jolgorios linker Schulter.

„Was?" fragte er. „Wieso trägt ein edler Aculeo einen Packsattel?"

Er schien es kaum zu fassen, als ich es ihm auseinandersetzte.

„Sie müssen unbedingt meinen Cousin Mariano besuchen", verkündete er. „Er ist ein großer Rodeo-Reiter, hat schon viele Siege errungen und spricht, glaube ich, ein bißchen Englisch. Er wird Ihnen das mit der *media luna* erklären . . ."

„*Gracias*", murmelte ich, um zu zeigen, daß ich immerhin ein bißchen Spanisch spreche.

Marianos Anwesen lag etwa fünfzehn Kilometer außerhalb von Socos. Mein Herz flog ihm zu, als er die Pferde auf eine wunderbare Weide mit saftiger Luzerne trieb. Groß und gut gewachsen, mit grauen Haarbüscheln und blitzenden Augen, besaß Mariano die gleiche starke Ausstrahlung wie sein Cousin. Jede Ecke seines Hauses war angefüllt mit Erinnerungen an die *media luna*, das chilenische Rodeo, dem seine ganze Leidenschaft galt.

Media luna – Halbmond – heiße es, so setzte er mir auseinander, weil es in einer ovalen Arena stattfinde, die der Länge nach durch einen halbmondförmigen Zaun unterteilt wird. Lassos würden bei einem chilenischen Rodeo nicht verwendet, erzählte er mir, aber hochstehendes reiterliches Können werde verlangt. Während des Wettkampfes werde der Stier – nachdem er einmal um die Arena herumgetrieben worden sei – von einem Reiter gegen die gepolsterte Außenwand gedrängt und von einem anderen auf den Boden geworfen. Punkte gebe es für die Geschicklichkeit der Teilnehmer. Doch würden diese besonderen Methoden nicht nur im Wettkampf verlangt, sondern auch sonst beim Treiben der Rinderherden.

Pferde, die an der *media luna* teilnehmen, sind samt und sonders Vollblüter. Das erkennt man daran, daß ihnen das Jahr ihrer Geburt auf die linke Schulter gebrannt wird. Das geschieht mit äußerster Behutsamkeit, um ihre Schönheit nicht zu beeinträchtigen, und für gewöhnlich läßt sich das Brandzeichen überhaupt erst erkennen, wenn man die Stelle vorher anfeuchtet.

Dieses, zusammen mit dem Brandzeichen für die Rasse (wie etwa für „Aculeo" ein A über einem V), stellt gewissermaßen seinen Paß fürs Leben dar. Ein solches Pferd steht in hohem Ansehen, und seine Ausbildung gilt erst als abgeschlossen, wenn es mindestens fünf Jahre alt ist; dann aber ist es ein in hohem Maße durchtrainiertes und ausgebildetes Pferd.

Eine klassische Eignungsprüfung bestehe zum Beispiel darin, erklärte mir Mariano weiter, daß man einen Poncho auf den Boden wirft; das Pferd muß in vollem Galopp herangebracht werden und mit allen vieren auf dem Tuch stillstehen.

Mariano wollte mich nicht wieder ziehen lassen, ehe er nicht Horneros und Jolgorios Mähnen getrimmt hatte. Er erklärte, alle chilenischen Pferde hätten denselben besonderen Haarschnitt. Die Stirnlocke und der Teil am Widerrist werde nie angerührt, doch das Haar dazwischen müsse stets sorgfältig geschoren werden. Es gilt als sehr schlechte Form für ein chilenisches Pferd, wenn es nicht ganz makellos gepflegt ist. Aus Scham schnitt auch ich mir die gespaltenen Enden meiner eigenen Haare ab.

Am nächsten Tag marschierten wir mitten in einen heftigen Südwind hinein, der so viel Kraft zu besitzen schien, daß er sehr wohl ganz von Kap Horn heraufgekommen sein konnte. In Punta Gruesa fanden wir in einem verfallenen Gebäude schließlich Schutz.

Jedem englischen Pferdebesitzer hätten sich die Haare gesträubt, denn aus den zerfallenden Mauern schauten scharfe Eisenspitzen hervor, und auf dem Boden lagen Stacheldraht, Eisenteile und die Überreste von einem Dutzend Coca-Cola-Dosen herum. Ich machte mich daran, alles flach an die Mauer zu hämmern und den Boden zu säubern. Nach etwa einer Stunde Aufräumarbeit war das Gemäuer bewohnbar genug, uns dreien Schutz zu gewähren.

Die ganze Nacht über bebte die Hütte im nicht enden wollenden Sturm, und während ich die zitternden Pferde beschwichtigte, stellte ich mir vor, draußen auf dem Meer wären Lichter zu sehen. Ich dachte an Francis Drake, Hawkins, Cumberland und die anderen englischen und französischen Seefahrer, die im siebzehnten Jahrhundert diesen Teil der Pazifikküste unsicher und den Siedlern das Leben schwer gemacht hatten.

Am nächsten Morgen war alles ruhig und die Sonne schien, als hätte es den Sturm gestern nacht nie gegeben. Glatt und seidig blau lag die See da, und die Andengipfel in der Ferne waren in pfirsichfarbene Nebelschleier eingehüllt. Es war, als ob die Natur ein Fest feierte und das ganze Land blitzblank geputzt wäre, um die Farben richtig zur Geltung zu bringen. Der Tag war viel zu schön, um weit zu reiten.

Fünf Wochen war es nun her, daß wir Antofagasta verlassen hatten, und in dieser Zeit hatten wir durch hartnäckiges Weitervordringen nahezu tausend Kilometer zurückgelegt. Bis jetzt war

Wir drei verstehen uns inzwischen prächtig

die Reise ein nahezu zwanghafter Ritt gen Süden gewesen. Ich hatte damit gerechnet, mein Ziel etwa in vier Monaten zu erreichen, um im Sommer der südlichen Hemisphäre am Kap Horn zu sein. Jetzt stellte ich neue Überlegungen an. He, sagte ich mir, was machst du denn überhaupt? Und vor allem: Was verpaßt du eigentlich? Also bog ich ein wenig nach links ab und dann noch einmal und fand mich in einem kleinen Gehölz wieder, in dem wir zum größten Entzücken der Pferde einen Bach entdeckten.

Es war ein unglaublicher Luxus, das Zelt einmal bei hellichtem Tag aufzuschlagen und nicht dabei zu hetzen. Diesmal packte ich alles aus, zunächst einmal die Essensvorräte: mein getreues Trio aus Kaffee-, Zucker- und Salzgläsern, den in Musselin eingeschlagenen Käse, meinen Brotbeutel mit dem Brot, die frischen Eier, die zwischen meinen Socken heil geblieben waren. Alles holte ich aus den Rucksäcken heraus. Dann zog ich mich völlig aus und sprang in den Bach samt der schmutzigen Wäsche, die ich auf den Steinen ausschlug, um sie sauber zu bekommen. Es war ein Hochgenuß, sich in dem kristallklaren Wasser zu aalen. Die Wäsche hängte ich um das Zelt herum zum Trocknen auf, kochte Kaffee und briet mir ein paar Eier. Es war herrlich!

Den Rest des Tages vertrödelte ich mehr oder weniger, suchte Bambusblätter und anderes Futter für die Pferde, nahm kleinere Reparaturen vor und versuchte mit meinem Kassettenrecorder das Quaken der Frösche und den Gesang der Vögel aufzunehmen.

Als es dunkel wurde, sagte ich den neben einem Haufen Bambuslaub angehalfterten Pferden gute Nacht und zog mich in das Zelt zurück, um mir Notizen zu machen. Ich habe schon immer gern nachts gearbeitet, froh über die Extrastunden, die andere Leute überhaupt nicht zu zählen scheinen. Schließlich pustete ich die Kerze aus und schlief mit einem Gefühl der Zufriedenheit ein. Der Tag war wunderbar gewesen.

Neues Leben und ein Fest

Es ist erstaunlich, wie rasch ein friedliches Gefühl in schieres Entsetzen umschlagen kann.

Mitten in der Nacht wachte ich auf und wußte plötzlich, daß die Pferde und ich nicht mehr allein waren. Die Warnung war kaum wahrnehmbar, nicht mehr als ein Rascheln in den Blättern und hin und wieder das Knacken eines Zweiges – kleine Laute, die aus den gewöhnlichen Nachtgeräuschen ausbrachen.

Ich fuhr auf, erstarrte und spitzte die Ohren. Eiskalt lief es mir den Rücken hinunter, bis in die Tiefen des warmen Schlafsacks. Irgend jemand oder irgendwas regte sich in den Büschen um das Zelt herum. Es hatte keinen Sinn, so zu tun, als hätte die Wüste mich gelehrt, meine Angst zu bezwingen. Was immer es war, es kam näher und immer näher. Ich hörte, wie die Pferde, die auf der dem Geräusch abgewandten Seite des Zeltes angebunden waren, unruhig wurden.

Ich war wie benommen, unfähig, etwas zu tun. Ich flehte innerlich, daß, was immer es sei, es von allein weggehen möge, während ich still in meinem Zelt saß. Diesen Gefallen tat es mir nicht.

Vor Antritt meiner Expedition hatte man mir geraten, Judo zu lernen oder, noch besser, eine Pistole mitzunehmen. Ich hatte weder das eine noch das andere getan. Ich wollte auf einfache Art reisen, auf gegenseitiges Vertrauen bauen. Sollte ich stets und ständig in Verteidigungshaltung oder bis an die Zähne bewaffnet umherlaufen, würde das alles zerstören. Die unglaubliche Freundlichkeit, die mir seit meiner Ankunft von den Chilenen entgegengebracht worden war, hatte mir bestätigt, daß ich die richtige Entscheidung getroffen hatte. Bis jetzt.

Aber die Laute, die aus den Büschen drangen, konnte ich nicht einfach ignorieren. Ich mußte etwas tun. Aber was? Ich konnte doch nicht einfach laut *„Hi! Hola! Hey!"* rufen – in etwa das spanische Gegenstück zu „Wer da?". Doch genausowenig fühlte ich mich imstande, aus dem Zelt hinauszustürmen und zu fangen, was immer da war.

Ich richtete den Strahl meiner Taschenlampe auf die Pferde. Hornero kräuselte die Nase und schnaubte leise, als rieche er etwas sehr Merkwürdiges. Aber besonders verängstigt wirkte er nicht. Nachdem ich mich überzeugt hatte, daß mit beiden Pferden alles in Ordnung war und sie sicher waren, knipste ich die Lampe wieder aus. So konnte der Eindringling jedenfalls nicht meine Bewegungen sehen.

Ich tastete im Zelt herum, bis ich mit der Hand auf die schwere Raspel aus meinem Werkzeugkasten zum Hufebeschlagen stieß. Die Raspel umklammernd, nahm ich allen Mut zusammen, der mir noch verblieben war, und kroch langsam aus dem Zelt hinaus auf die Büsche zu.

Es war eine pechschwarze Nacht. Vom Mond war nichts zu sehen. Das Geräusch, das ich im Näherschleichen vernahm, hörte sich mehr wie ein unablässiges tiefes Stöhnen an als alles andere. Ich erstarrte, drückte mich noch tiefer auf den Boden und versuchte, mich zum Sehen zu zwingen. Dabei verengte ich die Augen zu feinen Schlitzen, wie man es auf See macht, wenn man versucht bei Nacht den Horizont zu erkennen. Der Trick besteht darin, sich dabei etwas vorzustellen, das dunkler ist, als die Dunkelheit selbst es je sein kann.

Ich erkannte verschwommene Umrisse. Als ich die Hand ausstreckte, berührte ich etwas Festes, Warmes... und leicht Klebriges. Etwas, das lebte! Entsetzt zuckte ich zurück, mein Herz hämmerte wie wild. Dann bog ich langsam und entschlossen die Blätter der Büsche auseinander. Zwei Augen schauten daraus hervor, Augen voller Qual und voller Furcht.

Wer solche Augen hat, schoß es mir durch den Sinn, konnte unmöglich gefährlich sein. Ich knipste die Stablaterne an und fuhr zurück, als jemand laut vor mir aufschrie. Meine ganze eigene Angst fiel von mir ab, so überrascht war ich, und die schwere Hornraspel entfiel meiner Hand. Mitten in dem Busch hockte eine Frau.

Verschreckt wandte sie die Augen vom grellen Licht ab und fing an, sich stöhnend hin und her zu wiegen. Das orangefarbene Wollhemd hatte sie bis zur Hüfte hochgerafft; ihre Hände umklammerten einen gewaltigen Bauch. Flehentlich sah sie mich an und blinkte mit den Augen. Ihr verzerrtes Gesicht konnte sehr jung oder uralt sein, ich vermochte es nicht zu sagen. Woran jedoch nicht der geringste Zweifel bestand, war, daß diese Frau im Begriff war, ein Kind auf die Welt zu bringen. Und daß sie Hilfe brauchte.

„No te pongas nerviosa . . . No tengas miedo . . .", murmelte ich. „Keine Angst . . . Nur keine Angst . . ." Ich suchte verzweifelt nach den richtigen Worten und streichelte dabei ihre Hand. Ich war schon völlig zerkratzt, doch das erging ihr, soweit ich sehen konnte, nicht anders. Und was war mit dem Baby? Als erstes mußte sie einmal aus dem Dornbusch heraus, ehe es zu spät war.

Sie war nur eine kleine Frau, dabei jedoch erstaunlich schwer. Wie sie in dieses schreckliche Zweig- und Dornengewirr hineingeraten war, wußte ich nicht. Aber ich hatte Angst, sie zu verletzen, wenn ich versuchte, sie herauszuziehen. Irgend etwas jedoch mußte geschehen. Nur – was, und wie?

Das Schnauben eines der Pferde erinnerte mich daran, daß ich in dieser schwierigen Situation vielleicht doch nicht ganz so allein war, wie ich gedacht hatte. Plötzlich fiel mir mein grüner Army-Poncho ein, der bisher zu nichts anderem nütze gewesen war, als den Pferden in der Wüste als „Tischtuch" zu dienen. Die Ränder waren rundum mit Löchern versehen; vermutlich sollte man damit den Poncho verschnüren können, damit er bei heftigem

Wind nicht flatterte oder davonflog. Ich breitete ihn auf dem Boden aus, strich ihn glatt und legte eine Satteldecke darauf. Darin versuchte ich, die Frau einzuwickeln. Als nächstes fädelte ich eine kräftige Schnur durch so viele Löcher wie möglich hindurch und verknotete die Enden mit einem Stück kräftiger Hanfschnur, die ich immer dabeihabe.

Dann holte ich Jolgorio herbei und stellte ihn neben mich, so daß ich das andere Ende der Schnur um seinen Packgurt schlingen konnte. Dabei wand ich ein Stück Baumwolltuch (mein letztes Taschentuch!) um den Knoten herum, damit das Pferd sich nicht wund scheuerte. Dann führte ich ihn langsam vorwärts, und während ich den Atem anhielt und betete und hoffte, das Ganze würde sie nicht allzusehr mitnehmen, zog ich so die Frau behutsam aus den Dornen heraus.

Ich schaffte sie ins Zelt und machte es ihr so bequem, wie ich nur konnte. Mit aufgeregten Handzeichen gab sie mir zu verstehen, ich solle die Zeltklappen offen lassen.

„Fuego ... fuego", flehte sie. Natürlich, ein Feuer.

Voller Mißtrauen betrachtete sie meinen Camping-Kocher, den ich angezündet hatte, um Wasser darauf heiß zu machen. *„Fuego- ... fuego ..."* Ihre Augen waren auf die Schatten der Bäume um uns herum gerichtet.

Ich ging hinaus und räumte in ausreichender Entfernung vom Zelt eine Stelle für ein kleines Feuer frei. Dann suchte ich Holz zusammen und hackte es verzweifelt mit meiner Machete klein. Das war im Dunkeln gar nicht so leicht. Doch die feuchten Äste in Brand zu setzen erwies sich als noch schwieriger, und es gelang mir schließlich nur dadurch, daß ich den größten Teil des Alkohols aus meinem Verbandskasten dafür opferte.

Doch es lohnte sich. Die Flammen brachten nicht nur das Wasser ungewöhnlich schnell zum Kochen, sie taten auch der Frau gut, die wieder Mut zu fassen schien. Da saß sie mitten in meinem offenen Zelteingang, lächelte zwischen den Wehen ganz fröhlich, obwohl die Schmerzen immer größer zu werden schienen, und stieß immer wieder einen unverständlichen Redeschwall aus. Immerhin entnahm ich ihren sich überstürzenden Worten, daß sie Maria Angelica heiße und aus dem Dorf Canela Alta stamme. Offenbar war sie in der Nacht zuvor vom Sturm überrascht worden.

Ich konnte kaum fassen, was ich da erlebte. Vor vierzehn Jahren war ich in derselben Lage gewesen, hatte ohne ärztliche Hilfe ein Baby zur Welt gebracht, meinen Sohn Jimmy, der auf dem Neun-Meter-Katamaran *Anneliese* geboren worden war. Dabei hatten mir nur mein Mann und meine zweijährige Tochter Eve zur Seite gestanden.

Nun stand ich auf der anderen Seite, war jetzt aber viel aufgeregter als damals. Vor allem aber versuchte ich, mich verzweifelt daran zu erinnern, was getan werden mußte. Das alles war schon so schrecklich lange her.

Marias Gefaßtheit verschwand wieder, als die Wehen stärker wurden. *„Calma ... tranquila ...“*, beruhigte ich sie, zog sie tiefer ins Zelt hinein und machte es ihr so bequem wie möglich. Ich bettete sie auf meinen Schlafsack und stopfte ihr zwei Rucksäcke und so viele Wolldecken, wie ich finden konnte, in den Rücken, so daß sie sich halb in sitzender Stellung befand. Ich zündete die vier mir noch verbliebenen Kerzen an, um die immer schwächer leuchtende Taschenlampe zu ersetzen. Obwohl ich die Batterien am Rande des Feuers draußen erhitzte, war mit ihnen nicht mehr viel anzufangen. Ich hoffte und betete, daß die Morgendämmerung anbrach, ehe das Baby kam.

Mir fiel wieder ein, daß Bindfaden wichtig war, drei Enden von etwa zwanzig Zentimeter Länge, um damit die Nabelschnur abzubinden. Das Schlimme aber war, daß ich überhaupt keinen Bindfaden dabei hatte. Nicht einmal Zahnseide hatte ich mehr. Ich begann also, ein Stück Schnur aufzudröseln, bis ich dünne Flachsfasern in der Hand hatte. Die kochte ich aus, um sie steril zu machen, genau wie meine Veterinärschere. Dann saß ich einfach da und hielt die Frau bei den Händen und überlegte, daß die einzigen Lebewesen, denen ich seit der Geburt meiner eigenen Kinder auf die Welt geholfen hatte, neun Bulldoggen-Welpen gewesen waren, doch das unter weit luxuriöseren Umständen als diesen hier. Plötzlich stieß Maria Angelica einen markerschütternden Schrei aus, und die Fruchtwasserblase platzte mit solcher Gewalt, daß alles im Zelt naß wurde. Ich schaute nach, und da wurde auch schon der Scheitel des Kinderkopfes sichtbar. Noch zwei Kontraktionen, und noch mehr Kopf kam heraus. Es schien gut zu laufen, sogar Maria schien entspannter und faßte offenbar wieder Mut.

Als ich jedoch genauer hinsah, bemerkte ich, daß die Nabelschnur sich fest um den Hals des Babys gewickelt hatte, dessen Gesicht bereits blau anlief.

Die Schnur war schlüpfrig und schwer zu fassen. Verzweifelt versuchte ich, sie dem Baby über den Kopf zu streifen, doch sie wollte überhaupt nicht nachgeben. Es war, als zerre ich an der Schlinge eines Unglücklichen, der bereits am Galgen hing.

Ich glaube, in diesem Augenblick hätte ich Gott alles versprochen. Den Erfolg der Expedition – wirklich alles –, wenn nur das Baby gesund und am Leben blieb.

Ganz in der Gewalt einer schweren, neuen Wehe, neigte Maria sich vor. Mehr vom Körper des Kindes und damit auch mehr von der Nabelschnur kam hervor, und schließlich gelang es mir, diese dem Baby über den Kopf zu schieben. Sekunden später war es ganz da – ein künftiger Abenteurer, da war ich ganz sicher –, schlüpfrig, rot und wütend lag es auf den Falten meines Schlafsackes.

Ich wischte dem Neugeborenen den Schleim von Mund und Augen, band die Nabelschnur an zwei Stellen vorsichtig ab und benutzte dazu einen Spezialknoten, der nicht abrutschen konnte. Dann durchtrennte ich die Nabelschnur. Ich wickelte dem Baby eines meiner Hemden um die Beine, hielt es in die Höhe, so daß der Kopf nach unten hing, und gab dem armen Wurm so heftige Klapse, daß er nicht nur schrie, wie alle Neugeborenen es tun sollen, sondern sich geradezu die Lunge aus dem Hals brüllte.

Was ich dann der Mutter in den Arm legte, war ein winziges, rotgesichtiges, empörtes, kleines Mädchen. Als ich mich zurücksetzte, erfüllte mich ein weit größeres Gefühl, eine große Leistung vollbracht zu haben, als das nach der Geburt meiner eigenen Kinder der Fall gewesen war.

Bald danach kam die Nachgeburt, und damit war das dramatische Geschehen abgeschlossen. Endlich schien Maria Angelica Ruhe gefunden zu haben.

Ich untersuchte nochmals das Baby und bereitete Maria und mir eine schöne heiße Schokolade. Dann versank ich in tiefen Schlaf.

Als ich aufwachte, sangen die Vögel. Es wurde hell. Das, was geschehen war, konnte doch nur ein Traum gewesen sein, oder? Aber nein! Ich sah mich um. Das Zelt war in einem unbeschreiblichen Zustand, und auf meinem Schlafsack zusammengerollt und immer noch friedlich schlafend lagen meine beiden neuen Mitbewohner, die auf so dramatische Weise in mein Leben getreten waren.

Gestern abend hatte ich vergeblich nach den Lichtern eines Hauses Ausschau gehalten, wo ich Hilfe finden könnte. Doch auf der Karte zeigte sich, daß ich nicht weit von einem winzigen Weiler entfernt sein konnte. So sattelte ich Hornero und galoppierte auf der Suche nach Beistand davon. Jolgorio ließ ich als Wachposten zurück. Anderthalb bis zwei Kilometer weiter auf dem staubigen Pfad stieß ich auf eine Ansammlung von kleinen Holzhütten, die sich neben einen Bach duckten. Zwischen den großen Maispflanzen und den Sonnenblumen konnte man die Häuser kaum sehen. Das Dorf schien vollständig verlassen. Selbst der Staub rührte sich nicht, wohl vom frühmorgendlichen Tau noch festgehalten. Natürlich, das war es. Es war ja noch in aller Herrgottsfrühe.

Ich band Hornero an und ging auf Erkundung. Zunächst pochte ich leise an die Tür eines der nächststehenden Häuser. Geöffnet wurde mir von einer alten Frau. Sie mußte mindestens achtzig sein – war aber so schön, daß mir der Mund offen stehenblieb. Sie hatte hochsitzende indianische Backenknochen, ungewöhnlich leuchtende grüne Augen und eine fast durchscheinende, mit feinen Fältchen übersäte Haut, was ihrem Gesicht in keiner Weise abträglich war, sondern die Schönheit ihrer Züge zu unterstreichen schien, etwa so, wie ein glattes Stück Eichenholz durch Schnitzerei noch gewinnen kann.

„Aah!" Sie hatte bemerkt, daß ich sie anstarrte, und lächelte mich an. *„Soy también una gringa!"* – „Auch ich bin eine *gringa*, und zwar durch ... *mi Papá!"* Sie winkte mir einzutreten.

„Paciencia" – „langsam", bedeutete sie mir, als ich versuchte, ihr zu erklären, was geschehen war. *„Quieres tomar mate?"* – „Möchten Sie etwas *mate*? Wenn man morgens nicht erst etwas *mate* trinkt, holt einen das böse Tier, die *venoa*!"

Von einem Riesenlaib Brot schnitt sie mir eine Scheibe ab, füllte einen kleinen Becher fast bis zum Rand mit irgendwelchen grünen Kräutern und brühte sie mit siedendem Wasser auf. Sie reichte mir alles herüber und gab mir zu verstehen, daß ich ihr den Becher nach einem Schluck zurückreichen sollte. Dann füllte sie den Becher wieder mit heißem Wasser auf, und das Ritual begann von neuem. Das Getränk schmeckte durchaus angenehm.

„Das hier ist mein Sohn Juan", sagte sie, als ein kleiner Mann mit keckem Spitzbart hereinkam und neben uns Platz nahm. Juan sah viel älter aus als seine Mutter. Jetzt erst ließ sie zu, daß ich redete.

„Maria Angelica", verkündete sie, *„estes una niña mala"*, – „ein schlechtes Mädchen ..."

Offenbar war es hier Sitte, daß alle Frauen des Dorfes ihre Kinder zu Hause auf die Welt brachten und nur ihre Angehörigen ihnen dabei halfen. Jetzt gab es eine neue Regierungsanordnung, die dies verbat. Alle Schwangeren erhielten eine Freifahrt für den

Bus bis zum nächsten Hospital, wo alles für sie erledigt wurde. Maria Angelica war völlig durcheinander gewesen, als man sie in den Bus nach Ovalle gesetzt hatte, zumal es für ihre Freundinnen zu teuer gewesen war, sie zu begleiten. Die junge Frau mußte unterwegs ausgestiegen sein und versucht haben, sich nach Hause durchzuschlagen.

Inzwischen war das gesamte Dorf auf den Beinen, und eine große Menschenmenge hatte sich vor der Tür der alten Frau versammelt. Mir war es unfaßbar, daß so viele Menschen und Hunde aus dem halben Dutzend kleiner Hütten hervorgekommen sein sollten. Was ihre Aufmerksamkeit erregte, war Horneros Sattel, der – abgesehen von dem Schaffell und den bequemen Steigbügeln westlichen Stils – ein englischer Sattel war. „Was für ein wunderschöner Sattel", riefen sie. „So einen haben wir noch nie gesehen."

Selbst nachdem die alte Frau ihnen von Maria Angelica erzählt hatte, interessierten sie sich immer noch mehr für mich. „Was hast du für ein Zelt?"

„Machen sich die Leute denn gar keine Sorgen um die arme Maria Angelica?" fragte ich.

„O nein ... *todo va bien* ..." – „Es ist ja alles in Ordnung."

Dabei waren sie, wie ich bald entdeckte, keineswegs herzlos. Bis zur Regierungsverordnung war niemand von ihnen mit der Hilfe eines Arztes oder auch nur einer ausgebildeten Hebamme auf die Welt gekommen. Sie begriffen nicht, warum ich um das, was gestern nacht geschehen war, so viel Aufhebens machte. Als ich ihnen erzählte, ich selbst hätte meinen Sohn ohne ärztlichen Beistand auf einem Segelboot geboren, konnten sie auch darin nichts Ungewöhnliches sehen.

„Eine Frau, die ein Kind kriegt, ist schließlich nicht krank", sagte die alte Frau achselzuckend. „Maria Angelica? *Vamos*!" – „Gehen wir, sehen wir nach ihr."

Ein paar Kinder hielten sich an Horneros Schwanz fest, zwei

saßen hinter mir auf seinem Rücken. Die meisten Leute aus dem Dorf liefen zu Fuß; Pater Pablo hatte ein Maultier; die alte Frau, Señora Eugenia, saß in einem kleinen Holzkarren mit drei Pferden davor, die, wie mir schien, mit kaum mehr als dünnen Bindfäden angeschirrt waren. So machten wir uns auf den Weg.

Als wir endlich mein Zelt erreichten, spielte Musik. Maria hatte meine alte Strauß-Kassette gefunden und spielte sie auf dem winzigen Kassettenrecorder ab. Strahlend sah sie uns vom offenen Zelteingang aus entgegen. Drinnen war alles aufgeräumt und gesäubert. Selbst den Schlafsack hatte sie sorgfältig abgewischt und zum Trocknen an einen Baum gehängt. Das Baby schlief friedlich in den Falten meines malvenfarbenen Trainingsanzugs und sah aus wie eine Prinzessin.

Die Kinder liefen umher und pflückten Blumen, aus denen sie Kränze wanden, die sie meinen Pferden um den Hals legten. Viele Hände halfen mit, das Zelt zusammenlegen und das Lager abzubrechen.

„*Necesitamos una fiesta*", erklärte jemand, „wir machen ein Fest."

Die kleinen Häuser mögen zwar ziemlich baufällig gewesen sein, doch jedes hatte einen Garten, in dem Bohnen, Tomaten und anderes Gemüse prächtig gediehen. Es gab aber auch Obstbäume – Apfel-, Feigen- und Pfirsichbäume –, die alle kurz vor der Blüte standen.

Es wurde wirklich ein denkwürdiges Fest. Am Anfang fand die Taufe in der Dorfscheune statt; dem dringlichen Wunsch der Kinder entsprechend, mußten auch die blumengeschmückten Pferde daran teilnehmen. Und getauft wurde das kleine Mädchen auf den Namen Rosie – Rosita Angelica López.

„Vielleicht", sagte der Priester, „wird einmal eine *pata de perra*, eine ‚Hundepfote' aus ihr, eine, die umherzieht wie Sie."

Padre Pablo war mit etwas ganz Neuem ausgestattet, einem Lautsprechersystem, das er in der Stadt erstanden hatte und das mit Autobatterien betrieben wurde. Dies hier war genau die richtige Gelegenheit, die Neuheit auszuprobieren. Begeistert erklangen die Gitarren. Die Trommeln grollten wie Donner. Hornero riß sich von den Kindern los und keilte immer wieder hinten aus, so daß die Leute von den Bänken fielen und in alle Himmelsrichtungen auseinanderstoben. Es gelang mir, ihn beim Zügel zu packen, woraufhin er mich mehr oder weniger nach draußen schleifte, wo er und Jolgorio sich nur durch den Riesenhaufen Möhren und Kohlblätter beruhigen ließen, den die Kinder für sie zusammengetragen hatten.

Zur Ehre des Tages wurden zwei Schafe geschlachtet, zerlegt und die einzelnen Fleischbrocken mit einer Eisenstange durchbohrt, die wiederum ein Stück von einem prasselnden Feuer

Hornero als Spielgefährte für die Kinder

entfernt in den Boden getrieben wurde. Zum Festschmaus gehörten auch noch Kartoffeln, Mais und alle möglichen anderen Gemüse, die in einer riesigen Kasserolle zusammengerührt wurden.

Ich ließ mich anstecken von der außergewöhnlichen Fähigkeit der Chilenen, sich zu freuen und Dinge zu genießen. Diese Menschen waren arm. Soviel ich weiß, erhielten sie weder Fürsorgeleistungen noch irgendwelche andere Unterstützung, und weder mit ihren Behausungen noch mit ihrer Kleidung war viel Staat zu machen. Gleichwohl schienen sie wie Könige zu leben, schäumten über vor Frohsinn, Freude an Musik und gutem Essen – alles selbst geschaffen, hier am Fuß der Anden dem Boden abgerungen. Sie hatten Sonne, klares Wasser vom Bach und einen so fruchtbaren Boden, daß die größten Kohlköpfe darauf gediehen. Zu jedem Haus gehörten ein paar Quadratmeter Land, auf dem eine Kuh, ein Schwein oder ein Pony gehalten werden konnte. Was die Menschen jedoch vor allem besaßen, das war der Stolz, der ihnen aus dem Gesicht strahlte.

Wie mochten sie an Medikamente herankommen? fragte ich mich. Denn wenn auch kostenlos Geburtshilfe geleistet wurde, die meisten Medikamente, die ich in den Apotheken gesehen hatte, waren sehr teuer. Aber vielleicht war es das ausgeglichene Leben, das sie gesund hielt, und sie brauchten die Medikamente gar nicht.

Die Leute lasen meine Gedanken. Warum ich denn nicht hierbliebe? Sie hätten ein Feld, sagten sie, das ich leicht bestellen könnte, vor allem mit meinen beiden guten Pferden. Wenn ich wollte, könnte ich mir ein eigenes Haus bauen. Sie würden mir helfen, die Bäume zu schlagen, das Holz zu richten und Mais anzubauen. Juanito sei bereit, mir eine Kuh und ein paar Hühner zu überlassen – im Austausch gegen meinen Sattel. Außerdem könnte ich jeden Morgen mit der Señora Eugenia meinen *mate* trinken. Meinen Mann und die Kinder könne ich ja nachkommen lassen. Auch meine Freunde, wenn ich wollte. Schließlich hätte ich hier auch eine Verantwortung. Die kleine Rosita sei mein Patenkind.

Leicht verwirrt hörte ich zu. Es klang verlockend. Ich muß sofort weg von hier, dachte ich, ehe ihre Vorschläge in meinen Ohren genauso vernünftig klingen wie in den ihren.

Am nächsten Morgen war ich wieder unterwegs und ritt gen Süden. Nach einem strapaziösen Ritt über eine Hochstraße erreichten wir das kleine Seebad und Fischerstädtchen Los Vilos. Felsen mit Stränden dazwischen, deren Sand wunderbar weich schien, verglichen mit dem der Atacama, ragten hinaus in ein leuchtendblaues Meer. Die vielen kleinen Ferienhäuser waren alle fest verriegelt und die Fensterläden vorgelegt. Noch war die Luft ziemlich kalt und erinnerte mich daran, daß hier in der südlichen Erdhälfte immer noch Winter war.

Der örtliche Carabinero-Chef hieß mich wärmstens willkommen. Die Besitzer der Pferde, sagte er, hätten sich bereits nach uns erkundigt und würden noch heute abend mit dem Auto hier eintreffen, um mich zu begrüßen. Auch der Chef der Atacama-Polizei habe nachgefragt und mir eine wunderschöne Gedenkplakette für meinen Aufenthalt in der Atacama geschickt. Ihm sei auf die Nachricht hin, daß wir es geschafft hätten, ein Stein vom Herzen gefallen. Und wie die letzten vierzehn Tage gewesen wären? Ob ich irgendwelche besonderen Erlebnisse unterwegs gehabt hätte? Aus irgendeinem Grund erzählte ich ihm nichts von dem Baby.

Er war ein freundlicher, eher gefühlvoller Mann, und nachdem ich in der Polizeistation hatte duschen dürfen, brachte er mich zu sich nach Hause, wo ich seine Frau und sein Kind kennenlernte und wo er mir Photos von seiner Hochzeit zeigte. Ich wußte, daß ich in General Mendoza einen mächtigen Gönner hatte und daß dieser seine Leute angewiesen hatte, sich um mich zu kümmern. Doch als ich sah, wie die Frau dieses Mannes den Tisch fürs

Mittagessen deckte, und als ich mich an die jungen Carabineros erinnerte, die uns in der Atacama gesucht hatten, um uns Heu für die Pferde zu bringen, war ich überzeugt, daß die Hilfe und Freundlichkeit dieser Menschen nicht nur einfach darauf beruhte, daß sie Befehlen gehorchten.

Auf der Hacienda Los Lingues

„*Hola*, Aculeo Hornero!" hörte ich eine volltönende, tiefe Stimme sagen. Ein bißchen sah er aus wie Rex Harrison in *My Fair Lady*. Rauchkringel von seiner dicken Zigarre weiteten sich zu Rauchlassos aus, als er mich begrüßte. „Und *hola* auch Aculeo Rosie", fügte Germán Claro Lira hinzu und machte mir damit ein sehr großes Kompliment. Er langte in den Kofferraum seines silbernen BMW und holte ganze Hände voll bereits ziemlich verwelkter Nelken hervor. „Sieh nur", sagte er zu seinem Sohn Arturo, „wenn sie weggeht, versuchen die Pferde, ihr zu folgen. Das ist ein gutes Zeichen . . ."

Mich hatte die Aussicht, die Besitzer meiner Pferde kennenzulernen, ein wenig nervös gemacht – so wie es manchen Leuten ergeht, wenn sie ihren künftigen Schwiegereltern vorgestellt werden sollen. Wie oft hatte ich darüber nachgedacht, was für Menschen das sein mußten, die zwei wertvolle Pferde in die Wüste schickten, sie einer Wildfremden für eine Expedition anvertrauten, die viele für eine Schnapsidee hielten. Einen langen Abend voller Träume, Cognac und zolldicker Steaks führten sie mich zum Dinner aus – und allmählich kam ich dahinter.

Meine Reise war auch ihre Odyssee. Wie sehr sie an ihre Pferde glaubten, war überwältigend. In ihren Augen stellte mein Unternehmen für Hornero und Jolgorio eine Chance dar, in die Fußstapfen ihrer Vorfahren zu treten . . .

Hinterher kamen sie mit in mein Zelt und mußten ihre langen Beine ziemlich krümmen, als wir drei es uns in meinem Iglu bequem machten, hiesigen Wein tranken, wobei zwei kleine Gläser zwischen uns hin und her gingen.

Wie ich die Pferde denn wirklich fände?

„Sie können", erklärte ich ihnen, „mehr aushalten als Black Beauty und sind aristokratischer als Nijinsky. Jolgorio wiehert jetzt jedesmal, wenn ich niese." Ich war leicht beschwipst und drückte nicht aus, was ich eigentlich sagen wollte. Meine Beziehung zu Hornero und Jolgorio ging ja viel tiefer. „Sie sind", versuchte ich zu erklären, „die besten Freunde, die ich in Südamerika habe. Ihre Kameradschaft ist das einzig Beständige hier in meinem Leben." Seit der Atacama verband diese Pferde und mich etwas ganz Besonderes. Schließlich hatten sie mir und ich ihnen das Leben gerettet.

Ich holte die Abstammungspapiere der Pferde heraus, damit Claro Lira sie mir erklärte. Aculeo Jolgorio erfreute sich offenbar einer vornehmen, aber nicht weiter aufregenden Ahnenreihe.

Aculeo Hornero jedoch war immer ein unmögliches Pferd gewesen. Seiner Schönheit wegen nicht kastriert, hatten die erfahrensten Zureiter versucht ihn auszubilden, sich jedoch die Zähne an ihm ausgebissen. Zuletzt hatten sie es einfach aufgegeben und ihn in die Berge geschickt. Es war nichts mit ihm anzufangen gewesen. Doch als Hornero ungefähr acht Jahre alt wurde, hatten sie ihn wieder eingefangen, ihn zum Wallach gemacht und es noch einmal versucht. Sie hatten unablässig mit ihm gearbeitet, denn nur wenn er außergewöhnlich müde war, hatten sie es geschafft, seine Wildheit zu bändigen. Schließlich war er ein wenig ruhiger geworden. Während seiner in der Freiheit der Berge verbrachten frühen Jahre hatte er gewaltige Muskeln entwickelt, und das war der Grund, warum man ihn gewählt hatte, an meinem Abenteuer teilzunehmen. Im Gegensatz zu Jolgorio, der jeden liebte, war Hornero, was Menschen betrifft, immer noch sehr wählerisch. Als ich das hörte, füllte törichter Stolz meine Brust.

Die Hacienda Los Lingues, das Zuhause der Claro Liras – und der Pferde –, sollte die erste Zwischenstation bei meinem Unternehmen sein. Vor wenigen Wochen noch war das ein ferner Traum gewesen, jetzt jedoch lag sie nur dreihundert Kilometer weiter im Süden.

„Nun, dann brauchen Sie dazu nur ungefähr eine Woche", rief Arturo, der ausgerechnet hatte, daß wir – die Pferde und ich – in der Wüste oft über fünfzig Kilometer pro Tag geschafft hatten.

Ich plante eine Route: Zapallar, Quintero, Viña del Mar; dann am Strand entlang bis nach Quintay, Algarrobo, Cartagena, Rocas de Santo Domingo, durchs Gebirge über die Dörfer San Pedro, El Manzano und Las Cabras bis nach Pelequén. Auf diese Weise hoffte ich, Santiago zu umgehen.

Trotzdem führte mich mein Ritt – nachdem ich von meinen neuen Freunden Abschied genommen hatte – durch den dichtest besiedelten Teil Chiles, den ich bisher kennengelernt hatte, eine üppige grüne Landschaft, in der Tausende von Obstbäumen bei der ersten Frühlingsahnung gerade anfingen zu knospen. Nach der Wüste überwältigte mich dieser Anblick fast.

Ich ritt einen wunderschönen, menschenleeren Strand bis Quintero entlang, wo ein anderer *gringo*, Lord Cochrane, einst sein Anwesen gehabt hatte. Die schneebedeckten Gipfel der Kordilleren erstreckten sich linker Hand endlos bis in den Süden. Zu meiner Rechten liefen die Wellen des Pazifischen Ozeans auf einen rötlichen, mit hübschen Kieseln übersäten Sandstrand.

Meine Träumerei wurde durch dumpfe Hufschläge hinter mir unterbrochen. Zwei junge, bis an die Zähne bewaffnete Carabineros kamen herangaloppiert und umrundeten mich in leichtem Trab, während wir weiter dahintrotteten. Sie seien ausgeschickt worden, mich zu beschützen, erklärten sie.

Hornero legte die Ohren an, und selbst Jolgorio ließ die Hufe fliegen. Die beiden machten sogleich klar, daß sie es mit den Pferden der Carabineros aufnehmen wollten. Obwohl sie jetzt seit fast sechs Wochen unterwegs waren und die Pferde der Carabineros ausgeruht aus dem Stall kamen, waren sie fest entschlossen, länger durchzuhalten und die Rivalen hinter sich zu lassen. Mit klappernder Ausrüstung galoppierten wir über den Sandstrand auf Valparaíso zu.

Wir wurden in der Springreiterschule der Carabineros untergebracht. Dort stieß Arturo zum zweitenmal zu mir. Er war auf der Rückfahrt so schnell gefahren, daß sein Auto den Geist aufgegeben hatte.

„Es ist von allergrößter Wichtigkeit", sagte er, „daß Sie bis zum 8. September auf der Hacienda eintreffen." Das war in vier Tagen. „Das ist der einzige Tag", erklärte er, „an dem sie alle konnten."

„Wieso?" fragte ich. Was meinte er nur?

„Wenn Sie es nicht schaffen", erklärte er eifrig, „wird der Empfang eine Katastrophe für uns."

Was für ein Empfang?

Ein Empfang für alle, die an das Vorhaben geglaubt und Hornero, Jolgorio und mir auf unserer Reise geholfen hatten. Margarita Ducci, die Direktorin des chilenischen Tourismusbüros, wurde genauso erwartet wie Mr. Thursday, der ganz von Antofagasta herunterkommen sollte.

Ich hatte mich darauf gefreut, es für die Pferde die letzten Tage vor unserem Eintreffen auf der Hacienda gemächlich zu machen; schließlich sollten sie frisch und keineswegs abgekämpft dort ankommen. Jolgorios empfindliche Hinterhufe bereiteten mir wieder Sorgen. Außerdem hatte ich Angst um Horneros Rücken; er hatte den Sattel jeden Tag über zehn Stunden getragen.

Doch da war etwas in Arturos Gesicht – ein Ausdruck der Begeisterung seines glühenden Glaubens an die Pferde und an das Vorhaben überhaupt –, das es wichtig erscheinen ließ, rechtzeitig anzukommen, sofern sich das irgendwie machen ließ. Es war für mich Ehrensache, es zumindest zu versuchen.

Das gesamte Gepäck, das Jolgorio geschleppt hatte, wurde vorausgeschickt. Desgleichen Horneros Sattel, denn um seinen Rücken möglichst zu schonen, ritt ich ihn ohne. Inzwischen konnte ich ihn allein durch die Stimme lenken, und so befreite ich ihn sogar von Trense und Trensengebiß und benutzte nur das Halfter.

Was die nächsten Tage für mich erschwerte, war, daß mich jetzt die Carabineros ständig begleiteten. In der Atacama hatten meine Versuche, den Pferden Erleichterung zu verschaffen, nicht lächerlich gewirkt, denn dort war kein Mensch gewesen, der zugesehen hätte. Jetzt hingegen kam ich mir ziemlich töricht vor, als ich dastand, den Pferden den Rücken massierte und zu Fuß marschierte, wann immer ich die Energie aufbrachte, Hornero von meiner Last zu befreien, während die Carabineros mit großer Begeisterung auf ihren ausgeruhten Pferden vor mir und um mich herumgaloppierten. Ihre ständige Aufmerksamkeit machte mich schier verrückt. Schlimmer noch, wenn wir unterwegs Menschen begegneten, brachten diese es gerade noch fertig, *buenos días* zu murmeln und schnell weiterzugehen. Oder sie redeten nur mit den Carabineros, aber nicht mit mir.

Sie konnten mir keine Pferde leihen, damit ich meine schonte; denn ich hatte mein Wort darauf gegeben, ausschließlich Hornero und Jolgorio zu benutzen. Auch konnten sie mir keine Unterkunft bieten, weil ich lieber in meinem Zelt und in der Nähe der Pferde schlief. So blieb ihnen nichts anderes, als mich zu begleiten, und allein das brachte das heikle Gleichgewicht meines Lebens unterwegs bereits durcheinander.

Sobald die Pferde wieder zurück waren auf der Hacienda, so nahm ich mir vor, würde ich nach Santiago fahren und General Mendoza aufsuchen. Ich würde ihm für seine Hilfe danken, ihn aber gleichzeitig bitten, mir nicht den Rest des Abenteuers durch übertriebenen Schutz zu verderben. Freundlichkeit ist manchmal die schwerste aller Bürden.

Am 7. September, dem Tag vor der Party, hatte ich heftige Magenschmerzen und litt schrecklich, als ich auf Horneros Rükken durchgeschüttelt wurde. Ich beschloß, in Pelequén, einem kleinen Dorf nur wenige Kilometer nördlich der Hacienda, ein letztes Mal Station zu machen. Dort wollte ich mein Zelt aufbauen und mich ausruhen, dachte ich. Dann kann ich mich und die Pferde in einen präsentablen Zustand bringen und zum Empfang morgen einigermaßen ordentlich hergerichtet auf der Hacienda einreiten. Ich hatte nie vergessen, wie Francis Chichester auf seinen Segelreisen rund um die Welt sich stets rasiert und ein frisches Hemd angezogen hatte, ehe er in einen Hafen einlief.

Doch wie eigentlich nicht anders zu erwarten, wurde nichts aus meinem Plan. Am Spätnachmittag, als wir immer noch rund siebzehn Kilometer von Pelequén entfernt waren, tauchte in seinem schönen silbernen Auto Germán Claro Lira auf und strahlte übers ganze Gesicht. Er schien überglücklich und war ganz aufgeregt. „Schaffen Sie es noch rechtzeitig bis zum Dinner?" fragte er.

„Selbstverständlich", hörte ich mich sagen, und so trotteten wir weiter. Um die Tiere weiterhin zu schonen, sprang ich von einem Pferdrücken auf den anderen. Dieser Mann und sein unerschütterlicher Glaube an seine Aculeos hatte wirklich etwas ganz Besonderes!

Zwei Stunden später war es soweit – und es hatte sich gelohnt! Aus der Dämmerung kam uns auf einem prächtigen Rapphengst Germán entgegen, begleitet von Reitern in scharlachroten Ponchos auf den besten seiner edlen Pferde. Hornero und Jolgorio stellten die Ohren vor und setzten sich an die Spitze der Prozession. Als er an Germáns Hengst vorüberkam, biß Hornero rasch einmal zu, bloß um diesen auf seinen Platz zu verweisen.

Großartiger Empfang: Germán Claro Lira mit seinen Reitern

Und wieder tauchte der silberne BMW auf, diesmal jedoch gefahren von Marie Elena, Germáns Frau. „Hallo", grüßte mich eine englische Stimme aus dem Wageninneren. „Gut gemacht! Wir fahren vor und schenken Ihnen schon einen Whisky ein!" Das war John Hickman, der britische Botschafter in Chile mit seiner Frau Jenny. Sie waren die ersten Engländer, denen ich auf der bisherigen Reise begegnet war. Plötzlich hatte ich einen Kloß im Hals.

Kurz darauf wurden die Pferde von vielen hilfreichen und liebevollen Händen in ihre eigenen, ihren Namen über der Tür tragenden Boxen geführt. Ich selbst wurde in eines der schönsten Schlafzimmer geleitet, das ich je gesehen hatte.

„Heut nacht kein Zelt!" sagte Germán und ließ das Wasser für mein erstes heißes Bad seit über einem Monat ein. „Dinner", sagte er, „gibt es in einer halben Stunde."

Geschliffene Kristallgläser statt meines Blechbechers. Schimmerndes Silberbesteck statt meiner verbogenen Gabel. Wie benommen saß ich da und konnte es immer noch nicht fassen, daß ich mein winziges Zelt im Handumdrehen gegen dieses luxuriöse Speisezimmer eingetauscht hatte.

Kronleuchter glitzerten über den antiken Möbeln. Der Cognac wurde in einem roten Wohnzimmer serviert, das, wie man mir verriet, die getreue Nachbildung eines Salons war, den die englische Königin auf Schloß Windsor benutzt. Das Dinner selbst wurde an einem wunderschönen Mahagonitisch serviert, der seit 1800 im Besitz der Familie Claro Lira war. Gespeist wurde bei Kerzenlicht, doch das war auch die einzige Ähnlichkeit mit meinem Leben im Iglu.

Plötzlich war die Sprachschranke fort, und ich konnte Englisch sprechen. Reden war erschreckend leicht; trotzdem konnte ich – obwohl ich glaube, daß mein Mund keinen Augenblick stillstand – überhaupt nichts Vernünftiges sagen.

Mein Trainingsanzug war verdreckt und klamm, und ich hatte das Gefühl, eigentlich müßte ich einen Schonbezug auf den Stuhl legen, ehe ich Platz nahm. Das Haar stand mir strohig und ausgebleicht vom Kopf ab. Ich kam mir fremd und fehl am Platz vor, als müßte ich eigentlich draußen im Freien sein oder zumindest in den Stallungen. Gleichzeitig schnürte sich mir die Kehle zu vor Erleichterung, mein erstes großes Etappenziel erreicht zu haben. Und natürlich war ich überwältigt vor Dankbarkeit über den herrlichen Empfang, den man mir bereitet hatte. Es bedurfte des ganzen freundlichen Verständnisses von seiten der Claro Liras und der Hickmans, mir über diesen Abend hinwegzuhelfen.

Hinterher wurde ich wieder auf mein schönes Zimmer gebracht, wo nach zwei Monaten das Abenteuer meiner ersten Nacht in einem richtigen Bett beginnen sollte. Die Bettdecke in dem leinenen Bezug war fein säuberlich zurückgeschlagen, und darunter fand ich eine Wärmflasche!

Das Märchen ging am nächsten Tag weiter. Es begann damit, daß diskret geklopft wurde, Sonnenlicht hereinflutete und ein Zimmermädchen in adrettem blauen Kleid das Frühstück brachte: Eier in silbernen Eierbechern, heiße Brötchen, Kaffee ...

Sämtliche Schlafräume führten auf den Innenhof hinaus, in dem vierfarbige efeuartige Kletterpflanzen die Stämme von Bäumen umrankten, von denen einer tausend Jahre alt sein sollte. Schillernde Pfauen ergingen sich unter seltenen Sträuchern und Büschen. In der Mitte dieses Patios waren Korbsessel und Tische aufgebaut, an denen die Hickmans und die Claro Liras ihren Morgenkaffee einnahmen. Im Hintergrund herrschte geschäftiges Treiben. Dienstboten schafften weitere Tische und Stühle in die weitläufigen Gartenanlagen hinaus, die sich vor der Hacienda erstreckten. Andere trugen Tabletts mit Champagner und dem chilenischen Nationalgetränk *Pisco Sour.*

Ich wünschte meinen Gastgebern einen guten Morgen und suchte dann die Pferde auf. Eine Zeitlang blieb ich bei ihnen und sah zu, wie sie von zahllosen Händen gestriegelt und gepflegt wurden. Ihr Leben hatte sich nicht minder verändert als das meine.

Die ersten Gäste aus Santiago trafen bereits ein, als ich noch in meinem Zimmer war und mich umziehen wollte. Ich stellte voller Schrecken fest, daß meine Rucksäcke geleert und sämtliche Kleidung verschwunden war.

„Die Sachen werden gewaschen", erklärte man mir.

Jenny Hickman kam mir zu Hilfe, rettete mein gelbes Lieblingshemd sowie die Trainingshose und bügelte beides trocken. Die Dienstmädchen konnten es offenbar nicht fassen, daß eine Botschaftergattin so etwas tat – und noch dazu nicht für sich selbst, sondern für eine andere *gringa.*

Das immer noch ein wenig feuchte Hemd haftete kühl an meinen Schultern, während der Rest des Tages wie in einem phantastischen Traum vorbeilief. Ein Wagen nach dem anderen fuhr vor. Der Erziehungsminister traf ein, dann der französische Botschafter, dann Margarita Ducci und ihr Mann und mit ihnen eine überwältigende Anzahl von Leuten, die offenbar alle der glanzvollen Santiagoer Gesellschaft angehörten. Am schönsten für mich war jedoch die Ankunft von Mr. Thursday.

„Den Pferden sind die Strapazen, die sie durchgemacht haben, in gar keiner Weise anzusehen“, sagte er freundlich, klopfte Hornero und Jolgorio die Flanken und machte Aufnahmen, um es den Pferdefreunden im Reit-Club in Antofagasta bildhaft zu beweisen.

Germán ließ nicht zu, daß die Pferde zu kurz kamen und die elegante Gesellschaft sie und ihre Leistung überstrahlte. Hornero trug eine handgewebte, über dreihundert Jahre alte Pferdedecke und Jolgorio ein handgearbeitetes schweinsledernes Halfter. Eine reizende Journalistin schenkte mir ihren Sombrero und lieh mir ihre Perlenkette – damit ich dazu paßte, wie sie sagte.

Sie war nur eine von den vielen Leuten von der Presse und dem Fernsehen, die zusammen mit den Gästen eingetroffen waren. Die Journalisten gingen umher und hielten mir völlig unvermittelt riesige orangefarbene Mikrofone hin, so daß ich das Gefühl hatte, ich werde aufgefordert hineinzubeißen. Sechs Gärtner bauten mein – wie durch ein Wunder makellos sauberes – Zelt im Vorgarten auf, und die Pferde wurden fotografiert, wie sie daneben auf dem Rasen weideten. Nach dem Lunch begaben wir uns alle zu der zur Hacienda gehörenden *media luna,* wo eine Auswahl von Aculeo-Zuchtstuten und etwa zweihundert der besten Jungpferde vorgeführt wurden. Dem folgte eine Vorführung herrlicher Reitkünste, bei der der alte Arturo nochmals in seinem roten Poncho brillierte. Hier bekam ich Dinge zu sehen, wie auch Mariano sie mir noch nicht hatte beibringen können.

Don Arturo führte in verkürzter Form vor, daß die Prüfung eines chilenischen Rodeo-Pferdes praktisch aus acht komplizierten Tests besteht. Der erste, der „Gang“, zeigt die elegante, rhythmische Gangart des Pferdes. Beim nächsten muß das Pferd eine gerade Linie hinuntergaloppieren und so abrupt halten, daß es mit der Hinterhand zwischen die Vorderfüße rutscht und sich fast wie ein Hund hinsetzt (das gleiche wie das, was Mariano als Poncho-Test beschrieben hatte). Bei einer anderen Aufgabe muß das Pferd Schnelligkeit und Wendigkeit unter Beweis stellen. Es gilt, mitten im Galopp auf einem Vorderbein zu wenden und in eine andere Richtung weiterzugaloppieren. Ähnlich, nur schwieriger, ist der Test, bei dem das Pferd auf einem Hinterbein wenden muß.

Dann folgt die „Achter-Figur", bei der das Pferd in leichtem Galopp über eine Acht von nicht über zehn Metern Länge wechseln muß. Was dann vorgeführt wurde, war „Wenden auf der Stelle", das heißt, das Pferd mußte sich auf einem Hinterbein herumdrehen und in die entgegengesetzte Richtung weitergaloppieren. Den Schlußtest bildete eine Übung, bei der das Pferd ausschließlich auf den mündlichen Befehl seines Reiters regungslos zu verharren hatte. Don Arturo zeigte uns dies, indem er absaß und sich ein gutes Stück von seinem Pferd entfernte. Das Pferd rührte sich immer noch nicht von der Stelle, als er zurückkehrte und wieder aufsaß. Wichtig sei, wie mir erklärt wurde, daß das Pferd beim Aufsitzen, wenn es das Gewicht des Reiters wieder zu spüren bekommt, den Rücken nicht durchdrückt, sondern entspannt bleibt.

So schnell, wie er begonnen hatte, war der glanzvolle Empfang zu Ende. Alles verabschiedete sich, und die eleganten Autos rollten leise surrend zurück nach Santiago. Dienstboten räumten Dutzende von leeren Champagnerflaschen fort, und als ich mich schlafen legte, war ich müder als gestern abend nach einem Fünfzig-Kilometer-Ritt.

Trotzdem konnte ich nicht einschlafen. Sich an Bequemlichkeiten zu gewöhnen war offenbar nicht minder schwer, als zuvor an das spartanische Leben unterwegs. Immer wieder streckte ich die Hand aus, um meine Zeltwände zu berühren, stieß ins Leere und konnte die Hand in die Tiefe fallen lassen, was mich jedesmal aufs neue erschreckte.

Die Pferde hatten offenbar nicht die gleichen Schwierigkeiten, sich wieder an ihr Luxusdasein zu gewöhnen. Sie hatten glücklich ausgesehen, als ich kam, um ihnen gute Nacht zu sagen, und sie knietief in sauberem Stroh standen und saftige Luzerne und Mais mampften.

Am nächsten Morgen kam ihr Leibarzt Dr. Antonio, der sie schon seit ihrer Fohlenzeit kannte, um sie sich anzusehen und sie zu untersuchen. Die Narben der Reise zeigten sich bloß an Jolgorios Hinterfüßen, deren Hufe immer noch beunruhigend dünn abgeschliffen waren. Sie sahen aus, als hätte man an der Vorderseite ein Stück davon abgesäbelt. Abgesehen davon waren beide Tiere putzmunter und wohlgenährt. Trotzdem wußte ich, daß es an der Zeit gewesen war, die Pferde für die Strapazen, denen sie sich unterwegs unterworfen hatten, zu belohnen. Und was gab es Besseres für sie als ein wohlverdientes Ausruhen daheim? Sie bekamen also ein allgemeines Stärkungsmittel gespritzt, ein Antiparasitenmittel eingegeben, und dann wurden ihnen die Hufeisen abgenommen. Danach trollten sie sich vergnügt auf die Weide, um sich zu erholen.

Die nächsten vierzehn Tage, während derer ich sehnsüchtig darauf wartete, daß die notwendige Hornschicht an Jolgorios Hufen nachwuchs, vergingen ohne besondere Vorkommnisse. Die Vormittage verbrachte ich damit, an dem schönen antiken Schreibtisch, den Germán mir ins Zimmer stellen ließ, meine Notizen durchzuarbeiten. Und nachmittags lieh ich mir für gewöhnlich ein Pferd aus und ritt mit duftenden Eukalyptusbäumen gesäumte Wege entlang zu den Kleefeldern, auf denen Jolgorio und Hornero sich zusehends erholten und von Tag zu Tag ein glänzenderes Fell bekamen. Außerdem nutzte ich die Gelegenheit, die Hacienda selbst zu erkunden.

Den ältesten Teil der Hacienda bildete eine Kapelle, ein Gebäude, das ursprünglich, als die Hacienda 1550 gebaut worden war, als Pferdestall gedient hatte. In ihrem Inneren barg sie einen goldenen Altar aus der Atacama-Kultur, einen Jesuiten-Betstuhl aus der Zeit um 1600, viele erlesene Gemälde und einen prachtvollen Elfenbein-Christus, der einmal Papst Pius IX. gehört hatte. Es heißt, es sei das größte Stück reinen Elfenbeins in ganz Chile und wird dem Bildhauer Benvenuto Cellini zugeschrieben.

Die Türen zum großen Wohnraum waren von bayerischen Holzschnitzern geschnitzt, die im sechzehnten Jahrhundert von den Jesuiten nach Chile gebracht worden waren. Die Sammlung von chinesischem Porzellan im Roten Salon stammte aus dem Kaiserlichen Palast in Peking. Des weiteren gab es hier ein Pianola vom Ende des achtzehnten Jahrhunderts, das für eine Prinzessin gearbeitet worden war, eine Sammlung von Kanonen aus der Zeit der Piraten und eine Fülle herrlicher Kristallgläser.

Nie hatte ich eine Sammlung so schöner Dinge gesehen, dennoch waren die Stallungen das Schönste für mich. Als Germán und Marie Elena die Hacienda übernommen hatten, waren auch die Aculeos darunter gewesen. Germán hatte das Exklusivrecht erworben, diese Linie zu züchten. Er und seine Männer hatten die Pferde aus den Bergen in der Nähe der Lagune von Aculeo hierhergebracht.

Er war ein überlegt vorgehender Züchter, der nur die besten dieser uralten Linie behielt; kein Wunder, daß das Büro der Stallung tapeziert war mit Preisen und Rosetten.

Ich hielt das Versprechen, das ich mir selbst gegeben hatte, und suchte in Santiago General Mendoza auf, dankte ihm für alles, was seine Männer für mich getan hatten, bat ihn dann aber, mir nicht ganz soviel Aufmerksamkeit zu widmen.

„Wir möchten, daß Sie es schaffen", sagte er. „Deshalb werden wir Sie auch weiterhin im Auge behalten, nur *a más distancia* – auf etwas größere Entfernung..."

Für das nächste Wochenende lud er die Claro Liras und mich zu einer Schau der berühmten *Cuadro-Verde*-Polizeipferde ein; außerdem sollten wir uns auch seine eigene edle Zucht von scheckigen Gespannen ansehen. Es lag auf der Hand, wem seine Liebe galt.

Zwei Wochen vergingen. Statt der körperlichen Schmerzen, mit denen ich angekommen war, erfüllte mich jetzt eine Unruhe, die womöglich noch schwerer zu ertragen war. Ich hatte alles, was ein Herz begehren konnte. Damit ich bei meiner Arbeit nicht gestört wurde, brachte man mir das Essen auf einem silbernen Tablett aufs Zimmer. Ich durfte jedes Pferd im Stall reiten, das ich wollte. Ich konnte in der Lagune schwimmen, die sanft-grünen Vorberge der Anden, die hinterm Haus anstiegen, durchstreifen. Ich hatte ein wunderbares Zimmer . . ., und doch war ich nicht restlos glücklich. Ich war ungeduldig, endlich mein Abenteuer fortzusetzen. Und jetzt, da die Schwierigkeiten und Härten des Lebens unterwegs mich nicht mehr ablenkten, packte mich zeitweise schreckliches Heimweh nach meiner Familie.

Der argentinische Botschafter in Santiago und seine Frau kamen an einem Wochenende zum Lunch. Nachdem wir die anfänglich peinlichen, ungefragten und unbeantworteten Fragen über die Falkland-Inseln überspielt hatten, erwiesen sie sich als bezaubernde Menschen, und wir tranken auf unsere Heimatländer. Die Frau des Botschafters riet mir, schnellstmöglich nach Wales zurückzukehren. „Sonst“, sagte sie, „kommen Sie eines Tages heim, Ihre Kinder ziehen die Brauen hoch und fragen: ‚Wer sind Sie denn?‘“ Ich fürchtete, sie könnte recht haben.

Das Horn an Jolgorios weißen Hinterhufen wuchs schrecklich langsam. Dennoch hieß es: entweder einen Zoll neues Hufhorn oder ein neues Pferd. Bei dem Wunsch, die Pferde nicht wechseln zu wollen, bewegten mich mehr als nur sentimentale Gründe. Ich hielt die beiden aufrichtig für die dieser besonderen Aufgabe am besten gewachsenen Pferde, die es gab. Sie waren nicht nur an meine Eigenwilligkeiten und an das Leben unterwegs gewöhnt, sondern auch daran, bis zu zehn Stunden pro Tag auf den Füßen zu sein, und das sieben Tage in der Woche. Dabei waren sie besser in Form als selbst die besten in den ganzen Aculeo-Ställen. Da sie höchst unterschiedliche Charaktere hatten und treu und freundschaftlich aneinander hingen, bildeten sie ein großartiges Team. Ich hätte mir keine zwei Jolgorios und auch keine zwei Horneros gewünscht. Aber je einer von ihnen, das war phantastisch.

Nur – war das fair ihnen gegenüber?

„Da machen Sie sich nur keine Sorgen", sagte Germán. „Bei Ihrem Unternehmen tun diese Pferde das, wozu sie geboren wurden. Die meisten Pferde langweilen sich doch nur."

Daß ich am 2. Oktober Geburtstag hatte und daß dieser Termin immer näher rückte, beunruhigte mich weniger wegen der so schnell vergangenen Jahre, sondern mehr wegen der so schnell verstrichenen Monate meines Abenteuers. Kap Horn war immer noch sehr weit weg.

Endlich erklärte der Tierarzt, alles sei in Ordnung. Es war Zeit aufzubrechen. Ich dachte, der erste Tag meines neuen Lebensjahres müßte ein guter Zeitpunkt sein, um weiterzuziehen.

„Sie können unmöglich an Ihrem Geburtstag losreiten – schließlich ist es der erste Frühlingsgeburtstag Ihres Lebens", erklärte Germán mit Entschiedenheit. „Ich habe aus diesem Anlaß ein Festessen bestellt."

So verließ ich die Hacienda denn am 3. Oktober, einem herrlich frischen Morgen, und kam mir besser für alles gerüstet vor als je zuvor. Wieder begleiteten mich Germán auf seinem Lieblingshengst, Aculeo Impulso, sowie die Reiter in ihren scharlachroten Ponchos.

Als wir über die staubigen Feldwege dahintrabten, wurde auf einer Weide daneben ein Kalb geboren.

Mein Geburtstagsessen auf der Hacienda

„Das kann nur ein gutes Omen sein", sagte Germán. „Sie werden auf dieser Expedition sicher keine Schwierigkeiten mehr haben."

Ein wenig weiter sagten Germán und seine Reiter mir Lebewohl. Hornero und Jolgorio tänzelten förmlich dahin. Wir waren endlich wieder auf unserem Weg gen Süden.

Pechsträhne

5. Oktober 1985, 15 Uhr, in der Nähe von Curicó
Über das Wesen des Glücks streiten die Philosophen sich seit jeher. Ich glaube, das, was ich im Augenblick empfinde, kommt sehr nahe an reines, ungetrübtes Glück heran. Im offenen Zelteingang sehe ich die Pferde. Sie sind im Licht des zunehmenden Mondes so nahe bei mir, daß ich vom Schlafsack aus nur die Hand auszustrecken brauche, um sie zu berühren. Trotz der Strauß-Musik, die ich auf dem Kassettenrecorder spiele, höre ich, wie sie saftiges Gras rupfen.

Ich habe mir einen köstlichen Kaffee aufgebrüht. Den trinke ich jetzt beim Licht einer Kerze, die ich auf die Kaffebüchse geklebt habe. Meine Handschrift mag unter den gegebenen Umständen und bei dem flackernden Kerzenlicht nicht besonders leserlich geraten, aber es ist alles so voller Zauber, daß ich es unbedingt festhalten muß, ehe ich es vergesse.

Wir zogen durch ein üppiges flaches Tal, das zu beiden Seiten von hohen Bergen eingeschlossen wurde. Zu meiner Linken waren es die Anden, die mich seit Antofagasta begleitete, jetzt mit Schnee und Eis bedeckt. Mit einer Länge von 7500 km bilden die *Cordilleras de los Andes* nicht nur den längsten Gebirgszug der Erde, sondern auch noch den erdgeschichtlich jüngsten und unruhigsten. Es vergeht kaum ein Jahr, in dem es durch irgendwelche Erdbeben nicht zu – teilweise dramatischen – Veränderungen kommt. Unfaßbar eigentlich, daß der Reichtum an sanftem Grün hier unten im Tal ausschließlich auf Rauheit und Widrigkeit der klimatischen Verhältnisse dort oben zurückzuführen ist. Hier unten schien alles zu bersten vor Kraft. Die Obstbäume standen in voller Blüte. An den Rebstöcken zeigte sich das erste zarte Grün. Wohin das Auge blickte, dehnten sich voll im Saft stehende Felder, sah man neugeborene Lämmer und wohlgenährtes Vieh. Ochsen- und Pferdegespanne pflügten die fruchtbare braune Erde. Alles wuchs mit solcher Kraft, daß man es wachsen zu hören vermeinte. Selbst der Löwenzahn war riesig.

Jeder Tag war ein Fest, das sich aus kleinen Geschehnissen, kleinen Abenteuern zusammensetzte: fast unerträglich die Spannung, was hinter der nächsten Ecke sein würde. Farben, Formen, Häuser und Besonderheiten der Landschaft tauchten erst verschwommen in der Ferne auf, noch unklar zu erkennen, und nahmen dann im Näherkommen deutlicher Gestalt an. Ist man zu Pferd unterwegs, hat man viel Zeit, etwas zu betrachten, ehe es wieder verschwindet. Ich ertappte mich dabei, wie ich mit Bäumen redete, mit den Vögeln in den Hecken zwitscherte und selbst den Rindern auf den Weiden zuwinkte.

Außerdem schienen die Pferde sämtliche menschlichen, durch Lebensumstände und Schüchternheit aufgerichteten Barrieren zu beseitigen. In den nächsten zehn Tagen kamen wir auf unserem Ritt nach Chillán nur langsam voran, was diesmal jedoch an der schieren Reiselust selbst lag und weil Hunderte von Menschen stehenblieben, um ein paar Worte mit mir zu wechseln und Hornero und Jolgorio den Hals zu klopfen.

Alle, denen wir begegneten, schienen uns fast zu erwarten. Aus jedem kleinen bäuerlichen Anwesen kamen Kinder und Hunde herausgesprungen, dann folgte der Rest der Familie.

„*Quieres tomar un cafecito?*" fragten sie wohl. „Möchten Sie einen Kaffee?" Dann ging ein Schwall von Fragen auf mich hernieder, die zu verstehen ich größte Mühe hatte. Die Britischen Inseln sahen so winzig aus auf einer Landkarte, und so waren die Menschen hier überzeugt, alle Briten müßten sich kennen. Die meisten Kinder waren offenbar verrückt auf Duran Duran, Sting, Elton John und andere Pop-Sänger. Ob ich sie persönlich kenne?

Desgleichen *el principe* Charles und *la princesa* Diana?

In der Nähe von Villa Alegre kam uns die Bürgermeisterin entgegen. Wir wären aufgefordert, erklärte sie uns, an einem Rennen teilzunehmen. Die Pferdezüchter der Gegend hätten so viel von den Aculeos gehört und wären entschlossen, ihre Pferde gegen meine antreten zu lassen.

Wir wurden in die Stadt geleitet, wo Hornero und Jolgorio von Häftlingen gestriegelt wurden, die aus diesem Grund aus dem Gefängnis herausgelassen worden waren. Am besten – davon ließen die Pferdenarren sich nicht abhalten – sei es, das Kleiefutter mit ein bis zwei Litern hiesigen Weins anzurühren.

Weder Hornero noch Jolgorio waren Rennpferde, doch irgendwie schien man es als Ehrensache zu betrachten, daß einer von ihnen am Rennen teilnahm. Ich entschied mich für Hornero, denn ich wußte inzwischen, daß ich ihn selbst nach einem langen Ritt in sengender Sonne nur an einer bestimmten Stelle am Hals zu kitzeln brauchte, damit er wie ein Blitz davonschoß. Auch war er etwas schneller als der fülligere Jolgorio.

Das Ganze war vorüber, sobald Hornero die beiden wunderschönen Hengste erblickte, die von hiesigen *huasos*, den Cowboys, geritten wurden. Hornero haßte Hengste. Vielleicht war er eifersüchtig. Auf jeden Fall legte er die Ohren zurück.

Achtmal sollten wir um die Haupt-Plaza herumreiten. Die Kapelle spielte auf, und los ging's! Ich spürte förmlich, wie die Wut in Hornero aufstieg, als einer der Hengste in der letzten Runde vorüberzog. Ich spürte, wie er noch einmal alle Kraft zusammennahm und vorwärtsschoß. Ich selbst konnte nichts weiter tun, als mich an ihn zu klammern. Verkündet wurde, daß wir um eine Halslänge gesiegt hätten.

Allmählich gewöhnte ich mich wieder an das Leben im Freien. Für die Wochen in Luxus und Behagen auf der Hacienda hatte ich damit bezahlen müssen, daß ich die Unbequemlichkeiten anfangs mehr empfand als zu Beginn der Reise. Viel von der Abhärtung, die ich mir auf der ersten Etappe erworben hatte, war wieder verlorengegangen, dazu gehörte auch meine unschätzbare Unempfindlichkeit Hitze und Kälte gegenüber. Jetzt hatte ich immer noch einen entzündeten Rachen und litt unter dem Husten, der mich quälte, seit wir Los Lingues verlassen hatten. Standhaft lehnte ich die vielen freundlichen Angebote ab, in Häusern zu übernachten. Wenn ich es jetzt nicht wieder schaffte, in meinem Zelt zu leben, kam ich mit der Wildnis des Südens bestimmt nicht zurecht. Ich bemühte mich, für mich selbst und die Pferde eine möglichst strenge Routine zu bewahren, damit wir auf dieser relativ leichten Etappe unserer Reise nicht verwöhnt wurden. Um mich selbst abzuhärten, lief ich möglichst viel zu Fuß neben den Pferden her.

Das machte mich sehr beliebt bei den Kindern, die meine Pferde in diesem Teil Chiles ständig zu umringen schienen. Manchmal durften bis zu drei von ihnen ein Stück auf Hornero reiten, und wenn ich mittags Rast machte, damit die Pferde sich ausruhten, halfen sie mir oft, die Rucksäcke auszupacken. Häufig teilten sie auch die Mittagsmahlzeit mit mir.

Molina, Talca, San Javier, Villa Alegre, Putagá, Linares, San Estebán . . ., die Dörfer und kleinen Städte, durch die ich hindurchkam, lagen zumeist ein paar Kilometer abseits von der Hauptstraße. Hierher kamen auch fremde Chilenen nur selten; denn vor jeglicher Invasion durch die Außenwelt schützt sie die Tatsache, daß sie weder besonders berühmt noch besonders schön sind. Dort jedoch lebt das gewöhnliche Volk und vermittelt – da war ich mir ganz sicher – ein wesentlich wirklichkeitsgetreueres Bild von Chile als Santiago mit seinen Hochhäusern und seiner Kluft zwischen Arm und Reich.

Ich wurde immer stolzer auf meine Unabhängigkeit. Alles, was ich brauchte, lieferten mir die Pferde und das, was sie auf dem Rücken trugen. Ich hatte meine Unterkunft, meine Arbeit, mein

Transportmittel, brauchte mir keine Sorgen um Brennstoff zu machen, und auf den kleinen Gehöften und in den Ortschaften, an denen ich vorüberkam, bekam ich für wenige Pesos gutes, einfaches Essen. Ich konnte gehen, wohin ich wollte, und wo ich dann abends ankam, war immer ein Abenteuer. Denn wo ich mein Zelt zum Übernachten aufschlug, das bestimmte mein Schicksal und der Umstand, wieviel ich an diesem bestimmten Tag geschafft hatte. Überraschungen gab es immer.

Als ich in der Nähe von Villa Rosa einmal zu meinem Zelt zurückkehrte, schien es lebendig geworden zu sein. Mal wurde es von innen auf diese, mal auf jene Seite gedrückt. Zufriedene Grunzlaute ließen sich von drinnen vernehmen. Einen Moment dachte ich, ein vorüberkommendes Liebespaar habe mein Iglu mit Beschlag belegt, doch als ich hineinspähte, erkannte ich ein Rudel von fünf Ferkeln, die sich an meinem Brot und Käse gütlich taten und alle meine Habseligkeiten durchschnüffelten.

Als ich in Villa Rosa von diesen Schweinen erzählte, bot man mir sofort eines davon als Geschenk an. „Nehmen Sie doch eines davon mit", riet man mir dringlich. „Ein Ferkel ist ein besserer Reisegefährte als ein Hund, und wenn Ihr Hunger zu groß wird, können Sie es immer noch aufessen."

Viele, die ich unterwegs traf, wunderten sich ohnehin, daß ich nicht längst einen Hund zum Schutz dabeihatte. Jeder chilenische Reiter, der durchs Land zieht, scheint mindestens von zweien begleitet zu werden. Doch eines der Geheimnisse, als Frau im Freien zu übernachten und trotzdem ungestört zu schlafen, war in meiner Überzeugung begründet, daß niemand mich finden könne. Ich wußte, daß die Pferde und ich uns nur ein wenig von der Hauptpiste abzusetzen und das Zelt unter Bäumen oder hinter einem Felsen aufzuschlagen brauchten, damit man uns nach Einbruch der Dunkelheit so gut wie nie finden würde, zumal ich in den dichtbevölkerten Gegenden Mittelchiles nie ein offenes Feuer entzündete. Sollte sich dennoch jemand nähern, genügte schon

Jolgorio betrachtet interessiert die kleinen Ferkel von Villa Rosa

die leichte Unruhe der Pferde, um mich zu warnen. Ein bellender Hund wäre für jeden Eindringling geradezu ein Leuchtfeuer gewesen.

Doch der eigentliche Grund, warum ich keinen Hund – oder auch nur ein Schwein – bei mir hatte, war, daß es mir das Herz brechen würde, mich hinterher von ihm neu zu trennen. Der Quarantänevorschriften wegen wußte ich, daß ich sie nie mit zurücknehmen dürfte nach England. Schon jetzt beschlich mich Unbehagen bei der Vorstellung, Hornero und Jolgorio einmal Lebewohl sagen zu müssen. Die beiden waren mir von Tag zu Tag mehr ans Herz gewachsen, und mir war hundeelend zumute bei dem Gedanken an eine zukünftige Trennung. Das war der Preis, den ich dafür zahlen mußte, daß ich mehr in ihnen sah als ein bloßes Transportmittel.

Das Leben in dem schmucken Bauerndorf San Gregorio konnte sich in den letzten hundert Jahren nicht wesentlich verändert haben. Geduldig warteten die Pferde draußen vor den Bars auf ihre Besitzer, und von Zeit zu Zeit wurde der Staub der Straßen von Ochsengespannen aufgewirbelt, die schwere Lasten zogen. Das zwanzigste Jahrhundert hatte in Form einer vorzüglichen medizinischen Versorgungsstation Einzug gefunden, in der eine Krankenschwester namens Elsa mich mit strahlenden Augen mit Penicillin vollpumpte, um die letzten Reste meiner Rachenentzündung zu vertreiben.

Ich erzählte Elsa von der Geburt des Babys in meinem Zelt. Sie verteidigte die Regierung, daß sie Hausgeburten verbot; die Säuglingssterblichkeit sei dadurch drastisch gesenkt worden. „Zu Hause ein Baby zu bekommen ist wunderbar", sagte sie, „solange alles gutgeht . . ."

Irgendwo wurde ein Fest gefeiert, und zu den Klängen von Musik aus Lautsprechern, die in den Bäumen verborgen waren, schlief ich ein. Als ich um sechs Uhr in der Frühe erwachte, hörte es sich an, als ob es auf diesem Fest noch immer hoch herginge. Die letzten Takte der Musik vermischten sich mit dem ersten Hahnenschrei am Morgen.

Am nächsten Tag, dem 17. Oktober, trafen wir in der Stadt San Carlos ein, und der wundersame Zauber, unter dem die letzten vierzehn Tage gestanden hatten, zerstob. Wir hatten die besondere Erlaubnis bekommen, in dem schönen Park des Turnierplatzes zu campen. Es hätte eine idyllische Nacht werden sollen, denn der Himmel war hell und klar, der Jakobsstab oder Gürtel des

Orion neigte sich dem Mond zu, und Sirius, der Hundsstern, erstrahlte auffällig hell dahinter.

Doch es sollte keine Ruhe geben. Die ganze Nacht hindurch vernahm ich das dumpfe Geräusch von klopfenden Hufen, und ich sah in ohnmächtiger Wut zu, wie meine Pferde versuchten, sich gegen die Angriffe von drei gewaltigen Schäferhunden zu verteidigen. Immer wieder setzen sich die Pferde mit Auskeilen und Beißen zur Wehr. Dann wurde aus dem wütenden Gebell ein furchtbares Gejaule. Doch kurze Zeit später fing alles wieder von vorn an. Die Pferde waren dermaßen erregt, daß ich sie nicht fangen konnte; infolgedessen war es mir unmöglich, woanders hinzugehen. Das war das einzige Mal bei meinem ganzen Unternehmen, da ich von Herzen wünschte, ich hätte ein Gewehr.

Endlich kam die Morgendämmerung, und die Hunde schlichen davon. Glücklicherweise war den Pferden nichts Ernstliches geschehen; sie waren nur überaus nervös und völlig verschwitzt. Die trächtigen Kühe im Park waren nicht so gut davongekommen. Ihre geschwollenen Zitzen und Euter waren von den Hunden zerbissen und zerrissen worden.

Ich haßte San Carlos, und mein Instinkt sagte mir, ich sollte das Städtchen so früh wie möglich verlassen. Aber die Pferde waren erschöpft und brauchten wenigstens ein paar Stunden Ruhe. Deshalb war ich froh, als der Parkwächter mir sagte, er habe veranlaßt, daß der Tierarzt komme und meine Pferde beschlage. Ich beschloß zu warten, und das erwies sich als eine der folgenschwersten Entscheidungen meiner gesamten Reise.

Doch für den Augenblick schien alles in Ordnung, und am Nachmittag machten wir uns auf nach Chillán, wo den Pferden wieder die Mähne geschoren und mir vom *Pinto Rodeo Club* eine Urkunde überreicht wurde, eine seltene Auszeichnung für eine Frau, denn Rodeos sind eine reine Männerangelegenheit. Frauen sind nur dazu da, hinterher strahlend hinten auf dem Sattel des Siegers zu posieren!

Als am nächsten Tag die Sonne aufging, lag ich in der Nähe von Bulnes in meinem Zelt und war viel zu träge, aus meinem Schlafsack herauszukriechen und sechs große Fliegen fortzuscheuchen, die sich unter dem Dach meines Iglus niedergelassen hatten. Was mich faszinierte, war der Umstand, daß sie nur auf den weißen Bahnen saßen und die grünen offenbar mit Bedacht mieden. Während ich sie beobachtete, versuchte ich mich zu dem richtigen Entschluß durchzuringen, was den weiteren Ritt betraf.

Puerto Montt, die letzte Stadt auf dem eigentlichen chilenischen Festland und Endpunkt der großen Straße und Eisenbahnlinie, lag auf direktem Weg etwa sechshundert Kilometer weiter im Süden. Darunter erstreckte sich die Wildnis der südlichen Inselwelt mit ihren Sümpfen, undurchdringlichen Wäldern und Hunderten von unbewohnten Inseln. Puerto Montt zu erreichen war wichtig, denn nur dort konnte ich wirklich sachkundige Informationen darüber erhalten, wie man am besten durch diese Wildnis hindurchkam – und zwar, solange sich diese in ihrem freundlicheren Sommergewand zeigte.

Nur war der direkteste Weg nach Puerto Montt die *Pan Americana*. Wenn ich jedoch mehr als unbedingt nötig auf Asphalt ritt, dann hätte ich statt der Pferde auch einen Jeep benutzen können.

Ich beschloß, in Bulnes nach Westen abzubiegen, nach Concepción zu reiten und dann die Kohlenreviere von Coronel und Lota zu durchqueren. Dann wollte ich durch das Land der Mapuche-Indianer über wenig benutzte Küstenpfade weiter vordringen, die auf meiner Karte als für Fahrzeuge ungeeignet eingezeichnet waren, was aus diesem Grunde doppelt reizvoll war.

Eigentlich dürfte dies nicht länger dauern als über den direkten Weg, fand ich, zumal die Pferde und ich ausgezeichnet in Form waren und alles so glatt lief. Es ging nur darum, eine bestimmte Anzahl von Kilometern pro Tag zurückzulegen.

Als wir die Außenbezirke von Bulnes erreichten, wurden wir

offenbar von sämtlichen Taxis der Stadt begrüßt. Sie bildeten einen Konvoi und begleiteten uns laut hupend. Der Bürgermeister erklärte, heute abend werde zugunsten einer örtlichen Wohlfahrtsvereinigung ein Konzert gegeben. Ob ich ein paar englische Lieder vortragen könnte?

Zum Glück waren sie ganz zufrieden, als ich statt dessen ein Schaureiten vorführte, also Übungen, die ich den Pferden beigebracht hatte und die von der Pferdeshow der *Cuadro-Verde*-Polizeipferdeschule von Santiago inspiriert worden waren. Hornero stand regungslos da und rührte sich nicht von der Stelle, während ich kerzengerade auf seinem bloßen Rücken balancierte. Manchmal schaffte ich sogar einen vorsichtigen Salto, wie ich ihn den Polizeireitern abgeguckt hatte. Er rührte sich gleichfalls nicht von der Stelle, wenn ich mit geschlossenen Augen unter seinem Bauch lag und so tat, als schliefe ich. Und wenn ich sagte: *„Hornero, levanta las patitas!"* – „Heb deine Füße an!" hob er diese, einen nach dem anderen, so daß ich sie auskratzen oder untersuchen konnte. Andererseits vergaß er seine Aufgabe, sich nicht vom Fleck zu rühren, sobald er etwas Verlockendes zu fressen entdeckte. Aber er hatte auch seine eigene Spezialität. Auf Kommando folgte er mir überall hin. Ich konnte sogar mit übereinandergeschlagenen Armen Achterfiguren gehen, ohne mich nach ihm umzusehen; trotzdem folgte er mir auf den Fersen. Lief ich, verfiel er in Trab und warf ab und zu aus lauter Lebensfreude die Hufe in die Höhe. Doch so schnell ich auch lief, wenn ich plötzlich stillstand, blieb auch er stehen – die Nase nie weit von dem Leckerbissen in meiner Tasche entfernt.

Unsere nächste Raststation war Quillón, das Herz des Weinanbaugebietes. Doch die Ortsansässigen schienen sich nicht sonderlich viel aus ihrem köstlichen Erzeugnis zu machen, das es so leicht zu haben gab. Alkoholfreie Getränke wie Coca-Cola waren teuer und in Mode. Von den Eigentümern eines berühmten Weinbergs wurde ich zum Essen eingeladen; sie konnten überhaupt nicht verstehen, warum ich ein wenig enttäuscht war, als ich beim Dinner statt Wein eine Orangeade vorgesetzt bekam!

Zehn Kilometer südlich von Quillón war plötzlich deutlich zu erkennen, warum das Land immer grüner und üppiger wurde. Das Klima änderte sich schlagartig. Am 22. Oktober, als wir in Florida eintrafen, eine Stadt, die so ganz anders ist als ihr Gegenstück in den Vereinigten Staaten, regnete es in Strömen. Und es regnete immer weiter. Ich hüllte mich in Plastiktüten, und bald kam ich mir vor, als lebte ich im Inneren einer aus Polyäthylen bestehenden Welt.

Doch auch Sturmwolken anderer Art ballten sich um die Expedition zusammen. Dreißig Kilometer vor Concepción lahmte der arme Jolgorio plötzlich ganz furchtbar. Es schien von Stunde zu Stunde schlimmer zu werden. Die Hornschicht seines linken Vorderhufs wurde so heiß, als brenne ein Feuer darin. Bald konnte er den Fuß überhaupt nicht mehr aufsetzen. Aus der Glückseligkeit der idyllischen letzten drei Wochen stürzte ich in bodenlose Verzweiflung. Wieder kamen mir die Carabineros zu Hilfe. Dem Anschein nach aus dem Nirgendwo auftauchend, nahmen sie mir das Gepäck ab, und wir humpelten langsam in die Stallungen der Springschule von Chiguayante gleich hinter Concepción.

Als Erwin, der Veterinär der Carabineros, Jolgorio die Hufeisen abnahm, sah er auf den ersten Blick, warum er lahmte. In San Carlos hatte wirklich ein Fluch auf uns gelastet. Die Angriffe der Hunde waren nicht das schlimmste gewesen. Offenbar hatte der dortige Schmied beim Beschlagen einen Nagel in Jolgorios empfindliche Huflederhaut hineingehämmert. Offenbar war es immer Jolgorio, der zu leiden hatte!

Eine Woche voller Angst verging, und ich half Erwin und den beiden anderen Tierärzten der Springschule, mein Pferd gesund zu pflegen. Glücklicherweise schien Jolgorio im Gegensatz zu Hornero, der Spritzen haßte und dessen Lieblingskontakt mit Veterinären aus Beißen bestand, die ganze Aufmerksamkeit, die sich auf ihn richtete, zu genießen. Jedenfalls war er ein vorbildlicher Patient. Er mußte endlos Antibiotika in sich hineinjagen lassen und zusätzlich noch Injektionen mit Multivitaminpräparaten, die nötig waren, um der Gefahr entgegenzuwirken, daß zuviel Penicillin bei einem Pferd zu Blutarmut führt. Er ließ sich sogar eine Direktinjektion in das Kötengelenk geben. Dank der Hilfe, die mir und ihm zuteil wurde, erholte sich Jolgorio rasch und war nach anderthalb Wochen wieder voll einsatzfähig. Wir konnten weiterreiten.

Doch kamen wir nicht dazu, Chiguayante wie vorgesehen am 5. November zu verlassen. Es heißt, Hochmut kommt vor dem Fall, und bei mir wurde mein Großtun zum Fallstrick. Ich war

Noch läßt Hornero sich alles seelenruhig gefallen ...

glücklich und froh gelaunt, weil wir bald wieder unterwegs sein würden. Dem mit dem feinsten Hafer gemästeten Hornero ging es ebenso. Er ließ zu, daß ich mit unserer kleinen Vorführung von reiterischem Können und kleinen Kunststücken begann, mit der ich ein paar Besucher in den Stallungen amüsieren wollte. Was ich jedoch nicht beachtet hatte, war, daß die Bahnlinie am Stallungshof entlangführte.

Ich balancierte auf seinem bloßen Rücken, kratzte ihn mit den Zehen an seiner Lieblingsstelle im weichen Fell und genoß alles sehr, da ratterte der erste Eisenbahnzug seines Lebens an Hornero vorüber. Der Lokführer traute seinen Augen nicht, als er eine *gringa* auf dem Pferderücken spazierengehen sah. Er winkte und rief und tutete begeistert und wurde immer aufgeregter. Ebenso Hornero, der ein paarmal gewaltig auskeilte und dann davongaloppierte. Ich flog zu Boden, traf mit der Seite auf etwas sehr Hartes und vernahm ein lautes Krachen.

Die Zeit verrinnt!

Als ich die Augen aufschlug, stand Hornero über mir und schien erstaunt über diesen neuen Trick. Ich litt Qualen. Erwin kam herbeigelaufen. Er tastete mir die Rippen ab und erklärte, ein paar seien gebrochen. Mit Hilfe von Pferdebandagen legte er mir einen Stützverband an und brachte mich zu sich nach Hause, wo seine Familie sich um mich kümmern sollte.

Voller Panik wachte ich in dieser Nacht auf. Man hatte mich im Elternschlafzimmer untergebracht. Im Bett nebenan schnarchte Sara, Erwins Frau, leise im Schlaf, und der kleine zweijährige Gordito, der in ihrem Arm döste, sang vor sich hin. Vor lauter Angst, sie zu stören, wagte ich nicht, mich zu rühren – was ich im übrigen auch gar nicht konnte. Ich hatte eine ohnmächtige Wut in mir. Wie hatte ich nur so dumm sein können! Ich saß in der Falle, konnte nicht vor und nicht zurück. Ich kam mir vor wie in einem Gefängnis, und so war es ja auch.

Die Freiheit hatte mich verwöhnt. Sonnenlicht und Schatten eines jeden neuen Tages. Völlige Unabhängigkeit. Das endlose Abenteuer der offenen Straße. Jetzt mußte ich feststellen, daß ich mich ohne Hilfe weder aufsetzen noch umdrehen konnte. Ich konnte nicht einmal niesen, ohne daß mir das stechende Seitenschmerzen verursachte. Das schlimmste war, daß ich unbedingt aufs Klo mußte.

Schließlich gelang es mir, den Arm auf den Boden hinunterzulassen, wo meine Hand etwas berührte, das sich anfühlte wie der Rand eines Nachttopfes, den Sara diskret neben das Bett gestellt haben mußte. Ums Haar hätte ich ihn bei dem Versuch, ihn mir unterzuschieben, umgeworfen. Sara wachte auf und half mir. Unter meine Dankbarkeit mischte sich ein Gefühl von peinlicher Verlegenheit, etwas, woran ich mich im Laufe der nächsten Tage noch gewöhnen sollte.

Am nächsten Tag brachten sie mich zum Röntgen. Dabei stellte sich heraus, daß zwei Rippen schlimm zerquetscht waren, sich übereinandergelegt hatten und ums Haar meinen rechten Lungenflügel zerrissen hätten. Die Rippen würden nie wieder so zurechtwachsen, wie sie gewesen waren, erklärte der Arzt. Doch wo sie sich kreuzten, würde sich so etwas wie eine Kallusschicht bilden, das Ganze würde verwachsen und dann stärker sein als zuvor. „Nur wenn in tausend Jahren Archäologen Ihr Skelett finden, werden sie etwas Ungewöhnliches daran entdecken." Er lächelte. „Was Sie brauchen, sind jetzt zwei Monate vollkommener Ruhe."

Ich konnte es einfach nicht glauben. Das klang ja wie lebenslänglich! Die ganze Expedition stand auf dem Spiel. Doch hatte ich nicht schon von Jockeys gehört, die es fertiggebracht hatten, mit gebrochenen Rippen Rennen zu reiten?

Erwin und Sara schwatzten dem Arzt das Einverständnis ab, daß ich in ihrem Haus statt im Krankenhaus bleiben konnte, und Erwin kaufte eine Flasche hiesigen „Pipeno"-Weins, um mich aufzumuntern. Er pflegte mich, als ob ich vier Beine hätte und nicht nur zwei, und legte mir immer, wenn es nötig war, einen frischen Verband an.

Ach, wie gern hätte ich, als ich meinem Verleger schrieb, was geschehen war, geflunkert und gesagt, ich wäre einen Berg hinuntergefallen oder hätte mir die Rippen bei dem Versuch gebrochen, über eine Schlucht hinwegzuspringen – statt dessen mußte ich zugeben, daß ich beim Vormachen von läppischen Kunststückchen in einem Stallungshof vom Pferd gefallen war! Es erübrigt sich hinzuzufügen, daß ich auf See nur ein einziges Mal über Bord gefallen war – bei glatter See und an einem völlig windstillen Tag!

Am 9. November brachte Erwin Hornero und Jolgorio um das Haus herum nach vorn, so daß ich sie vom Schlafzimmerfenster aus sehen konnte. Sie sahen sehr gesund aus. Die Leute aus den Stallungen, insbesondere Erwin, hatten sich liebevoll um sie gekümmert und sogar die Zeit gefunden, sie jeden Tag an die Longe zu nehmen, damit sie ihre Kondition behielten.

Hornero mochte es offenbar überhaupt nicht, an einer langen Leine ständig im Kreis herumlaufen zu müssen, aber ohne das wäre er bestimmt nicht mehr so fit gewesen. Mehr denn je war ich entschlossen, die Expedition so bald wie möglich fortzusetzen. Bis dahin mußte ich mich damit begnügen, den kleineren Triumph auszukosten, den es bedeutete, imstande zu sein, zum erstenmal durch den Garten zum Plumpsklo zu humpeln – und das in Begleitung von einer Schar neugieriger Enten, Gänse und Hühner.

Sara war von ungewöhnlicher Güte – und nicht nur mir gegenüber. Es hatte schon großen Eindruck auf mich gemacht, wie die Chilenen sich oft unter härtesten Bedingungen über Wasser hielten, indem sie einander eine besondere Art von Mitgefühl entgegenbrachten. Jeden Tag reichte Sara dem arbeitslosen Straßenpflasterer nebenan Essen über den Zaun. Er lebte in einem Haus, das viel schlechter war als die Stallungen in der Reitschule, dennoch schien er ganz zufrieden. Er habe kein Geld, sagte Sara, dafür singe er für sie und erledige ihre Einkäufe. Auf diese Weise verdiente er sich das Essen und den Spitznamen „Luis, das Portemonnaie". Im Garten seines Hauses gediehen Bohnen und Kartoffeln im Übermaß, und neben der Pumpe vor seiner Hütte wuchsen wunderschöne Rosen, von denen er manchmal ein paar verkaufen konnte.

Trotz Saras lautstarkem Protest beschloß ich nach einer Woche, wieder zurückzukehren in mein Zelt. Ich fand, es wurde Zeit, mich an das letzte bißchen Unabhängigkeit zu klammern, das mir noch geblieben war. Dennoch ließ Sara es sich nicht nehmen, mir jeden Tag etwas zu essen zu bringen, und so hatte sie wahrscheinlich mehr Arbeit als zuvor. Vor Energie strotzend kam sie und schickte sich sofort an, Ordnung bei mir zu schaffen. Fröhlich zeigte sie mit dem Finger auf meine Unordnung und auf andere Zeichen, die darauf hinwiesen, daß ich im Grunde immer noch nicht allein zurechtkam, und trug meine schmutzige Wäsche fort wie eine Trophäe.

„Toda la comida" – „alles aufessen", beharrte sie und konnte richtig böse werden, wenn ich nicht alles schaffte, was sie gebracht hatte. *„Tú estás muy flaca ..."* – „Du bist sehr dünn."

Ich mochte sie und Erwin sehr gern, doch manchmal konnte sie mich mit ihrer übertriebenen Geschäftigkeit schon zum Wahnsinn treiben. Sie überfiel mich förmlich mit ihrer Freundlichkeit. Und selbstverständlich wußte ich, daß ich es ihr nie würde vergelten können.

Erwin hatte das Zelt in einer mächtigen Scheune auf einem Riesenhaufen weichen Heus für mich aufgebaut. Trotzdem waren auch noch die einfachsten Dinge eine Staatsaktion für mich. Jede

Bewegung mußte vorher genau überlegt sein, denn mich vorzubeugen oder zur Seite zu neigen, war immer noch ein Ding der Unmöglichkeit, und die Rippen knackten immer noch.

Meine ersten Tage im Zelt würden, meine ich, eine herrliche Tragikomödie abgegeben haben. Chargenrollen darin spielten Rasca, die kleine braun-weiße Terrierhündin, gleichzeitig das Maskottchen der Stallung, und Celis, die schwarze Stallkatze, die beide fanden, das Zelt wäre auch ihr Zuhause. Einer schlief auf der einen Seite meines Schlafsacks, der andere auf der anderen. Geriet einer dem anderen ins Gehege, blieb mir nichts übrig, als mich in dem Schlafsack zu verkriechen, während sich über mir ein Kampf entspann, bei dem die Fetzen flogen, gespuckt, gekratzt, gefaucht und gebellt wurde. Glücklicherweise schienen diese Auseinandersetzungen nie länger anzudauern; der Hund gab für gewöhnlich zuerst nach. Als Rasca läufig wurde, vergrößerte sich das Chaos noch. Plötzlich kam sie mitten in der Nacht und begehrte Schutz vor sechs oder noch mehr riesigen, liebestollen Rüden.

Vierzehn Tage vergingen. Allmählich kam ich wieder zu Kräften, doch wenn ich jetzt auf den Kalender schaute, wurde mir ganz anders. Das sanfte Sommergesicht von Kap Horn würde nicht warten. Die einzige Möglichkeit, die Zeit nicht vollkommen zu verlieren, sah ich darin, etwas anderes zu tun. So nahm ich mir vor, mich ans Schreiben zu machen.

Stallmeister und Pferdeknechte setzten sich in den Kopf, mir in jeder Beziehung helfen zu wollen. Kein Manager hat ein größeres und prachtvolleres Büro, als meine Scheune es war, nachdem sie in eine riesige Schriftstellerklause umgewandelt worden war. Aus den Stangen für die Ricks und aus Brettern bauten die Pferdepfleger einen besonderen Schreibtisch für mich. Mein Schreibtischstuhl bestand aus halbvollen Hafersäcken, die eigens so hingeschüttelt und hingedrückt wurden, daß sie meine Rippen stützten.

Am 22. Oktober gelang es mir endlich, wieder an Bord von Hornero zu gehen und ziemlich kraftlos um den Reitplatz herum zu traben. Ich durchlitt Todesqualen, und im rechten Arm hatte ich immer noch keine Kraft. Am nächsten Tag probierte ich es wieder – und am übernächsten auch. Nach und nach fiel mir das Reiten leichter. Wenn ich nicht auf dem Pferd trainierte, versuchte ich, mich auf die nächste Etappe der Reise vorzubereiten. Die Fahrten im schwankenden und holpernden Bus nach Concepción waren fast genauso schmerzhaft wie die Ausritte mit Hornero.

Am 6. Dezember – einen Monat später als ursprünglich vorgesehen – brachen wir von Chiguayante auf. Erst wandten wir uns südwärts nach Coronel, dann weiter nach Lota, Carampangue, Ramdadillas ... Meine Rippen waren immer noch nicht wieder richtig verwachsen und taten nach wie vor weh. Ich trug immer noch den Stützverband aus Pferdebandagen, die sich bei jedem Regen zusammenzogen und mir fast die Luft abdrückten. Wenn die ersten Tropfen fielen, mußte ich sofort halten, auf die nächsten Büsche zustürzen und die Pferde mit dem grotesken Striptease unterhalten, das heißt, die Bandagen abwickeln und den Verband selbst neu anlegen.

Obwohl nach dieser langen Ruhepause munter und ausgelassen, schienen die Pferde zu verstehen, daß ich sanft behandelt werden mußte. Ein- oder zweimal ging ihr Temperament mit ihnen durch, und da ich nicht die Kraft hatte, sie zurückzuhalten, zogen sie in einem tollen Galopp kilometerweit dahin, bis ihre ganze aufgestaute Energie verbraucht war. Dann mußten wir langsam dieselbe Strecke zurückreiten, damit ich all die Dinge aufheben konnte, die unterwegs vom Packsattel gefallen waren.

Ironischerweise verlief unsere Route die ersten beiden Tage parallel zur Eisenbahnstrecke. Den ersten Tag verbrachte ich die meiste Zeit damit, jedesmal abzusitzen, wenn ich einen Zug nahen hörte, die Pferde fest an einem Baum anzubinden und zu warten, bis der Zug vorüber war. Das Satteln fiel mir immer noch sehr schwer. Mußte ich Schweres heben, benutzte ich mein Knie als Hebel. Ein weiteres Problem bestand darin, die Gurte straff genug zu ziehen. Alles mußte sehr, sehr langsam vor sich gehen.

Daß ich es dennoch schaffte, verdanke ich zum größten Teil Jolgorios Geduld. Er wiederum wurde damit belohnt, daß es in diesem Teil Chiles sehr viele Bäume gab und daß kein Mensch etwas dagegen hatte, wenn er an dem einen oder anderen oder auch an vielen Ästen knabberte.

7. Dezember 1984

Wir befinden uns jetzt mitten im chilenischen Kohlenrevier, das so gebirgig ist wie das in Wales und die Landschaft nicht minder schön. Doch die Lebensbedingungen für die Bergleute sind sehr hart. Arbeitslosigkeit und Zechenstillegung sind, so hörte ich, weltweite Probleme. Hier lachen die Menschen nicht viel, und man muß darauf gefaßt sein, daß Fremde von kleinen Jungen mit Steinen beworfen werden. Auch hat man mir erzählt, daß es Banditen in der Gegend gibt, doch bis jetzt bin ich Gott sei Dank keinen begegnet... Um sicherzugehen, verstecken wir uns mehr oder weniger jeden Abend. Entweder unter Bäumen oder hinter einem Felsen oder, wenn wir es finden, in der Nähe eines Hauses. Das Zelt bewährt sich bei den ständigen Regenfällen genauso wie bei den Sandstürmen im Norden. Bis jetzt haben auch der Fotoapparat und der Kassettenrecorder in den neuen Plastikbehältern, die ich in Concepción gekauft habe, um mich gegen die ständige Feuchtigkeit abzusichern, die Reise unbeschädigt überstanden.

Wo werde ich Weihnachten verbringen? Ich weiß es nicht. Wahrscheinlich mit den Pferden auf irgendeinem Berggipfel, wobei Hornero und Jolgorio zur Feier des Tages Blumen am Zaumzeug tragen werden.

Ich überlege, ob ich die Leute nicht bitten soll, mir zu zeigen, wie man Kaninchen und anderes Wild mit Fallen fängt. Ich könnte mir denken, daß die Nahrungsbeschaffung von Puerto Montt an zum Problem wird.

Der 8. Dezember war in Chile ein Feiertag. Wir schlugen unser Lager in einem Park in Curanilahue auf. Einige Bergleute luden mich zu einem Picknick ein, das hauptsächlich aus einem sehr starken Punsch bestand, der mich meine Rippen vergessen ließ. Einer von den Leuten schenkte mir eine schöne rote Decke für die Pferde. Von dort aus ging es langsam über Cañete, Lago Lleulleu, Quidico . . . weiter Richtung Süden. Nach und nach veränderte sich das Aussehen der Häuser und Gehöfte, wurden Türen und Zimmer kleiner, wie auch die Menschen kleiner wurden. Ich kam mir vor wie Gulliver unter den Liliputanern.

Das Kohlenrevier lag jetzt hinter mir, und ich ritt durch das Kernland der Mapuche-Indianer, ein Stamm, der zu der Sprach- und Kulturgruppe der Araukanier gehört. Diese Indianer, einst kühne und berühmte Krieger und für die frühen Siedler genausosehr eine Geißel wie die Erdbeben, kommen den Fremden heute sehr freundlich und gastfreundlich entgegen.

Mein kleiner und unter Mühen erworbener spanischer Wortschatz wurde hier nicht sonderlich geschätzt. Statt dessen versuchten die Mapuche mir ein paar Worte ihrer eigenen indianischen Sprache beizubringen.

Auf einer menschenleeren Straße, die an einem Steilhang entlangführte, ritt ich nach Tirua. Jedesmal wenn ich nach einer erklommenen Anhöhe zurückblickte auf die engen Wegschleifen, die das grüne Land hinter uns durchschnitten, meinte ich, daß nirgendwo in der Welt mehr Kilometer Straße nötig waren, um so kurze Entfernungen zurückzulegen, wie hier. Als wir schließlich Tirua erreichten, führte der gelbe Pfad in weitem Bogen dramatisch bis auf Meereshöhe hinab, ehe es im Zickzack den nächsten Berg wieder hinaufging. Eine alte Frau lachte, als ich mich verzweifelt an meinem Sombrero festhielt. *„El viento malo“* –

Mapuche-Indianer in der Nähe von Cañete

„der schlimme Wind", erklärte sie auf spanisch mit stark indianischem Akzent, „hört hier nie auf."

Trotz der üppigen Vegetation erinnerte mich die Region um Tirua an einige der Wüstenstädte. Die kleine Siedlung schien von aller Welt abgeschnitten und vermittelte den Eindruck, nicht natürlich gewachsen, sondern Stück für Stück hierhergebracht worden zu sein. Die Leute lebten zum größten Teil in hellfarbenen Reihen brandneuer Häuser, die mit staatlichen Mitteln gefördert worden waren, um die Bevölkerung aus den Elendsvierteln Santiagos und anderer überfüllter Großstädte in den Süden zu locken. Denn durch das fischreiche Meer war hier eine besonders blühende Fischindustrie mit den entsprechenden Arbeitsplätzen entstanden. Es gab eine gepflegte kleine Polizeistation und einen nagelneuen medizinischen Versorgungsposten. Der Ritt war hart gewesen. Ich suchte das kleine Krankenhaus auf, damit die Krankenschwester sich meine Rippen ansah, und fiel zu meiner Schande im Wartezimmer in tiefen Schlaf.

Am nächsten Tag kamen mir auf demselben staubigen Pfad, mit dem Meer auf der einen und den Bergen auf der anderen Seite, ein paar sehr lustig aussehende Wanderprediger entgegen, die hoch zu Roß ihre Choräle sangen. Sie kamen auf ihren Pferden den Hang heruntergeschossen, umringten uns und geleiteten uns zurück zu ihrem Haus, das in der Nähe eines wunderschönen Wasserfalls gebaut war, der hoch von den Bergen herunterstürzte. Sie luden mich zum Abendessen ein und sangen zu Gitarre und Tamburin weitere geistliche Lieder, von denen ich so viele wie möglich mit meinem Recorder aufzunehmen versuchte.

Als die Nacht hereinbrach, nahmen sie meine Pferde beim Halfter und mich am Arm und führten uns mit Entschiedenheit in ihre kleine Kirche dicht neben dem Haus. Alle mußten wir eintreten. Sie halfterten Hornero und Jolgorio an den Bänken an, warfen ihnen ein paar Arme voll Heu vor und bestanden darauf: „Sie werden hier schlafen. Da sind Sie besser vor dem Regen geschützt."

Als ich Einspruch erhob, wurde mir bedeutet, *„Jésus El Señor* wurde in einem Stall geboren – oder etwa nicht?" Das war ein bezaubernder Gedanke, doch hielt mich der nicht davon ab, den Boden mit alten Säcken abzudecken, die ich draußen fand, insbesondere den Bereich unter Horneros und Jolgorios Hinterteil!

In den Außenbezirken von Trovolhue begegneten wir einer Frau auf dem Weg zum Einkaufen in der Stadt. Es war eine freundliche, pummelige Frau. In England hätte man sie sich auf der Fahrt zum Supermarkt gut hinterm Lenkrad eines Familienautos vorstellen können. Hier jedoch ritt sie – ihre drei kleinen Töchter hinter sich – einen prachtvollen Fuchshengst.

Die kleinen Mädchen kamen nicht mit ihren Schuhen zurecht, die zu groß waren und ihnen dauernd von den Füßen rutschten. Deshalb trotteten wir trotz Horneros Mißmut hinter ihnen her und sammelten die Schuhe jedesmal wieder auf. Wenn ich sie ihnen zurückreichte, lachten die Kinder entzückt auf, doch Mama und der Hengst nahmen kaum Notiz davon.

Trovolhue lag im Inland, in der Mitte eines von dunkelgrünen Bergen umschlossenen Tals. Das Städtchen machte den Eindruck einer Pionierstadt vor hundert Jahren an der Grenze zur Zivilisation. Wildwest lebt, und es geht ihm gut, dachte ich, als ich hineinritt. Nur, daß es ein bißchen in den Süden gerutscht ist.

Pferde standen vor der Bar, den Läden, dem Polizeiposten, ja sogar vor der kleinen Kirche angebunden. Die wenigen Leute, die ich zu Fuß unterwegs sah, schienen einer den Berittenen unendlich unterlegenen Spezies anzugehören. Ein Mensch mochte alt, kahlköpfig und gebrechlich sein, aber hoch zu Roß war er plötzlich ein ganz anderer und gewann an Größe.

Abgesehen von den Pferden sah man in Trovolhue auf der Straße nur noch die riesigen, von prächtigen Ochsengespannen gezogenen Baumfällerkarren. Einige dieser lebendigen Zugmaschinen waren vermutlich wegen ihres gewaltigen Gewichts und des entsprechend auf ihren Füßen lastenden Drucks mit Hufeisen beschlagen, die eigens für ihre Spalthufe ausgedacht waren.

Die Nacht verbrachten wir auf einer Weide, die einem alten Mann gehörte, der mir erzählte, sein Großvater sei ein aus Hamburg stammender Klavierbauer gewesen. Sein Meisterstück, ein besonders schöner Flügel, den er den ganzen Weg von Deutschland her mitgebracht habe, sei zusammen mit ihm vor Puerto Saavedra untergegangen, als er 1851 nach einem geeigneten Ort zum Siedeln gesucht habe. Beide seien gerettet worden, und das Instrument mußte immer noch wohlklingend genug gewesen sein, daß der Klavierbauer seine Kunst habe vorführen können; jedenfalls habe er die erste Klavierfabrik in Chile aufgebaut.

Dieser Großvater war achtundneunzigjährig gestorben, doch den alten Flügel gab es immer noch. Er stand auf drei Beinen in einer Wohnzimmerecke des alten Mannes.

„Ob er noch spielt, ist das Geheimnis des Flügels", sagte mein Gastgeber schließlich. „Seit Urgroßvaters Tod hat niemand es mehr anrühren dürfen."

Am nächsten Tag ging es weiter, zwischen den steil emporragenden Bergen hindurch, vorüber an Schuppentannenwäldern, deren Bäume sich ausnahmen, als wären sie aus Hunderten von englischen Vorgärten gestohlen worden, wo es doch umgekehrt war.

Von hier aus ritten wir über einen wunderschönen, von Weiden gesäumten Pfad, der am Ufer des Río Imperial entlangführte, in ein fruchtbar aussehendes Tal hinein. Flüsse haben immer einen besonderen Reiz auf mich ausgeübt. Deshalb rasteten wir für einen Tag in dem reizvollen, kurz vor der Brücke über den Imperial gelegenen Dorf Carahue, und ich konnte mich so banalen wie notwendigen Aufgaben wie dem Flicken von Zaumzeug und dem Wäschewaschen widmen. Am nächsten Morgen ritten wir schon früh weiter, über die Brücke hinweg aufs andere Ufer.

Es lag auf der Hand, daß in dieser Gegend kein Mensch etwas Sonderbares daran fand, daß ich mit zwei Pferden unterwegs war. Die Männer, die auf den Äckern arbeiteten, zogen wohl den Hut, wenn ich vorüberitt, und fragten höflich: *„Pasando?"* – „Auf der Durchreise?"

Das einzige, was sie ungewöhnlich fanden, war mein Packsattel. Kein Mensch in diesem Teil Chiles benutzte so etwas. Hier zog man es vor, mit dem Pferd im gestreckten Galopp bis zur nächsten Stadt oder zur nächsten Kneipe zu reiten. Entfernungen wurden nicht in Kilometern gemessen, sondern an den Stunden, die man brauchte, um sie zu Pferde zurückzulegen – eine Schätzung, die ich meines Gepäcks wegen verdoppeln mußte.

Die Sonne ging gerade unter, als wir den Damm erreichten, der über den Zufluß zum Budi-See, dem größten Salzwassersee Südamerikas, hinwegführte. In der kleinen Stadt Puerto Domínguez hoch am Ufer des Sees war Markttag gewesen. Dicht gedrängte Ochsenkarren waren als Silhouette vor dem Wasser zu erkennen. Das Wasser wiederum wirkte wie eine orangefarbene Erweiterung des Himmels; goldene Tupfer glänzten auf den kleinen Wellen. Ich hatte das Gefühl, nicht nur wieder in einer anderen chilenischen Stadt eingetroffen zu sein, sondern in einem anderen Zeitalter.

Als ich mich dem Stadtzentrum näherte, kamen drei kleine Mädchen auf mich zugelaufen, packten die Pferde bei den Zügeln und führten mich zu ihrem Vater. Er bot an, Hornero und Jolgorio in seinem Stall unterzustellen, wo sie mit einem guten Maß Hafer versorgt wurden, und ich wurde eingeladen, an einem, wie er sich ausdrückte, ganz besonderen Abendessen teilzunehmen.

Der Hauptbestandteil dieser Mahlzeit stolzierte kurze Zeit darauf auf den eigenen vier Beinen in die Küche und mauste gleich einen Kohlkopf vom Küchentisch. Der junge Mann, der das Schaf führte, streichelte und tätschelte es liebevoll, als er es fesselte. Dann nahm er am Hals des Tieres in der Nähe der Hauptschlagader behutsam die Wolle auseinander. Jemand reichte ihm eine Flasche, und er goß dem Tier einen guten Schluck von einem Getränk die Kehle hinunter, das aussah wie selbstgebrannter Schnaps. Nachdem er selbst auch einen tüchtigen Schluck genommen hatte, holte er sein Messer heraus.

Das Schaf schien überhaupt keine Angst zu haben, ja sich besonders wohl zu fühlen, insbesondere nach dem Schnaps. Ich selbst konnte es kaum ertragen hinzusehen. Ein rascher Schnitt, und alles war vorbei. Das kleine Hausmädchen der Familie eilte hinzu und goß eine Schale mit einer würzigen Flüssigkeit in die klaffende Wunde. Es sei wichtig, erklärte mein Gastgeber, dies zu tun, ehe die Reflexe aufhörten und das Tier nicht mehr zuckte; so jedoch könnten die Gewürze noch im Blut kreisen und das Fleisch würzen. Das jüngste Kind ließ sich währenddessen nicht dabei stören, eine Zeichnung für mein Tagebuch anzufertigen. Sie und die anderen Mädchen waren dem ganzen Vorgang mit einer Gleichgültigkeit gefolgt, die vielleicht nichts weiter war als das vollständige Fehlen von Heuchelei. Auf dem Lande im Süden Chiles liegen Hammelkeulen nicht einfach fein säuberlich aufgereiht in den Regalen von Supermärkten.

Wir waren jetzt nur noch zweihundertfünfzig Kilometer oder, wenn wir schnell ritten, eine Woche von Pargua entfernt. Dort wollte ich den schmalen Kanal von Chacao überqueren, um auf die Insel Chiloé zu gelangen.

Vom Hafen Chonchi wollte ich dann über den Golf von Ancud nach Chaitén übersetzen und von dort aus weiterreiten bis zur Inselwelt an der Südspitze Südamerikas, die in weiten Teilen noch völlig unerforscht ist.

Zunächst aber führte meine Reise mich durch die Seenplatte, die in den Reiseführern als schönster Teil Chiles beschrieben wird. Landeinwärts von mir lag Villarrica, Pucón, Pullinque, der Lago Riñihue, ein Paradies für Rucksackwanderer, von der Natur reichlich mit aufregenden schneebedeckten Vulkanen und Seen gesegnet, eine Region, die zunehmend zum blühenden Mittelpunkt der chilenischen Tourismusindustrie wird. Hier gab es dutzendweise Orte, die ich mit Freuden monate- oder sogar jahrelang erforscht hätte. Doch ich wagte nicht, von meiner Route abzuweichen. Noch immer hing der Schatten von Kap Horn über allem, was ich tat. Hielt ich mich nicht rigoros an einen Zeitplan, ritt ich nicht zielstrebig auf die Wildnis des Südens zu und ging nicht sparsam mit meiner Kraft, mit der Zeit und mit dem Geld um, würde ich nie hinkommen. Ich würde das Kap Horn nie wiedersehen.

Ursprünglich war vorgesehen gewesen, daß das ganze Abenteuer vier Monate dauerte. Anfangs hatte es so ausgesehen, als wäre das zu machen, wenn ich mit dem Zirkel die Landkarte hinuntergezogen war und Tagesmärsche von fünfzig Kilometern abgemessen hatte. Jetzt jedoch war ich bereits fünf Monate unterwegs, und der schwierige Teil des Unternehmens fing gerade erst an. Auch würden meine Mittel selbst bei sparsamster Lebensweise nicht für immer reichen. Die Gastfreundlichkeit der Chilenen hatte mich die ganze Strecke über überwältigt, aber es wäre unmoralisch und auch erniedrigend gewesen, ganz davon abzuhängen.

So mußte ich mich gegen jede Versuchung wappnen und im Eiltempo durch das Paradies hindurchziehen. Diesmal bestand das Geheimnis, schnell voranzukommen, darin, nicht allzu genau auf die Karte zu schauen und sich von herrlich klingenden Namen verlocken zu lassen. Ich kann ja immer wieder herkommen, sagte ich mir, obwohl ich nicht so recht daran glaubte. Jedenfalls stieß ich entschlossen weiter nach Süden vor, hielt mich an den Küstenbereich mit seinen kleinen Farmen und fern von den Fangarmen des Tourismus.

Wir kamen an Hualpin vorüber, wo Jolgorio fünfzehn Kilometer in der falschen Richtung davonlief, da ich mich beim Versuch zu fotografieren hatte ablenken lassen und ihm irgendwie der Führstrick unter den Schwanz geraten war. Nachdem ich ihn wieder eingefangen hatte, ritt ich an das Ufer des Hochwasser führenden Flusses Toltén, wo die Pferde das erste, wenig Vertrauen einflößende Fährfloß besteigen mußten, das sie jemals gesehen hatten.

In dieser Phase hatten sie immer noch ziemlich viel Angst vor dem Wasser, und nur das hielt sie davon ab, samt Traglast und allem über Bord zu springen; denn das wenig vertraueneinflößende Gefährt bebte und ächzte auf dem Weg zum anderen Ufer, wohin es allein durch die Strömung des Flusses und die Willenskraft eines alten Fährmanns mit einem zerbrochenen Paddel getrieben wurde.

Am nächsten Abend trafen wir in Nueva- oder „Neu"-Toltén ein. Den ersten Teil seines Namens hatte sich der Ort unter größten Mühen erworben, und wenn die kleine Ortschaft wie ein holländisches Dorf aussah, war das kein Zufall.

Wir stiegen die hügelige Küstenstraße hinauf, kamen durch Queule und ritten an den Vororten von Valdivia mit ihren üppigen, bis zum Brechen mit noch unreifen Früchten voll behangenen Apfelbäumen vorüber.

Südlich von Valdivia in Richtung La Unión und Río Bueno fiel mir eine Veränderung auf. Bei den Haustüren brauchte ich mich nicht mehr zu bücken, die Menschen waren größer und hatten eine hellere Haarfarbe, mehr so wie ich. Die tadellos bearbeiteten Äcker und die malerischen hölzernen Bauernhäuser hätten in Deutschland sein können, und in der Tat grüßten viele Bauern mich auf deutsch, als ich vorüberritt. Offenbar hielten sie mich für eine der ihren.

Das Einwanderungsgesetz von 1845 hatte viele deutsche 1848er als Siedler nach Südchile geführt. Den ersten 2500 folgten später weitere, besonders aus Bayern. Diesen *chilenos alemanes*, wie die anderen Chilenen sie nannten, wurden als Gegenleistung für ihr besonderes Können auf dem Gebiet der Landwirtschaft sowie überhaupt wegen ihres Fleißes und ihrer Fähigkeit, hart zu arbeiten, viele Vergünstigungen wie zinslose Darlehen und billiger Landerwerb zuteil, was alles zusammen dazu beitrug, den zwischen Valdivia und Puerto Montt liegenden Teil von Chile zu erschließen.

Chilenisches Weihnachten und deutsches Neujahr

Gerade rechtzeitig zu Weihnachten trafen wir in Osorno und damit in Comandante René Varas' berühmtem Gestüt für Springpferde ein. Wieder erwiesen meine Pferde sich für mich als ein Freischein für ein Erlebnis, das ich nicht gehabt hätte, wäre ich mit dem Auto unterwegs gewesen.

René Varas und sein berühmtes Pferd Quintral hatten 1972 bei den Olympischen Spielen in München eine Goldmedaille gewonnen. Diese Leistung ist um so bemerkenswerter, als René und sein Team den Schrecken einer dreiwöchigen Überfahrt von Chile über sich hatten ergehen lassen müssen, eine Zeit, in der die Pferde nicht hatten bewegt, geschweige denn trainiert werden können.

„Ich habe seit zwölf Jahren auf Sie gewartet", sagte er bei der Begrüßung. „Mit allem, was ich für Ihre Pferde tun kann, zahle ich nur ein wenig von dem zurück, was ich einem Inspektor Smith von der Königlichen Tierschutzvereinigung in Liverpool verdanke."

René erklärte, nach der Olympiade und anderen internationalen Wettkämpfen in Europa sei er in Liverpool gelandet. Das Schiff, das ihn nach Chile hätte zurückbringen sollen, hatte wegen des stürmischen Wetters Verspätung, und er hatte sich größte Sorgen um seine Pferde gemacht, da er nur noch ausreichend Futtergetreide und Heu für die Überfahrt selbst hatte besorgen können. Da sei Inspektor Smith ihm zu Hilfe gekommen und habe sich um die Tiere gekümmert, bis das Schiff endlich – mit fünfundzwanzig Tagen Verspätung – eingetroffen war. Das hatte René nie vergessen.

Er machte mich mit dem prachtvollen Quintral bekannt, der inzwischen sehr alt geworden war, aber zusammen mit einer Ziege, die er besonders liebte, in der luxuriösesten Box der Stallungen untergebracht war. Weihnachtsabend wurde ich zu einem Wettreiten der jungen Reiter eingeladen, die Renés Team bildeten. Der Stolz und das Geschick der *huasos* sowie ihr zuchtvolles, reiterisches Können waren noch vorhanden – hinzu kam Schauspringen im englischen Stil. Das Ergebnis dieser Verbindung zu beobachten, ließ mein Herz höher schlagen. Ich wünschte, ich hätte eine Filmkamera dabei, um interessierten Leuten daheim das Können dieser Reiter zeigen zu können. Noch besser freilich wäre es, wenn das chilenische Team in naher Zukunft England und Europa wieder besuchen würde. Traurig schüttelte René den Kopf bei diesem Gedanken. „Das ist der Traum eines jeden jungen Reiters hier“, sagte er. „Aber Reisen dieser Art werden immer teurer, und wir liegen so weit auseinander.“ Außerdem, erklärte er, sei es sehr schwierig, Pferde zu finden, die im internationalen oder olympischen Wettstreit mithalten könnten. Kosten und Entfernung machten es den meisten chilenischen Züchtern unmöglich, sich der besten vollblütigen Zuchthengste zu bedienen, denn diese stünden meistens in Übersee. Quintral sei einer unter zehntausend gewesen.

Später saß ich im Wohnzimmer der Familie Varas und war gerührt, daß auch für mich Geschenke unter dem Christbaum lagen, darunter ein wunderschönes silbernes Tablett. Mir bedeutete es sehr viel, Weihnachten im Kreis einer Familie zu verbringen. Ich dachte ständig an meine eigenen Kinder und hatte Angst, sie könnten mich vermissen – und ebensoviel Angst, sie könnten es vielleicht nicht tun!

Das Haus der Varas unterschied sich sehr von den heimeligen Holzhäusern, die sonst für diesen Teil Chiles typisch sind. Von außen sah es aus wie ein gewöhnlicher Bungalow aus Stein, wie man ihn überall auf der Welt findet. Drinnen jedoch war er ausgesprochen originell eingerichtet, ein Schrein für Renés Pferde, insbesondere für seinen geliebten Quintral. Ein fast lebensgroßes Foto des fabelhaften Pferdes bedeckte die Wand des Flurs, der zum Badezimmer führte, und davor waren andere Fotos, Pokale, Medaillen, Trophäen und Rosetten, die René in vielen Teilen der Welt gewonnen hatte, aufgebaut.

Den ersten Weihnachtstag verbrachte ich im Bikini im weichen Gras des Springplatzes und sah meinen Pferden zu, wie sie zufrieden zwischen den Hindernissen grasten. Drei Tage später ritt ich weiter und kam mir nackt vor, denn ich hatte mein Gepäck vorausgeschickt nach Pargua. Dies war die letzte Gelegenheit vor der Wildnis, Jolgorios Rücken zu entlasten. René hatte dafür gesorgt, daß ich den ganzen Weg bis Pargua immer bei Freunden übernachten konnte; trotzdem fühlte ich mich ohne mein Zelt heimatlos. Außerdem litt ich an einer Fülle von kleineren Mißgeschicken. Zwischen Weihnachten und Neujahr schaffte ich es, mir den Daumen zu brechen; meine Rippen fingen wieder an zu schmerzen; außerdem riß ich mir die Hand auf. Abgesehen davon ging alles gut, und Jolgorios Rücken tat diese zusätzliche Zeit der Entlastung ausgesprochen gut.

In Puerto Octay leistete Hornero sich etwas ganz Besonderes: er brannte durch, und zwar mit einer Braut im weißen Brautschleier. Dem Hochzeitszug waren wir am Ufer des Llanquihue-Sees begegnet, und die Braut hatte auf Horneros Rücken Platz genommen, um sich fotografieren zu lassen. Ihr weißer Schleier hatte ihn wohl scheu gemacht, jedenfalls galoppierte er mit der sich angstvoll an seinen Hals klammernden Braut davon, als ginge es um sein Leben. Glücklicherweise stellte sich heraus, daß sie eine gute Reiterin war, und ihr besorgter, frisch angetrauter Ehemann bekam sie unversehrt wieder.

Ich ritt weiter nach Quilanto und genoß unterwegs mehrere dicke Scheiben vom Hochzeitskuchen. In Quilanto erwarteten mich wieder berittene Carabineros, die mich in einem wahnsinnigen Galopp, der fast zu einem Rennen ausartete, bis in die schöne deutsche Stadt Frutillar begleiteten. „Señor Leslie erwartet Sie", sagten sie geheimnisvoll.

Frutillar war so ordentlich und schön, daß man meinte, sie nur mit Handschuhen anfassen zu dürfen, eine Stadt, in der der Schmutz bestimmt nicht erfunden worden war. Auf der einen Seite der Hauptstraße gingen das samtene Gras und die Blumen schöner Gärten in die tiefe abendliche Bläue des Llanquihue-Sees über, während auf der anderen Seite der Gipfel der Osorno die Häuser überragte. Der Berg schien in der Luft zu schweben, denn das einzige, das ich wirklich sah, war die weiße Kraterspitze. Auf der Vulkanseite der Straße lagen ein Museum, adrette, meist leuchtendblau gestrichene Holzhäuser sowie eine schöne, mit gelben Schindeln gedeckte Kirche mit einem eigentümlichen achteckigen Turm.

Señor Leslie, dessen Hof gleich hinter dem Ort lag, entpuppte sich als „Lucky" Edwin Leslie, dessen Ahnen aus Schottland kamen. Er und seine englische Frau Jane begrüßten mich und die Pferde auf das herzlichste. Sie hatten bereits über die Claro Liras versucht, Kontakt mit mir aufzunehmen, doch hatte ich deren Hacienda gerade kurz zuvor verlassen.

Jane lieh mir eines ihrer schönsten Party-Kleider, in dem ich mir ziemlich unbeholfen vorkam, da ich seit sehr langer Zeit nur Trainingsanzüge getragen hatte, und die Leslies nahmen mich mit auf eine Silvesterparty im deutschen Stil im *Gimnasio del Instituto* von Frutillar.

Die deutsche Begabung für Prunk, gepaart mit Gefühlsseligkeit, ergab zusammen mit der Begeisterungsfähigkeit der Chilenen einen kräftigen Cocktail, der ziemlich viel nostalgische Gefühle in mir weckte. Nach dem Abendessen fingen die jungen Leute an zu tanzen, während ihre Eltern – offenbar die Creme der Frutillarer Gesellschaft – von einer Gruppe zur anderen gingen, plauderten und mir höflich alles Gute wünschten.

Meine Gedanken gingen zurück zu dem kleinen Baby Rosita; zu der Frau mit den grünen Augen; zur Großzügigkeit der Hacienda Los Lingues; zu Erwin und seiner Frau Sara sowie zu allen anderen chilenischen Familien, die mich willkommen geheißen hatten. Bei allen war ich bei meiner Ankunft eine Wildfremde gewesen, und doch war man mir überall mit größter Freundlichkeit begegnet. Ich fragte mich, wie es ihnen wohl allen ging. Vor allem aber hätte ich gern gewußt, was sie daheim in Wales jetzt machten.

Endlich schlug es Mitternacht, und in der Halle ertönte eine deutsche Version des „Auld Lang Syne". Es war niemand da, den ich gern geküßt hätte. So hob ich statt dessen mein Glas, um meinen Kindern und denen, die ich liebte und die fast zwanzigtausend Kilometer von mir entfernt waren, zuzuprosten. Zugleich aber auch dem tapferen Hornero und Jolgorio, die auf einer von Edwins Koppeln Disteln fraßen – und auf das phantastische Jahr, das hinter mir lag. 1984 – das Jahr George Orwells und das Jahr des Pferdes!

Als ich mich am 2. Januar von den Leslies verabschiedete, hatte ich Edwins patagonische Wanderstiefel an den Füßen, die ihm gehört hatten, seit er als junger Schafzüchter unten im Feuerland gelebt hatte. Sie waren mir viel zu groß, und ich stolperte ständig, aber sie anzuhaben, vermittelte mir irgendwie das Gefühl, Patagonien näher zu sein.

Den ganzen Vormittag über ritt ich am Ufer des Sees entlang und kam auch am Dorf Llanquihue selbst vorüber. Als ich am Nachmittag in Puerto Varas eintraf, meinte ich, den Range-Rover, der mir dort entgegenkam, zu kennen. Auf jeden Fall jedoch kannte ich die Gesichter derer, die darin saßen: die von John und Jenny Hickman, die mir zum zweitenmal auf dieser Reise entgegenfuhren. Eine wunderbare Überraschung! Beim Tee erklärten sie, sie machten mit ihrer Familie Urlaub in dem nahe Osorno gelegenen Puyehue und müßten noch vor Dunkelwerden wieder dorthin zurück. Da sie beunruhigende Dinge über meinen Rippenbruch gehört hätten, wollten sie lieber persönlich nachsehen, wie es mir gehe, und so hätten sie sich in den Range-Rover gesetzt. Ihre Fürsorge rührte mich sehr.

Die Nacht verbrachte ich in einem großen, grün gestrichenen Holzhaus, das auf den See hinausblickte. Über dem verschneiten Krater des Vulkans ging gerade der Mond auf, und es sah unbeschreiblich schön aus. Das alte Ehepaar, das mir seine Gastfreundschaft bot, muß weit über achtzig gewesen sein; trotzdem hielten sie den ganzen Abend über Händchen. Nun, wenn es einen Ort auf Erden gab, wo man sich ewig jung und romantisch fühlen könnte, dann hier.

Vollmond über dem Meer

Zwei Tage später lag ich auf dem warmen, vom Wind bestrichenen Strand von Pargua, dem „Land's End" des eigentlichen, kontinentalen Chile. Es war unendlich friedlich hier. Die einzigen Lebewesen am Strand waren ein paar Robben und eine dicke Frau, die sich bis zum Hals im Sand vergraben hatte, um ihren Hexenschuß zu kurieren. Um mir einen Kugelschreiber von ihr zu leihen, mußte ich sie erst ausgraben.

Der Ort lud nicht gerade zu tiefsinnigen Gedanken ein, doch war ich mir bewußt, an einem Wendepunkt meiner Reise zu stehen. Was jetzt vor mir lag, war die Wildnis. Wozu ich mich auch immer entschloß, ich würde mich daran halten müssen, denn ein Zurück würde es nicht geben.

Tags zuvor war ich in Puerto Montt gewesen, dem malerischen Fischereihafen im nordischen Stil, der auf den Reloncaví-Sund hinausgeht und südlicher Endpunkt sowohl der Straße als auch der Eisenbahnlinie in Chile ist. Dort hatte ich mich sehr bemüht, Antworten auf meine Fragen zu bekommen, und das war alles andere als leicht gewesen.

Die am wenigsten beschwerliche Route den Archipel bis nach Feuerland hinunter wäre die, die durch die argentinischen Pampas führte. Oder zumindest könnte ich nach dorthin ausweichen, wenn es auf chilenischem Gebiet überhaupt nicht weiterging. Aber noch überschattete der Falkland-Krieg die Beziehungen zwischen England und Argentinien, und es war fraglich, ob die Argentinier mich überhaupt hineinlassen würden. Britische Geschäftsleute hatten es offenbar geschafft, gleich nach dem Krieg einzureisen, doch sei es, wie man mir sagte, nach wie vor praktisch unmöglich, ein ganz normales Touristenvisum für das Land zu bekommen. Es gab jedoch noch ein größeres Hindernis. Die Chilenische Landwirtschaftliche Gesellschaft informierte mich darüber, daß – da in Argentinien die Schweinepest herrsche, in Chile hingegen nicht – Hornero und Jolgorio bei jedem Grenzübertritt vierzig Tage in Quarantäne müßten. Auch bestünde

Gefahr, daß man mir die Wiedereinreise nach Chile grundsätzlich verwehrte. Obwohl Argentinien so verlockend nahe war – die Weiterreise konnte nicht über argentinisches Gebiet führen. Das erschwerte natürlich alles.

Zweierlei konnte ich tun. Ich konnte mit einer Fähre von Puerto Montt bis nach Punta Arenas fahren. Die Fahrt auf schmalen Wasserstraßen zwischen den Inseln des südlichen Archipels dauert ungefähr fünf Tage und stellt seit Jahrhunderten die einzige Verbindung zwischen den beiden Städten dar. Entschied ich mich dafür, konnte ich Kap Horn immer noch im Sommer erreichen, und im Sommer ist es viel leichter, dort zu landen, als im Herbst oder Winter. Auf diese Weise würde ich alle meine Versprechungen halten.

Die andere Möglichkeit bestand darin, auch den größten Teil der letzten Etappe wieder über Land zurückzulegen. Die erste Teilstrecke würde gewiß dadurch erleichtert, daß ein erst in jüngster Zeit fertiggestellter Trassenabschnitt vorhanden war. Danach jedoch müßten wir uns über Hunderte von Kilometern durch Landstriche hindurcharbeiten, die von Menschen noch völlig unberührt geblieben waren. Die Inselwelt des chilenischen Archipels gehört zu den stürmischsten und niederschlagsreichsten Gebieten der Erde. Die Landschaft wird bestimmt von Sümpfen und Morästen, undurchdringlichen Urwäldern, Eiskappen und tief eingeschnittenen Fjorden. Der ganze Archipel besteht aus einem Gewirr von unbewohnten Inseln, die nichs anderes sind als die Spitzen oder Gipfel gewaltiger Unterwassergebirge. Im *South American Handbook* wird diese Welt als ein „regelrechter topographischer Wahnsinn" bezeichnet.

Diese Reise konnte über fünf Monate dauern, und es bestand immer die Möglichkeit, daß wir niemals ankamen. Sollte ich den leichteren Weg wählen und damit gewährleisten, daß ich mein Ziel auch wirklich erreichte? Ich erinnerte mich, einmal geschrieben zu haben: „Ein Abenteuer ist nicht nur etwas Geographisches." Entschied ich mich für den Seeweg, würde die Expedition nicht mehr das sein, was ich mir ursprünglich vorgestellt hatte. Irgendwie war ich nach wie vor überzeugt, daß der Lohn dafür, Kap Horn wiederzusehen, in den Mühen lag, die es kosten würde, dorthin zu gelangen. Nahm ich die Fähre, würde ich mein Ziel erreichen und verfehlen zugleich.

Nach Einbruch der Dämmerung, auf dem Weg zu meinem Lagerplatz – mein Zelt hatte ich in Pargua wiederbekommen – wurde mir klar, daß ich gar keine Entscheidung zu treffen brauchte. Die Verlockung des Archipels war viel zu stark, die Chance, diese Inselwelt zu erforschen, würde sich mir nicht ein zweites Mal bieten. Die Leute bezeichneten sie als eine „unmögliche" Weltgegend, doch ich hatte schließlich geschrieben: „‚Unmöglich', bedeutete im allgemeinen nur ‚fast unmöglich' – und im ‚fast' liegt gerade das Abenteuer."

Ein von der Natur so hartnäckig abgeschirmter Landstrich muß schon etwas ganz Besonderes sein, der Lebensraum von Tieren und Pflanzen, die es in Freiheit sonst nirgendwo mehr auf der Welt gibt: Schwarzhalsschwäne, über fünftausend Jahre alte Bäume, Pumas, Silberfüchse, Albatrosse; die Niststätten des Kondors, Geheimnisse und wunderbare Träume. Mein Entschluß stand fest.

Am nächsten Tag überquerten die Pferde und ich den *Canal de Chacao* und landeten auf der Insel Chiloé, die berühmt ist für ihre Kirchen, für ihre Seefahrtsgeschichte und ihre abenteuerlustigen und wagemutigen Bewohner. Die Pferde und ich bekamen den größten Teil von Chiloé durch die Blätter belaubter Zweige zu sehen, die ich bei dem Versuch, die uns unbarmherzig verfolgenden, riesigen, orangefarbenen Fliegen abzuwehren, an meinem Hutrand und am Zaumzeug der Pferde feststeckte. Das Geheimnis bestand offenbar darin, ab und zu in vollem Galopp auszubrechen. Damit ließen wir unser unerwünschtes Gefolge eine Zeitlang hinter uns, doch holte es uns bald wieder ein.

Am 10. Januar, dem ersten Abend auf der Insel, erreichten wir Ancud, wo die berühmten *chalupas*, ohne Nägel, nur mit Holzdübeln gearbeitete Fischerboote gebaut wurden, die so ganz besonders gut für den tückischen Südpazifik geeignet sind. Obwohl es sich um offene, nur mit Rudern – oder bei günstigem Wind durch rohe, aus Mehlsäcken gearbeitete Segel – angetriebene Boote handelt, fahren die Chilotes immer noch zum Hochseefischfang damit aus, und diese Fahrten können manchmal Wochen dauern.

Von Ancud aus ritten wir bei wunderschönem Sonnenschein gen Süden. Bis auf die einzigartigen, verspielten und grellbunt gestrichenen Kirchen und kleinen Holzhäuser erinnerte die Landschaft ein bißchen an die weniger gepflegten Teile Englands. Da es ständig durch Riesengänseblümchen, Löwenzahn und üppige Rotkleewiesen ging, schienen Hornero und Jolgorio von Stunde zu Stunde mehr Fett anzusetzen. Ein Reiter, dem ich begegnete, meinte, meine Pferde seien viel zu fett. Das fand ich nicht, denn unsere Nahrungsversorgung war nie ganz gesichert. Wir waren durch die Atacama geritten. Jetzt lag der Archipel vor uns. Gut möglich, daß die Zeiten wieder härter wurden. Kamele haben Höcker, doch Hornero und Jolgorio, die Ärmsten, mußten ihre Nahrungsreserven irgendwo anders tragen!

Auf dem Weg nach Castro war mir übel vor Magenschmerzen. Jeder Hüpfer tat weh. Deshalb stieg ich vom Pferd und stolperte lieber zu Fuß über die staubige Straße. Die Pferde folgten mir geduldig. Nachdem ich mehrere Kilometer gelaufen war, kam ich an ein merkwürdig aussehendes Haus, das auf Stelzen am Rand eines kleinen Sees stand.

Beim Näherkommen verrieten die Klänge lustiger Lieder mehr als jedes beschriftete Schild, daß ich an eine jener Bars geraten war, die zwar keine geregelten Öffnungszeiten haben, dafür aber prall mit Leben erfüllt sind und – wenn ich nach meinen bisher in Chile gemachten Erfahrungen gehen konnte – jedem Fremden ein herzliches Willkommen bereiten. Ich kletterte mühsam die Leiter bis zu einer kleinen Veranda hinauf, von der aus die Tür ins Innere führt, und trat ein.

Der Empfang war genau so, wie ich ihn erwartet hatte, obwohl die Wirtsleute offensichtlich überrascht waren, jemand in ihre Kneipe hineinwanken zu sehen. Es waren alles Chilote-Indianer. Sofort wurden mir mehrere Stühle hingeschoben, und eine freundlich aussehende Frau hüllte mich in eine wunderschöne handgewebte Wolldecke. Die meisten Gäste waren ältere Leute, bis auf einen kleinen Jungen, der nicht älter als acht sein konnte, gleichwohl jedoch das Sagen in der Bar zu haben schien. Mit den Worten: „Das Feuer wird den Schmerz betäuben ...“, reichte er mir ein Glas.

Er hatte recht. Bald war ich wieder so weit auf dem Damm, daß ich den Geschichten der alten Männer lauschen konnte, wobei ich mich allerdings sehr anstrengen mußte, um ihr fremdartiges Spanisch zu verstehen. Fast alle von ihnen hatten Geschwister, Vettern und Kusinen oder Freunde, die ihre Familien bisweilen schon im zarten Alter von zehn Jahren mit dem erklärten Ziel verlassen hatten, Abenteuer und ein neues Leben in der Wildnis der Inselwelt zu suchen. Nein, sie seien nicht zurückgekehrt. Sie hätten sie seit zwanzig, dreißig, fünfzig Jahren nicht mehr gesehen ... Aber ja doch, sie seien bestimmt noch dort.

Ich dachte an die Reiseführer, die ich gelesen hatte und in denen es hieß: „Zwischen Puerto Montt und Punta Arenas gibt es nichts ...“ Und doch war da etwas! Längst, ehe irgend jemand sonst in Chile oder sonst in der Welt es gewagt hatte, daran zu denken, hatten die Chiloten sich in ihren kleinen offenen Booten aufgemacht, um dem südlichen Archipel die Stirn zu bieten. Der Pioniergeist dieser Menschen hatte etwas Ermutigendes.

Am nächsten Morgen fühlte ich mich vollständig wiederhergestellt und ritt weiter. Was mich diesmal verfolgte, waren Moskitos. Vielleicht schmeckte ihnen der Alkohol in meinem Blut.

★

Am 12. Januar ritt ich in Castro, der malerischen Hauptstadt von Chiloé, ein, wo die Pferde – typisch für die chilotische Gastfreundschaft – im Rosengarten des örtlichen Polizeichefs frei herumlaufen durften. Ich schickte ein Stoßgebet gen Himmel, sie möchten sich auf den Klee seines Rasens konzentrieren und nicht auf seine Rosen.

Zum Abendessen ging ich in eine der zahlreichen, ziemlich baufällig aussehenden Gaststätten unten am Hafen, die, wie es hier wohl üblich war, auf Stelzen ins Wasser hinaus gebaut worden waren. Hier gab es für den Gegenwert von sechzig Pfennig merkwürdig aussehende, bunt schillernde Fische, dazu Weißwein, der nur fünfzehn Pfennig das Glas kostete. Nicht nur die Pferde, auch ich stand im Klee!

Als ich etwas später an Verkaufsständen mit einer geradezu überwältigenden Auswahl an Wolltüchern, Ponchos, Pullovern und Socken vorüberkam, beschloß ich, den letzten meiner Reiseschecks für einen Poncho herzugeben. Ich brauchte bestimmt etwas, das mich wärmte in der bitteren Kälte und dem ungemütlichen Wetter, das mir, wie ich wohl wußte, bevorstand.

Am nächsten Tag ritt ich an einer Fülle von kleinen Buchten und Inseln vorüber bis zu dem kleinen Hafen Chonchi, wo ich hoffte, mit einer Fähre das auf dem Festland gelegene Chaitén zu erreichen. Die Stadt sah aus wie über einen Hügel ergossen, von dem es auf der einen Seite steil zum Hafen und auf der anderen zu einem kleinen, steinigen Strand hinunterging. Ein wenig vom Ufer entfernt schlug ich mein Zelt im Windschatten einiger gebeugter Bäume auf – für mich allein, wie ich dachte, doch zu Unrecht. In dieser Nacht wurde ich von einer Schar Graufüchse heimgesucht, die im Mondlicht gerade eben zu erkennen waren, wie sie scheu in mein Zelt hineinlugten, zurücksprangen, aber sogleich wieder näherschlichen. Dieses Spiel dauerte ein paar Stunden lang, wobei ich mucksmäuschenstill dalag, weil ich fürchtete, jede Bewegung würde sie verscheuchen.

Schweine, Katzen, Hunde – und jetzt auch noch Füchse! dachte ich. Ich sollte ein „Gästebuch für Tiere" anlegen. Das war eine der Freuden, in diesem kleinen grünen Zelt zu wohnen. Tiere schienen jede Furcht, die sie vor anderen menschlichen Behausungen hatten, zu verlieren und kamen ganz dicht bis an das Zelt heran – manchmal sogar herein.

Am Morgen führte ich die Pferde ins Wasser. Dann kümmerte ich mich um die Fahrkarten für die Fähre von Chonchi nach Chaitén, wobei ich zu meinem größten Erstaunen feststellte, daß ich mich hier – zum erstenmal auf meiner Reise – in einer Schlange von richtigen Touristen anstellen mußte. Das hätte ich hier nun am allerwenigsten erwartet. Offenbar wollten sie alle nach Chaitén. Teilstrecken der neuen Straße, der *Carretera Austral*, erschlossen ein Gebiet, das nie zuvor befahrbar gewesen war. Selbst von so weit wie Santiago eilten die Leute hierher, um einen Teil ihres Landes kennenzulernen, das bisher für sie verschlossen gewesen war. Wegen der vielen Autotouristen waren die Fährleute außerordentlich zögerlich, Hornero und Jolgorio an Bord zu nehmen. Ich mußte mir eine Sondererlaubnis einholen, und so gab man mir nach vielen Bitten erst am nächsten Donnerstag einen Fahrschein.

Am Abend vor der Abfahrt kam plötzlich ein Sturm auf. Das arme Zelt bebte und duckte sich wie unter Schlägen. Ich verwendete alle Schnüre, Seile und Stricke von den Halftern der Pferde, um das Zelt festzumachen. Ich sammelte in aller Eile Steine vom Strand, um einen Windschutz zu errichten. Die Pferde hatten für das Unwetter nicht das geringste Verständnis und rannten wie wild immer wieder um ihr Feld herum. Der Wind besaß eine Stärke, wie ich sie seit Jahren nicht mehr erlebt hatte. Am nächsten Morgen sah ich mir die Landkarte an. Jawohl! Wir befanden uns jetzt auf einer südlichen Breite von 42 Grad 40 Minuten, und der Sturm war ein Vorgeschmack gewesen auf das, was uns erwartete. Kap Horn rückte näher.

Sorgenkind Hornero

Als die Fähre sich in der Nähe von Chaitén dem Festland näherte, war ich überwältigt vom Anblick der riesigen Berge, die, so weit das Auge reichte, mit dem urtümlichsten und intensivst dunkelgrünen Wald bedeckt waren, den ich je gesehen hatte. Unfaßlich, daß ich zu Beginn meines Unternehmens über anderthalbtausend Kilometer durch dasselbe Land geritten sein sollte, in dem aber weder Baum noch Grashalm gewachsen waren. Das Wort Kontrast ist viel zuwenig dramatisch dafür. Chile besteht aus Zutaten, die Gott umzurühren vergessen hat.

Die kleine Stadt Chaitén stellt einen auffälligen Ruhepunkt inmitten des dramatischen Anblicks der Berge dar, ein Denkmal für die Pioniere der Jahrhundertwende. Saubere, wellblechgedeckte Holzhäuser klammerten sich vor dem Hintergrund der Wildnis an die Berghänge, doch Geruch und Gefühl des Regenwalds ringsum bestimmten jeden Atemzug.

In diesem Zipfel des Landes beschränkten sich Zivilisation und die Möglichkeit, sich fortzubewegen, auf eine rohe, nur zum Teil bereits fertiggestellte Straßentrasse, die stolz *Carretera Austral* genannt wird und mit Entschlossenheit und Dynamit aus dem Urwald herausgesprengt und in südlicher Richtung bis nach Coihaique vorangetrieben worden ist. Ich konnte es kaum erwarten, mich über diese geheimnisvolle Piste auf den Weg zu machen, und noch mehr reizte es mich, den Dschungel zu beiden Seiten zu erkunden und mein Lager jeden Abend an einem Ort aufzuschlagen, wo noch nie zuvor ein Mensch geschlafen hatte. Nach der Zwangspause des Auf-die-Fähre-Wartens in Chonchi und den ausgedehnten Verhandlungen, auch für die Pferde die Erlaubnis zum Übersetzen zu bekommen, fühlte ich mich wieder frei. Ich brauchte am nächsten Tag nur noch ein paar Vorräte einzukaufen und Hornero und Jolgorio zu satteln und zu beladen, dann konnte es losgehen. Doch es sollte anders kommen.

Zuerst ging alles ganz gut. Bei den Bewohnern von Chaitén handelte es sich um echte Pioniere. Schwierigkeiten und Schindereien lagen immer nur eine Handspanne weit entfernt, und die Gastfreundschaft, die sie mir bewiesen, hatte fast etwas Gewalttätiges. Ich hatte das Schiff kaum verlassen, da wurde ich von einer jungen Frau namens Naomi, der Enkelin des allerersten Siedlers von Chaitén, buchstäblich zu einem Essen und zu einem Bad fortgeschleppt. Und wieder bekamen die Pferde einen Garten zugewiesen, in dem sie sich vollfressen durften. Naomi und ihre jungen Freundinnen steckten mit Stecknadeln Photos von sich in mein Tagebuch. „Damit du uns aus England ein paar *gringos* schicken kannst!" wie sie mir erklärten.

Später traf ein alter Mann, ein Pferdepfleger, ein und bewunderte meine Pferde. Nachdem er ein Papier vorgewiesen hatte, mit dem er mir bewies, daß er einst in General Mendozas Sprungstall Dienst getan hatte, erbot er sich, sie neu zu beschlagen. Hornero schien hinterher unruhig und schlecht gelaunt, was ich jedoch auf seine überreizten Nerven schob, denn von den Bergen fegte unablässig ein heftiger Wind herunter.

In dieser Nacht kam es zu einem Gewitter mit gewaltigem Donner und Blitz, das über die Blechdächer der Stadt dahinzog und sie erleuchtete; die Wassermassen, die dabei herunterkamen, wirkten wirklich wie aus Kübeln geschüttet. Von Blitzen erleuchtet, wehten die Pferdeschweife in Regen und Wind, als die Tiere durch den Garten galoppierten und vor Angst wieherten. Es gelang mir, sie einzufangen, und ich rieb ein wenig Öl in ihr dünnes Sommerfell, um es wasserabstoßend zu machen, ein Trick, den ich von Dai Bowen hatte. Nachdem ich auch noch mein Überzelt geopfert hatte, um ihnen Regenponchos zu machen, ließ ich sie wieder laufen, weil ich dachte, so wären sie am sichersten und würden sich ausreichend bewegen, daß sie sich jedenfalls keine Lungenentzündung holten. Unter beschwichtigenden Versprechungen und Lügen rollte ich mich dann in meinem Zelt zusammen und überlegte, warum ich eigentlich so töricht gewesen war, sämtliche Schlafgelegenheiten auszuschlagen, die man mir geboten hatte. Zu wärmen versuchte ich mich dadurch, daß ich Bilder von der sengenden Sonne der Atacama heraufbeschwor oder auch nur von dem sonnigen Chiloé vor einer Woche.

Mitten in der Nacht wachte ich auf und stellte fest, daß mein Schlafsack sich mit Regen vollgesogen hatte wie ein Schwamm und das Zelt verschwunden war. Nachdem ich blindlings im Dunkeln herumgetappt war, entdeckte ich es schließlich in ein paar Bäumen am anderen Ende des Gartens. Im aufblitzenden Licht nahm es sich aus wie ein riesiger Mary-Poppins-Regenschirm. Ums Haar hätte es mich fortgetragen wie ein Fallschirm, als ich es herunterholte.

Danach versuchte ich, es mit extra langen und scharfen Heringen wieder zu verankern, doch einer von diesen sprang wie ein Bumerang aus dem steinigen Boden heraus, traf mich unmittelbar überm Auge und riß außerdem noch ein großes Loch in mein Zelt. Als endlich der Morgen heraufdämmerte, stellte ich fest, daß ich von einem unbeschreiblichen Chaos umgeben war. Die Pferde galoppierten immer noch im Kreis herum, blieben nur ab und zu stehen, keilten gegen den Sturm aus und ließen die Hufe fliegen, als könnten sie die Regenwände damit verscheuchen.

Ich holte meinen Fotoapparat aus einer Riesenpfütze heraus, die Tonbandkassetten aus einer anderen. Mein kleiner Sack Mehl war zu Brei geworden. Der Kassettenrecorder schwamm wie ein auf einem Rummelplatz gewonnener Goldfisch in einer regenwassergefüllten Plastiktüte. Nachdem ich ihn trockengerieben hatte, drückte ich optimistisch auf die *Play*-Taste, doch was hervorkam, war nichts weiter als ein ersterbendes Krächzen. All mein Hab und Gut war durch und durch naß, und ich selbst auch bis auf die Haut.

Vor dem Aufbrechen mußte ich meine Sachen aussortieren. Daß all meine neuen Freunde, die mir ein Bett und ein Dach überm Kopf angeboten hatten, sagten: „Siehst du, haben wir es dir nicht gesagt?", half überhaupt nichts. In den vor mir liegenden Wochen würde ich mich auch nicht hilfesuchend an sie wenden können. Ich mußte mich schlichtweg daran gewöhnen, von nun an durch einen Teil der Welt zu reiten, in dem es manchmal dreihundertvierzig Tage im Jahr regnete.

Doch all die kleinen Mißgeschicke der Nacht verblaßten, als ich die Pferde untersuchte und feststellte, daß Hornero schlimm auf dem rechten Vorderfuß lahmte. Der Pferdepfleger meinte, der Sturm müsse ihn derartig verängstigt haben, daß er sich beim Herumgaloppieren den Fuß vertreten hätte. Trotz des freundlich lächelnden Gesichtes schien Hornero den Mann nicht leiden zu mögen und legte jedesmal, wenn er sich näherte, die Ohren an. Das Pferd brauche nur drei Tage Ruhe, dann werde alles wieder in Ordnung sein, erklärte der Mann. Schweiß lief ihm zusammen mit dem Regen über das Gesicht, als er unter Mühen versuchte, dem Pferd die Hufeisen, die er gestern angenagelt hatte, wieder abzunehmen. „Das Viech ist ja störrisch wie ein *burro* – ein Esel", brummte er, als er endlich fertig war.

Seine Frau machte sich mehr Sorgen wegen der Platzwunde über meinem Auge. „Sie müssen ins Krankenhaus und die Wunde vernähen lassen", sagte sie. Doch bis dorthin schaffte ich es nicht. Ehe ich den Eingang von Chaiténs kleinem Krankenhaus erreichte, kam ein kleiner Junge hergelaufen, packte mich am Rand meines Ponchos und zerrte mich in eine Seitenstraße.

„Hier entlang, hier entlang", drängte er mich. „Die Hexe Mimi will Sie sehen." Das war eine Aufforderung, der ich nicht widerstehen konnte.

Mimi sah aus wie eine Figur aus einem Theaterstück. Strohgelbes Haar umrahmte in Strähnen ein altersloses Gesicht. Ihr Wohnzimmer war vollgestopft mit Geschenken ihrer dankbaren

Siedler in Chaitén

Kunden. Blätterbündel steckten hinter den Familienporträts an der Wand, über Hunden und Katzen aus Porzellan waren Haarlocken drapiert. Auf dem Kaminsims standen Kinderzeichnungen zuhauf.

„Meine Patienten können es sich oft nicht leisten, mich zu bezahlen", flüsterte sie, „aber geben wollen sie mir alle etwas. Ich verschreibe Kräuter und gebe ihnen ein paar gute Worte, da fühlen sie sich gleich besser. Manche Leute hier in Chaitén nennen mich eine Hexe, doch manchmal ist ein bißchen Zauberei ganz praktisch. Da ist Ihr Fall ein gutes Beispiel." Sie führte mich in ihre modern aussehende Küche, machte das Kühlfach ihres Eisschranks auf und holte drei rohe Steaks heraus.

„Legen Sie die auf die Platzwunde", wies sie mich an, „dann kommt es gar nicht erst zu einer Schwellung. Sie brauchen sich nicht nähen zu lassen, und von einer Narbe wird nichts zu sehen sein."

Die Steaks über meinem Auge, schlief ich an diesem Nachmittag ein und erwachte von einem bitterbösen Knurren vor dem Zelteingang. Der Hund des Pferdepflegers hockte da, und der Speichel floß ihm aus den Lefzen. Nach einiger Zeit gab ich den Kampf, bei dem Wille gegen Wille stand, auf und warf ihm das Fleisch zum Fraß hin. Mimis Zauber wirkte: das Auge schwoll nicht zu, und am nächsten Morgen ging es mir wesentlich besser. Dem armen Hornero leider nicht, der offenbar unter beträchtlichen Schmerzen litt. In Chaitén gab es nur wenige Medikamente für Pferde, so griff ich denn in den nächsten Tagen immer wieder auf meine eigenen Veterinärheilmittel zurück und gab dem Pferd entzündungshemmende und schmerzstillende Spritzen. Tage vergingen, und immer noch fühlte sich der Huf heiß an. Obwohl wir rasteten, schien es eher schlimmer zu werden als besser.

Der Pferdepfleger ließ sich nicht davon abbringen, alles deute darauf hin, daß Hornero sich während des Sturms verletzt hätte. Der örtliche Schmied meinte, das Ganze könne eine chronische Sehnenentzündung sein nach all den Tausenden von zurückgelegten Kilometern. Ein auf der Durchreise befindlicher Tierarzt wartete mit der düstersten Diagnose von allen auf: „Ich glaube, er hat sich einen kleinen Fußknochen gebrochen", sagte er. „Was für ein Jammer, daß Sie ihn nicht röntgen lassen können." Welche Diagnose auch immer stimmen mochte, fest stand, daß Hornero große Schmerzen litt und zum erstenmal auf der gesamten Reise den Kopf hängen ließ. Jolgorio wich seinem Freund nicht von der Seite und stupste ihn von Zeit zu Zeit mitfühlend an.

Ich war völlig verzweifelt. Wie hilflos ich mir vorkam, und wie sehr ich mich schämte! Ich erinnerte mich, welche Schwierigkeiten ich gehabt hatte, in der Atacama mit den Pferden zurechtzukommen: wie sie immer wieder versucht hatten wegzulaufen; wie ich sie im Sandsturm verloren hatte; wie argwöhnisch sie mir gegenüber gewesen waren, wie mißtrauisch. Und jetzt, nachdem ich ihnen mühevoll beigebracht hatte, mir zu vertrauen, konnte ich nichts für sie tun. Hornero wieherte jedesmal angstvoll, wenn ich seinem Gesichtsfeld entschwand, und die Hoffnung, die in seinen ausdrucksvollen Augen aufschimmerte, wenn ich wieder auftauchte, zerriß mir schier das Herz. Wenn ich nur wüßte, was los war!

Sehnsüchtig dachte ich an Erwin und die luxuriösen Stallungen der Carabineros mit all ihren veterinärtechnischen Einrichtungen. Pioniere aber können sich Gefühle nicht leisten. In der Wildnis sind Messer oder Kugel oft das einzige praktische Heilmittel für kranke Tiere. Es sei schließlich nur ein Pferd, sagten mir alle, nur ein Pferd!

Noch mehr Tage vergingen, und selbst die herzensgute Naomi fing an zu fragen, warum ich Hornero nicht einfach zurückließ und mir ein anderes Pferd nahm. Ihr Besitzer, deutete sie an, müsse sich über das Risiko, auf einem solchen Unternehmen wie dem meinen eines oder beide Pferde zu verlieren, völlig im klaren gewesen sein.

Ich beschloß, mein Lager ans Meer zu verlegen. Den Huf im Wasser zu kühlen, konnte dem Pferd nur guttun. Die Leute aus der Stadt sagten, das sei heller Wahnsinn, denn am Strand wimmele es nur so von Landstreichern, Obdachlosen und Spitzbuben. Ich selbst machte mir mehr des Windes wegen Sorgen. Deshalb zurrte ich das Zelt zwischen zwei windgebeugten Bäumen und einem aufgegebenen, nicht mehr fahrtüchtigen Fischerboot in Ufernähe fest. Im Rumpf des Schiffes klaffte ein riesiges Loch – groß genug, wie ich meinte, um Hornero und Jolgorio hindurchzuführen. Ich machte mich daran, das Schiffsinnere zu säubern, lose Planken herauszubrechen, alles Spitze mit dem Hammer plattzuklopfen und eine dicke Schicht sauberen Silbersandes hineinzuschaffen. Eine Stunde später machten die Pferde es sich in ihrem neuen Stall bequem und kauten glücklich an einem Stoß frischgepflückter Bambusblätter. Später verlegte ich auch das Zelt ins Schiffsinnere und freute mich mächtig, als ich draußen den Regen gegen die Schiffswand trommeln hörte. Noah hat schon gewußt, was er tat!

Im Laufe des Nachmittags besserte sich das Wetter, und ich konnte Hornero zum Schwimmen hinausführen. Als er wie in Zeitlupe unter Wasser mit den Beinen ruderte, ohne das Gewicht seines Körpers auf dem armen Huf zu spüren, keimte neue Hoffnung in mir auf. Schwärme winziger Fische schossen um seinen Schwanz herum. Die Dämmerung kam, und zum erstenmal seit einer Woche ließ sich die Sonne blicken, ein riesiger orangefarbener Ball, der hinterm Horizont versank. Ich sattelte Jolgorio und unternahm einen letzten Ritt den Strand entlang, um Treibholz zu sammeln. Als ich zurückkehrte, brannte vor dem Schiffsrumpf bereits ein Lagerfeuer. Eine Gruppe sehr alter Männer saß in zerrissenen Ponchos drum herum und rührte in einem Kochtopf.

„*Hola*", grüßte ich nervös.

Mit leuchtenden Augen in ihren schmalen Gesichtern blickten sie auf und rückten beiseite, um am Feuer Platz für mich zu machen. Einer von ihnen reichte mir einen Teller mit einem Gericht, das sich als aus Fisch und Kartoffeln bestehender Eintopf entpuppte. Die Warnungen der Städter fielen mir ein. Aber Angst ist eine Sache des Instinkts, und ich hatte kein bißchen Angst vor diesen alten Männern.

„Wir haben von Ihrem Mißgeschick gehört", erklärte einer von ihnen, „und sind gekommen, um uns um Sie zu kümmern – denn Sie sind eine Vagabundin wie wir, eine *pata de perra.*" Aus seinem Munde klang es wie das größte Kompliment.

Im Rumpfinneren waren mein Schlafsack und all meine Kleider sorgfältig zum Trocknen aufgehängt worden, und Hornero hatte einen neuen Haufen Blätter vorgelegt bekommen. Außerdem hatten sie eine Art Fangopackung für seinen Fuß gemacht.

Im Laufe der nächsten Woche brachten mir diese freundlichen alten Männer, die offensichtlich alle in kleinen Hütten am Meeresufer lebten, bei, wie man Fische trocknet und Tang kocht. Wie man seine Kleidung gegen das Wetter ölt. Wie man selbst bei Regen ein gutes Feuer baut. Begeistert beklatschten sie meine ersten unbeholfenen Versuche, all diese Dinge selber zu machen, und Abend für Abend saßen wir um das Feuer herum, aßen unseren Fisch und tranken *mate* oder Rotwein, und sie konnten sich nicht genugtun über ihren Schützling, ihre ganz besondre *gringa.* Beim Reden erfuhr ich ein bißchen mehr von ihnen und was für ungewöhnliche Schicksale sie hatten, einer wie der andere.

Da war zum Beispiel José Miguel, dem beim Bäumefällen weiter im Süden beide Beine von einem herabstürzenden Baumstamm zerschmettert worden waren. Einigermaßen wiederhergestellt, war er über zweihundert Kilometer nach Norden zurückgerudert, nach Chaitén, und hatte sich nach Arbeit umgesehen. Jetzt fuhr er auf einem kleinen, selbstentworfenen, rollenbesetzten Brett umher und verdiente sich seinen Lebensunterhalt, indem er aus Treibholz Tiere für die Touristen schnitzte.

Der neunzigjährige Emmanuel López erzählte, wie er vor einem Vierteljahrhundert von einer Gefängnisinsel in der Südprovinz Magallanes geflohen war, in der er eine lebenslängliche Haftstrafe für einen Mord verbüßen sollte, den er nicht begangen hatte. Vor kurzem erst war er aus einem Altersheim in Chaitén ausgerissen. „Ich muß den freien Himmel über mir haben", erklärte er fast kläglich. „Eingesperrtsein ist schlimmer als alles andere, was einem Menschen widerfahren kann."

Arturo war ein alter Kap Horner, der nach einem Sturz vom Mast eines der letzten großen Handelssegler einen verkrümmten Rücken zurückbehalten hatte. Arturo erzählte mir, daß er einst mit der neunschwänzigen Katze ausgepeitscht worden sei, weil er die Mannschaft zur Meuterei gegen einen korrupten Kapitän aufgewiegelt hatte.

Noch eine Woche verging, doch Horneros Fuß wurde nicht besser. „Es kann überhaupt kein Zweifel mehr bestehen, daß er sich einen Knochen gebrochen hat“, erklärte der alte Pferdepfleger. Gerade in diesem Augenblick kam ein Landstreicher herbeigehumpelt, den ich bisher noch nicht gesehen hatte. Er war ziemlich betrunken, ließ sich gegen Horneros Flanke fallen, um sich abzustützen, hob dann behutsam seinen Huf und untersuchte ihn.,

„No, no, señor“, erklärte er dem Pferdepfleger. „Dem Pferd fehlt nichts weiter, als daß es mit einem Nagel verletzt worden ist.“

„Dummer Alter!“ schimpfte der Pferdepfleger samt seinen Freunden und versetzte dem Betrunkenen einen Stoß. „Am besten ist es, Sie geben Ihrem Pferd eine Kugel“, wandten sie sich an mich. „Wir verkaufen Ihnen ein anderes.“

Ich faßte den Pfleger genauer ins Auge. Trotz der nichtssagenden Miene und dem Lächeln, das er aufgesetzt hatte, entdeckte ich in seinen Augen einen Ausdruck, der entweder Schuldbewußtsein oder Angst verriet.

Der Wind, der sintflutartige Regen und das Gewitter hatten mich nur abgelenkt. Ich erinnerte mich an die Abneigung, die Hornero gegen diesen Mann hegte, wie unruhig er beim Beschlagen gewesen war, und an seine Nervosität hinterher. Auch daran, wie überstürzt der Mann Hornero das Hufeisen wieder abgenommen hatte, nachdem er lahmte. Ich hob den Huf auf und untersuchte ihn wohl zum hundertstenmal. Wie gewöhnlich kein Anzeichen für irgend etwas, keinerlei Beweis. Des Risikos bewußt, daß jeder Fehler von meiner Seite den Schaden nur noch vergrößern konnte, holte ich mein Messer heraus und schnitt den Rand des Hufes bis zu der empfindlichen Stelle weg – und da war es, ein kleines, schwärendes Nagelloch. Kein Nagel mehr, versteht sich, nur ein sekundenschneller Piekser, der Schaden fast nicht festzustellen – und doch etwas, das Tod und Leben für Hornero bedeuten konnte.

Als ich wieder aufblickte, war der Pferdepfleger verschwunden. Mir ging auf, daß er sich die ganze Zeit über darüber im klaren gewesen war, was mit Hornero los war.

Vor einer Woche hatte unser Mißgeschick einen der Touristen dermaßen gerührt, daß er versprochen hatte, auf der Rückfahrt nach Santiago ein Paket mit einem Serum gegen Entzündungen und einer Heilsalbe zu schicken. In dickes grünes Papier eingewikkelt, war das Paket angekommen; die Adresse lautete: *La Loca Gringa, Chaitén* – an die verrückte Ausländerin in Chaitén. Hätte das Pferd mir nur sagen können, was los war, hätte mein guter Samariter Antibiotika schicken können, und Hornero wäre inzwischen wieder gesund. Doch die Schuld trug ich allein. Ich hätte merken müssen, wie der Pferdepfleger bei seiner Arbeit geschwitzt hatte. Daß er alt und ungeschickt gewesen war. Daß sein Werkzeug schon ein kleines bißchen Rost angesetzt hatte. Daß die Karte, die er vorgewiesen und auf der es geheißen hatte, er sei ein guter Schmied und Pferdepfleger, abgegriffen und vergilbt gewesen war.

Mein kleiner Penicillinvorrat würde nicht lange reichen. Höchst widerwillig überließ das Hospital mir gegen Bezahlung ein wenig für Menschen bestimmtes Streptomyzin. Immerhin brauchte ich zehn von den winzigen Ampullen, um eine Dosis für Hornero aufzuziehen. Es hatte keinen Sinn zu versuchen, General Mendoza um Hilfe zu bitten. Es gab Polizisten hier, und sie waren durchaus freundlich, aber Chaitén war womöglich noch abgelegener als Chiloé, und ich befand mich bereits zu weit jenseits der Grenze der Zivilisation, um eine Botschaft durchzubekommen. Außerdem hatte in Chaitén nicht die Polizei das Sagen, sondern das Militär, das von Präsident Pinochet beauftragt worden war, die neue Straße zu bauen. Es gab keine andere Möglichkeit, als den Versuch zu machen, die rund sechzig Kilometer entfernte Kavallerie-Schwadron in Santa Lucía zu erreichen. Dort gab es bestimmt einen guten Tierarzt. Doch ob Hornero es schaffte?

Ich konnte es zumindest versuchen, ehe die Entzündung sich noch verschlimmerte. Ich schaffte es, drei seiner Hufe zu beschlagen. Das Problem war der entzündete Huf, denn jeder warnte mich, die frisch in den Felsen gesprengte Trasse nach Santa Lucía sei voll von spitzen Steinsplittern. Da hatte Arturo, der Kap Horner, eine Idee. „Wir werden deinem Pferd einen Mokassin verpassen", verkündete er und machte sich mit seinem Messer ans Werk.

Als die Nacht vorbei war, hatten sie ihm einen Überschuh gebastelt. Die Seitenteile bestanden aus einem meiner Baumwollhemden und waren mit Watte ausgestopft, die ich wiederum in den vielen Flüssen, die wir überqueren mußten, mit Wasser tränken konnte, um den Huf zu kühlen. Die Sohle bestand aus dickem Gummi, um den Huf gegen die Steine zu schützen.

Am nächsten Morgen sagte ich meinen Freunden Lebewohl und verließ Chaitén. Sobald wir die Stadt hinter uns hatten, tauchte die Straße in den Urwald ein. Nicht einmal meine Angst um Hornero konnte mein ehrfürchtiges Staunen vor der dramatischen Landschaft verdrängen. Große Berge erhoben sich nur wenige Meter seitlich von dem schmalen Weg aus dem Untergrund des undurchdringlichen Urwalds. Die Felswände waren so steil, daß die sich daran festklammernden Bäume manchmal im rechten Winkel dazu hervorwuchsen.

Dies war die *Carretera Austral,* die erste Landverbindung zwischen Chaitén und Santa Lucía. Trotz der enormen Baukosten – zwischen 80 000 und 160 000 Dollar pro Kilometer – war sie immer noch nicht mehr als eine steinige, rohe Trasse. Der Urwald, durch den die Straße hindurchführte, war so dicht gewesen, daß die Breschen mit roher Gewalt unter Verwendung von Macheten, Kettensägen und Dynamit hineingeschlagen werden mußten. Obwohl frisch abgesprengte Felsen den augenfälligen Beweis bildeten, daß es sie gab, kam mir die Straße nicht wirklich vor. Sie schien nicht zu dieser Wildnis zu gehören, sondern nur eine

Illusion zu sein, die einer Landschaft aufgepappt worden war, die kein Mensch jemals würde wirklich ändern können.

Tapfer humpelte Hornero daher, und wir kamen trotz der vielen Wasserläufe, die wir überqueren mußten, weit schneller voran, als ich gedacht hatte. Jetzt, wo wir wieder unterwegs waren, verflog meine Niedergeschlagenheit, und ich faßte auch neuen Mut. Irgendwie schienen die Mächte dort droben wieder auf unserer Seite zu sein. Selbst der Regen hörte eine Zeitlang auf. Zum erstenmal seit vielen Tagen konnte ich wieder die Berggipfel sehen.

Wir kamen durchs Yelcho-Tal, ritten an Puerto Cardenas vorüber und erreichten kurz nach Einbruch der Dunkelheit des zweiten Tages den Yelcho-See, den wir schon nach Einbruch der Dunkelheit auf einem Floß überquerten. „Du brauchst nichts weiter zu tun, als weiterzugehen", sagte ich Hornero immer wieder. „Und das ist deine einzige Chance. Bald wird alles beser sein. Das verspreche ich dir. Das verspreche ich dir ..."

Drei Tage später erreichten wir endlich die winzige Siedlung Villa Santa Lucía. Verschneite Gletscher erhoben sich über dem Wald, der sich ausnahm wie eine wilde, ungepflegte Mähne, die nie gestutzt, geschweige denn gekämmt wurde, wild und zerzaust, voller abgestorbener Bäume und abgebrochener Äste. Die Ansammlung kleiner Hütten und Häuser inmitten all dieser Wildnis wollte gar nicht richtig hierher passen. Vor der Kulisse der Berge ragten weiße Wachtürme über dem Eingang von etwas auf, das aussah wie ein Wüstenfort der Fremdenlegion. Das war unser Ziel, das Hauptquartier der in Villa Santa Lucía stationierten Kavallerie-Schwadron.

Ziemlich nervös ritt ich auf das eindrucksvoll aussehende Gebäude zu und hielt die Köpfe der Pferde dicht bei mir, als gälte es, mir Unterstützung von ihnen zu holen. Dann meldete ich mich bei den Wachtposten und verlangte, den Kommandeur zu sprechen.

Wir wurden sehr herzlich willkommen geheißen. Als erstes kümmerte man sich um die Pferde, die in einen brandneuen Stall hineingeführt wurden und Heu und Kraftfutter vorgesetzt bekamen. Den Boden bildete eine Schicht frisches, sauberes Stroh. Jolgorio beherrschte augenblicklich die Situation und schnappte mutig nach dem großen Kavalleriepferd nebenan, als dieses allzusehr an seinem Futter interessiert schien. Fressen löst die meisten Probleme, lautete seine Philosophie, und er machte sich daran, diese in die Tat umzusetzen.

„Der Grauschimmel ist von einem Hufnagel verletzt worden", sagte der Schwadronsveterinär, kaum daß er sich Horneros Huf angesehen hatte. Dann erklärte er mir, hätte ich mich nicht bis nach Santa Lucía durchgeschlagen und wäre die Behandlung mit schweren Antibiotika noch länger hinausgezögert worden, hätte das Pferd das gesamte Hufhorn verloren und wäre für die nächsten anderthalb Jahre zu nichts zu gebrauchen gewesen.

„Aber keine Bange", fügte er hinzu, als er mein erschrockenes Gesicht sah, „wir werden das hier schon in Ordnung bringen."

Der Kommandeur der Kaserne bestätigte, die Pferde könnten ohne weiteres so lange in seinen Stallungen bleiben, bis Hornero wieder gesund sei. „Es gibt nur ein Problem, *un problema*", fügte er zögernd und mit einigermaßen verlegener Miene hinzu. „Das hier ist ein reines Männerunternehmen . . ., aber Sie können die Pferde natürlich besuchen, so oft Sie wollen."

Ich erklärte ihm, daß ich, wenn möglich, immer versuchte, in meinem Zelt zu leben, in dem ich mich durchaus wohl fühlte. Das stimmte nicht ganz. Mein Lager am Ufer des Río Frió war zwar sehr malerisch und das Wetter plötzlich wesentlich wärmer als bisher; trotzdem gestalteten sich die nächsten Wochen sehr schwierig.

Wie gewöhnlich war das einzig und allein wieder meine Schuld. Das Problem war das aufgeweichte Bündel von Reiseschecks, das unten auf dem Boden eines meiner grünen Rucksäcke lag. Solange ich in Puerto Montt und damit in der Welt der Banken gewesen war, hatte ich an einen Notfall wie Horneros Fuß nicht gedacht, und nun hatte ich nicht genug Geld eingelöst. Das Leben in Chaitén sowie die verschiedenen Heilmittel für mein Pferd waren ziemlich teuer gewesen; außerdem hatte ich dort weit mehr Zeit zugebracht als ursprünglich vorgesehen. Und dort wie hier in Santa Lucía war es leichter, einen Stein zu Geld zu machen, als einen Scheck der *Barclay's Bank* einzulösen.

Ich konnte es nicht über mich bringen, die Soldaten um noch mehr Hilfe zu bitten. Die Vorstellung, daß der kleine Jolgorio sich mit Kraftfutter vollstopfte und Hornero von einem freundlichen und sachkundigen Veterinär endlich die Behandlung erfuhr, die er so dringend nötig hatte, tröstete mich jeden Abend, wenn ich mich in meinem Schlafsack zusammenrollte. Die Schwadron tat mehr als genug. Infolgedessen war ich bald mit einer Reihe von interessanten, wenn auch tollkühnen Experimenten beschäftigt.

Vor dem Hunger fürchtete ich mich nicht. Bei meiner Transatlantiküberquerung mit der *Fiesta Girl* war das Boot viel zu klein gewesen, um genügend Vorräte für die siebzig Tage an Bord zu nehmen, die die Fahrt schließlich gedauert hatte. Schon eine Woche vor Eintreffen in New York hatte ich überhaupt nichts mehr zu essen gehabt. Richtig geschadet hatte mir das aber nicht. So beschloß ich jetzt, von dem zu leben, was das Land mir zu bieten hatte, und die Flußufer nach Eßbarem abzusuchen. Womit konnte ich mich vergiften und womit nicht? Jetzt wünschte ich, ein Überlebenstraining mitgemacht zu haben. Ich wußte ja nicht einmal, wie lange ich in Santa Lucía bleiben mußte. Selbst nachdem Hornero wieder gesund geworden war, würde ich mindestens noch zwei Wochen brauchen, ehe ich Coihaique erreichte, wo ich einen Scheck einlösen konnte. Dieser Ritt konnte hart werden, und ich fand es gut, mich schon mal daran zu gewöhnen.

Sätze aus einem Überlebenshandbuch, das ich einmal gelesen hatte, fielen mir wieder ein: „Die meisten Samen sind gekocht eßbar. Die meisten Wurzeln sind gekocht eßbar. Die meisten Beeren von blauer Farbe sind eßbar. Vorsicht ist bei allen Pflanzen geboten, deren Teile an den Bruchstellen einen milchigen Saft absondern. Aufgepaßt bei Pflanzen oder Pilzen, die man nicht kennt. Alles, was schwimmt, kreucht und fleucht, hat eßbare Muskelteile." Igitt, dachte ich und begnügte mich vorerst damit, Löwenzahnblätter zu pflücken, von denen ich wußte, daß manche Leute Salat daraus bereiteten. Außerdem versuchte ich mich zu erinnern, was die Pferde unterwegs für gewöhnlich fraßen – und es ihnen nachzumachen.

Auch mit dem Angeln versuchte ich es, doch die meisten Fische des Río Frió hatten kürzlich erfolgte Sprengungen vertrieben. Ich versuchte es mit Fallenstellen, doch das einzige, was ich fing, war ein altes Huhn, das ich voller Scham den armen Siedlern zurückgab, denen es gehörte. Der einzige wirkliche Erfolg für mich bestand in der Entdeckung eines Strauchs mit reifen wilden Himbeeren. Doch damit kam ich nicht weit. Schließlich gab ich die letzten paar Pesos, die ich in der Tasche hatte, in einem wackeligen Dorfladen für eine Tüte Mehl aus, wovon ich die Hälfte für den Ritt nach Coihaique beiseite legte. Danach ernährte ich mich fast ausschließlich von Löwenzahnklößen. Dabei fühlte ich mich durchaus wohl, was aber vielleicht daran lag, daß meine Hoffnungen wieder keimten, denn Hornero ging es von Tag zu Tag besser.

Am 9. Februar ritt ich mit Hornero einen Berg hinauf, um ihn zu testen. Er schien dem, was ihm abgefordert wurde, gewachsen und gesund zu sein. Aber die Reise zwischen Santa Lucía und Coihaique würde, das wußte ich, sehr strapaziös werden. So sah ich mir das Pferd an und versuchte herauszufinden, wie es sich fühlte. Ob es wohl weitermachen wollte? Oder sollte ich es zurückschicken auf die Hacienda und allein mit Jolgorio weiterziehen?

Eine einfache Art, Brötchen zu backen

Bei unserer Rückkehr zu den Schwadronsstallungen vernachlässigte Jolgorio entgegen seiner sonstigen Gewohnheit das Futter und stieg und wieherte. Offenbar hatte er befürchtet, er wäre derjenige, der zurückgelassen würde. Das half mir, mich zu einem Entschluß durchzuringen. „Wir bleiben zusammen!" erklärte ich den Pferden. Doch nahm ich mir vor, Hornero nur seinen Sattel tragen zu lassen. Ich selbst würde marschieren. Ich wollte nicht Gefahr laufen, daß er den Fuß überanstrengte, indem ich ihn zu früh ritt. In der Gesundheit dieses einen Hufs lagen alle meine Hoffnungen und Träume. Dieser Huf entschied unsere Zukunft!

Endlich, am 13. Februar, gab Don Luís, der Kavallerieveterinär, sein Okay zum Weiterreiten. Marcelo Hernández, der Schwadronskommandeur, und nicht weniger als ein Dutzend junger

Soldaten halfen mir, Jolgorio zu beladen, und steuerten Vorräte von Kaffee, Zucker, Öl, Trockenfleisch und Mehl als Geschenk bei. Sie wußten wohl gar nicht, was das für mich bedeutete. Wir würden den Ritt nun weit besser überstehen als angenommen. Dann machten wir uns auf den langen, langen Weg nach Coihaique, wobei ich voranging und Jolgorio am Führstrick führte, während Hornero flott hinterherkam.

Trotz der Tatsache, daß ich, kaum daß ich mich zum Mittagessen niederließ, von drei Moskitos und mehreren Blutegeln angefallen wurde – was mich lehrte, mich nie wieder mit nackten Beinen irgendwo hinzusetzen –, war ich wieder im siebten Himmel. Horneros Huf blieb den ganzen Vormittag über kühl und gesund. Das Niemandsland zwischen Erfolg und Mißerfolg schien endlich hinter uns zu liegen. Die Expedition war wieder im Gange. Vielleicht, dachte ich, schaffen wir es doch noch bis Kap Horn.

Hoher Besuch im Regenwald

Durch mein Zelt hatte ich die ganze Reise über immer neue Freunde gewonnen. Die Reichen hatten es für einen Jux gehalten, die Armen sich darin zu Hause gefühlt, weil es als Unterschlupf immer noch bescheidener war als die kleinste Bretterbude, in der sie hausten. Kinder hatten darin gespielt. Hühner, Schweine, Füchse und eine Eule mit gebrochenem Flügel, ein kleines Kalb und eine Vielzahl von Katzen und Hunden hatten sich zu den unterschiedlichsten Zeiten als Gäste darin eingefunden. Der prachtvollste Besucher jedoch, den ich je hatte, tauchte in der ersten Nacht nach unserem Abritt von Santa Lucía auf.

Den ganzen Tag über hatte es geregnet und geregnet. Um den Wassermassen, die vom Himmel herunterstürzten, zu entgehen, hatte ich mir mit der Machete einen Pfad in die relative Geborgenheit des Urwalds hineingeschlagen, und als es dämmerte, hatte ich mein Zelt an einer Stelle aufgeschlagen, wo die Vegetation so dicht wucherte, daß ich den Himmel über uns nicht mehr sehen konnte. Trotzdem war unser Lager immer noch sehr feucht und unbequem, und die Pferde, die ich in der Nähe an tiefhängenden Ästen angehalftert hatte, schienen nervös und machten nicht gerade einen glücklichen Eindruck. Ich merkte ihnen an, daß ihnen der Luxus der Kavallerieställe fehlte. Trotzdem war ich bald eingeschlafen. Damit hatte ich selten Probleme, egal, wie unbequem es auch war.

Ein leises Geräusch in meinem Zelt riß mich mitten in der Nacht aus dem Schlaf. Als ich mich umdrehte, blickte ich in zwei große orangefarbene Augen. Als meine eigenen Augen sich an das Dunkel gewöhnt hatten, erkannte ich die Umrisse einer offenbar riesigen Katze. Sie war etwa einen Meter zwanzig lang – und hatte damit, wie mir unvermittelt aufging, die Ausmaße eines Pumas.

Ein Puma! Mir schwamm der Kopf vor Aufregung, und es war wirklich mehr Aufregung als Angst. Ich verkrallte mich am Rand meines Schlafsacks und versuchte, mich mucksmäuschenstill zu verhalten und mich nicht zu rühren. Alles, was ich je über Pumas gehört hatte, schoß mir durch den Kopf. Von Mythen und Legenden einmal abgesehen, schien es in Südamerika über kein Tier mehr Geschichten zu geben als über den Puma. Die Mapuche-Indianer bewunderten den *pangui,* wie sie ihn nannten, wegen seiner Intelligenz und seiner Kraft. Die argentinischen Gauchos maßen den Mut des Pumas daran, daß er es mit dem weit größeren Jaguar aufnahm und ihn nicht selten tötete. Aber es gab auch Geschichten über Pumas, in denen sie regelrecht Tränen vergossen, wenn sie von menschlichen Jägern in die Enge getrieben wurden, und daß sie sich weigerten, sich zu verteidigen. Es hieß, der Puma greife Menschen nie an, auch Kinder nicht. Mike Andrews, so erinnerte ich mich, hatte in seinem Buch *The Flight of the Condor* eine sehr gute „Verteidigung" des Pumas geschrieben, zu der auch die Geschichte einer jungen Frau gehörte, die im sechzehnten Jahrhundert wegen Verrats zum Tode verurteilt worden war, woraufhin man sie an einen Baum gefesselt und sich selbst überlassen hatte. Ihre Häscher waren am nächsten Tag zurückgekehrt, in der Erwartung, nur noch ihr Skelett vorzufinden, doch zu ihrem Erstaunen war ihr kein Haar gekrümmt worden. Sie erklärte, Pumas wären ihr zu Hilfe geeilt und hätten sie gegen andere wilde Tiere verteidigt – woraufhin man sie, wie es in der Geschichte hieß, sofort losgebunden und freigelassen hatte.

Doch sämtliche von Naturforschern beschriebenen Tugenden des Pumas könnten, so hieß es, nicht seinen Appetit auf Schafe, Jungrinder und auch auf Pferde zügeln. Die Farmer haßten ihn, und im jüngsten Handbuch über die chilenische Tierwelt, das ich gelesen hatte, hieß es: „Man muß schon sehr viel Glück haben, um einen Puma zu sehen zu bekommen. Da er erbarmungslos gejagt wird, ist er äußerst scheu und selten geworden . . ." Folglich saß ich regungslos da, war wie benommen und schwitzte und kam mir unendlich privilegiert vor.

Goldbraun und riesengroß schien mein Besucher völlig entspannt und leckte sich, ohne meine Anwesenheit zu bemerken, die Tatzen. Wie gern hätte ich meine Stablaterne angeknipst, um ihn besser sehen zu können. Statt dessen verharrte ich verkrampft und in mich zusammengekauert. Meine Muskeln verspannten sich in dem Bemühen, mich nicht zu bewegen. Vielleicht hätte ich ihn verscheuchen, hinauskriechen und nach den Pferden sehen sollen, doch meine innere Stimme sagte mir, daß er ihnen nichts getan hatte. Mehr als alles andere wollte ich, daß er bis zum Morgen blieb, damit ich ihn besser sehen könnte. Doch schließlich zwang mich ein schmerzhafter Krampf, doch eine Bewegung zu machen, worauf mein Besucher mit einer solchen Gewalt in die Höhe sprang, daß er fast das Zelt mitgenommen hätte. Dann schoß er hinaus in die Nacht.

Auch die Pferde waren verschwunden. Sie hatten tatsächlich die kräftigen Zweige abgerissen, an denen ich sie festgebunden hatte. Ich zog mir etwas über, nahm die Taschenlampe und machte mich auf die Suche nach ihnen. Weit waren sie nicht gelaufen, und es war ihnen auch nichts geschehen, außer daß sie sich im Unterholz verheddert hatten. Jolgorio hatte seinen Gleichmut so weit wiedergefunden, daß er damit beschäftigt war, die Blätter von dem Ast abzufressen, den er am Ende seines Halfterstricks mitgeschleppt hatte.

Nachdem ich die Pferde beruhigt und wieder angebunden hatte, zog ich mich noch einmal in meinen feuchten Schlafsack zurück und versuchte wieder einzuschlafen. Jedesmal wenn ich wegdöste, tauchten in meinen Träumen große Tiere mit goldenen Augen und goldbraunem Fell auf, die sich die Pfoten leckten. Manchmal verwandelten sie sich auch in zahme Hauskatzen. Doch streckte ich die Hand aus, um sie zu streicheln, wurden sie plötzlich wieder riesengroß. Reckte ich die Machete, sahen sie mich flehentlich an, und goldene Tränen traten ihnen in die goldenen Augen.

Beim ersten Tageslicht stellte ich fest, daß die Eingangsklappe meines Zeltes zerrissen und eine der Zeltstangen aus Aluminium stark verbogen war. Mein Zuckervorrat war aufgerissen und der Kaffee zum Teil im Zelt verstreut. Der Beutel mit dem getrockneten Fleisch, den die Soldaten mir als Reiseproviant mitgegeben hatten, war verschwunden. Doch das war ein geringer Preis, den ich für ein ganz und gar ungewöhnliches Erlebnis zu bezahlen hatte.

Vielleicht lag es daran, daß mein kleines grünes Haus in Wirklichkeit mehr wie ein natürlicher Unterschlupf wirkte denn als richtiges Zelt und die Tiere sich deshalb so wohl darin fühlten. Aber nicht alle waren so willkommen wie der Puma. Einmal wachte ich mit dem Gefühl auf, völlig bleierne Beine zu haben, die schrecklich schmerzten, was ich zuerst darauf schob, daß ich in so feuchter Umgebung schlief. Da haben wir's! dachte ich. Jetzt kriege auch ich schon die Arthritis, an der meine Großmutter so sehr litt.

Doch Arthritis war es nicht. Als ich meine Beine aus dem Schlafsack heraushievte, stellte ich fest, daß sie über und über mit etwas bedeckt waren, das aussah wie dicke, fette Weintrauben – ein ganzer Weinberg voll. Doch diese „Trauben" konnten saugen. So gedunsen und abscheulich sie auch aussahen, erkannte ich doch an den doppelten Haken am Kopf, daß es sich um dieselben Tiere handelte wie die schlanken, lebhaften und schneckenähnlichen Blutegel, die ich tags zuvor bei unserem mittäglichen Essen im Wald von meinen Beinen abgelesen hatte.

Meine erste Reaktion war Ekel. Ich wollte sie schnell abstreifen, herausziehen. Sie nur so rasch wie möglich loswerden! Doch das ging nicht. Gestern waren es nur wenige Bisse gewesen, doch sie hatten sich bereits entzündet. Ich wußte nun, daß beim Abreißen ein paar Haken der Egel in meiner Haut zurückgeblieben waren. Irgendwo hatte ich gelesen, daß man sich am besten von Blutegeln befreit, wenn man sie mit einer Zigarette ansengt. Doch mit was für einer Zigarette? Vielleicht gingen auch Zündhölzer? Ich machte sofort einen Versuch und schrie vor Schmerzen auf. Der Blutegel blieb einfach, wo er war, und sah womöglich noch fetter aus als zuvor, als ob die Flamme seinen Durst verstärkt und er rasch noch einen Schluck von meinem Blut zu sich genommen hätte. Ich unternahm noch einen Versuch – vergeblich.

Schließlich ließ mich ein Gedankenblitz in den Tiefen meiner Rucksäcke nach Dai Bowens Fläschchen mit einem Serum für örtliche Betäubung kramen. Das klappte. Mit leicht gefühlloser Haut schaffte ich es, das Streichholz lange genug in die Nähe des Blutegelkopfes zu halten, bis er sich fallen ließ. Zweifellos wurde einem in den Überlebenshandbüchern geraten, daß Blutegel eßbare Wildnahrung darstellten und ich sie mir zum Mittagessen hätte braten sollen. Ich jedoch muß gestehen, daß ich die kleinen Ungeheuer einfach verscharrt habe.

Mich nun von den in der Nacht angelockten Blutegeln zu befreien, sollte zu einem Teil meiner Morgentoilette im Regenwald werden – genauso wie das Einreiben meiner und der Pferde Beine mit einem für die Blutegel hoffentlich scheußlich schmekkenden Desinfektionsmittel vor dem Schlafengehen. Bei den Pferden war das auch durchaus erfolgreich, doch ich war für die kleinen Biester offenbar dermaßen attraktiv, daß sie keine Mühe scheuten, an mich heranzukommen. Wie sie es schafften, Nacht für Nacht in meinen Schlafsack hineinzukommen, wird mir immer ein Rätsel bleiben. Zum Schluß blieb mir als einziges Hilfsmittel nur noch die richtige Einstellung. Die Bisse waren nichts Ernstes und machten mir auch bald nichts mehr aus. Nach und nach wurde ich richtig stolz, um nicht zu sagen, hochmütig, was meinen Mangel an Ekelgefühlen oder meine Fähigkeit, Unannehmlichkeiten zu ertragen, betraf.

Nachdem ich in jener ereignisreichen Nacht des 13. Februar die erste Portion Blutegel losgeworden war, saß ich eine Weile in meinem Zelt und wartete darauf, daß es aufklarte. Ein solcher Regen durfte doch nur etwas Vorübergehendes sein. Doch es hörte nicht auf. Ich begriff, daß ich so noch eine Ewigkeit dasitzen könnte.

Für gewöhnlich verstaute ich vor dem Aufbruch zuerst das Zelt, um mich frei bewegen und alle anderen Habseligkeiten, die ich darin aufhob, einpacken zu können. Jetzt jedoch mußte alles irgendwie verpackt werden, während ich mich noch im Zeltinneren aufhielt. Der Iglu selbst mußte nun zuletzt abgebaut werden. Der verstreute Zucker hatte sich in eine klebrige Masse verwandelt. Alle meine anderen Sachen waren klamm, um nicht zu sagen, feucht. Ich bemühte mich, nicht allzu genau hinzusehen, sondern machte einen Rucksack einfach zu dem „feuchten", in den ich alles hineinstopfte, was unter den gegebenen Umständen nicht mehr getrocknet werden konnte. Den anderen polsterte ich mit noch mehr Plastiktüten aus, und in ihn kam alles hinein, was man bei einigem Optimismus noch als trocken bezeichnen konnte. In Chaitén und Santa Lucía hatte ich mich bereits an das Leben im Zelt bei Regen gewöhnt und das sogar als einigermaßen bequem empfunden. Schwierig war der Wechsel vom Zeltplatz zum vierfüßigen Wohnwagen. Das schlimmste aber war jedesmal der Versuch, sechs vollgesogene Wolldecken auf Jolgorios pitschnassem Rücken zu verstauen, den schlüpfrigen Packsattel, die glitschigen Riemen und Gurte. Das allgemeine Durcheinander wurde noch unterstrichen von dem Geräusch, das die Sturzbäche machten, wenn sie durch die Zweige zu Boden rauschten.

War das eine Erleichterung, als ich endlich wieder zurückkehrte auf die *Carretera Austral*! Während unseres Marsches nach Süden zur Anlegestelle der Fähre am Río Palena, ragten zu beiden Seiten hohe Felsklippen auf, die ganz eingepackt schienen von uralten, eichenähnlichen Bäumen. Einige der Bäume waren voll von leuchtendem „Quintral", jener hübsch aussehenden Mispelart, nach der René Varas' berühmtes Pferd benannt worden war. Mir wurde bei jedem Schritt unbeschwerter zumute, zumal nichts darauf hindeutete, daß Horneros Lahmen wieder einsetzte. Der Schmerz in meinen Füßen war weniger schlimm als mein schlechtes Gewissen es gewesen wäre, hätte ich ihn geritten. Die Belohnung dafür, daß er keinerlei Last schleppte, bestand darin, daß er glücklich zu sein schien und flott hinter uns herlief, wobei sowohl er als auch Jolgorio im Vorübergehen immer wieder ein Maul voll Bambusblätter abrupften.

Die Stärke des Regens nahm nicht ab, doch meine Einstellung dazu änderte sich gewaltig. Es hat schon etwas Wunderbares, wie Gefühle sich ändern, von selbst besser werden, ohne daß man etwas dazutun oder Grundlegendes verändern muß. Besonders gefiel es mir, auf meinen eigenen zwei Beinen zu marschieren. An den Füßen hatte ich zwar Blasen, aber ich war guten Mutes und fühlte mich hervorragend. Ich stapfte in nassen Socken dahin. Auch meine Hosen fühlten sich naß an. Doch mein Sombrero schützte meine Augen vor den Regentropfen, und vom Poncho, der nur wenig Wasser durchließ, liefen sie ab. Das Gehen hielt mich warm. Ich fühlte mich fit, glücklich und kräftiger, als ich mich je gefühlt hatte, seit ich mir die Rippen gebrochen hatte. Ehrlich gesagt marschierte ich um meiner selbst willen genauso wie um Horneros willen. Mit jedem Schritt baute ich ein wenig mehr Durchhaltevermögen auf, ein wenig mehr Rückversicherung für den Augenblick, da ich in eine noch weiter im Süden gelegene Gegend kam, wo es keine Straßen gab und wo ich nicht anders vorwärtskommen konnte als zu Fuß.

Um Mittag hörte der Regen tatsächlich eine Weile auf, und die Sonne kam heraus. Vielleicht lag es daran, daß sie sich so selten blicken ließ, oder vielleicht lag es auch an dem herrlich berauschenden Duft im sanft von der Sonne erwärmten feuchten Regenwald – jedenfalls schien das Sonnenlicht hier eine besondere Qualität zu haben, wie man sie nirgends sonst in der Welt findet.

Ich machte Rast in der Nähe eines Flusses, der in atemberaubenden Wasserfällen vom verschneiten Gletscher weit über uns herunterstürzte und eisiges Wasser führte, in dem die Füße der Pferde gebadet werden konnten. Den hufkranken Hornero halfterte ich sogar in der Mitte des Flusses an; denn ich hoffte, das klare, kalte Wasser würde seinem Fuß guttun. Als ich die Überreste meines Brotes herausholte, kam eine Schar grün-roter Papageien herangeflattert und teilte mein Mahl so begeistert wie Spatzen im Hyde Park. Am Ufersaum wuchsen dichte Büschel violetter Blumen, eine Art, die ich nie zuvor gesehen hatte. Sie sahen so bezaubernd und so zart aus, daß ich überzeugt war, sie könnten sich nur Minuten vor dem Erscheinen der Sonne geöffnet haben. Zwischen den Blüten schwirrten Dutzende winziger Kolibris mit leuchtendgrünen Rückenfedern umher. Wie alle Ausflüge ins Paradies war auch dieser nicht von Dauer. Bald setzte der Regen wieder genauso dicht und heftig ein wie zuvor. Nur, daß er mich nicht mehr störte. Der Regen war nicht mehr mein Feind. Er gehörte genauso zum Dschungel wie die Blumen und die Vögel.

„Tief und dunkel steht der Wald,
muß noch wandern, eh' ich bald
mich zur Ruhe darf legen,
Hab' ein Versprechen gegeben."

Die Pferde legten die Ohren zurück, als ich ihnen meine Gedichte aufsagte. Nirgends an der Trasse irgendwelche Hütten oder Siedlungen, nur ein Band dunkelgrüner Bäume zu beiden Seiten. Mein einziger Kontakt mit der Menschheit bestand in einem gelegentlichen Jeep, der die neue Art von chilenischen Besuchern gen Süden brachte. Einer von ihnen verlangsamte das Tempo, und eine Dame reichte mir einen frischgebackenen Schokoladenkuchen zum Autofenster heraus. Sie und ihre Familie hielten mich vermutlich für völlig verrückt, in strömendem Regen vor zwei Pferden einherzugehen.

Ich legte dieselbe Strecke zurück wie sie, und doch lebte ich in einer völlig anderen Welt. Wie in der Wüste polarisierte das langsame Vorankommen mit zwei Pferden das Leben in extrem schlechte und extrem gute Erfahrungen. Nicht ein Augenblick in den ganzen sieben Monaten, die meine Expedition bis jetzt gedauert hatte, war langweilig und uninteressant gewesen, und jetzt schon gar nicht.

Wahrscheinlich hatte die Dame im Jeep nie mit Blutegeln zu kämpfen gehabt und wohl auch nie bis auf die Haut durchnäßt allein im Urwald schlafen müssen. Vermutlich hatte sie auch heute morgen keine nassen Socken angezogen. Aber hatte sie einen Puma gesehen? Hatten wilde Papageien das Mittagessen mit ihr geteilt? Der Jeep mochte Schutz bieten, aber bekam man im Vorüberfahren auch die intensiven Gerüche und Düfte des Waldes mit? Oder jene besondere Art der Stille, bei der man – wenn man nur genügend lauschte – die Tiere des Waldes hören konnte, wie sie unter dem Blätterdach ihrem Leben nachgingen?

Gerade in dem Unbequemen meiner Art des Reisens, in der Tatsache, daß ich selten an einem Tag von einer Siedlung zur anderen kam, sondern haltmachen mußte, wo der Zufall mich hinführte – in dieser ganzen Unberechenbarkeit lag ja der besondere Reiz des ganzen Unternehmens. Ich konnte nie voraussagen, was mich an dem Ort erwartete, an den es mich an diesem Abend verschlug.

Obwohl ich den Rest des Tages so zügig drauflosmarschierte wie möglich, schaffte ich es bis zum Einbruch der Dunkelheit nicht, bis zur Fähre von Palena oder der gleich daneben gelegenen Siedlung La Junta zu kommen.

Es erweist sich immer wieder als Fehler, nach Dunkelwerden noch weiterzuziehen – nicht, weil es nachts unmöglich wäre voranzukommen, sondern weil es, wenn man müde wird und rasten möchte und nichts sieht, sehr schwierig ist, einen passenden Lagerplatz zu finden. An diesem Abend sah ich die Hand vor den Augen nicht, als ich endlich beschloß, die Straßentrasse mit den Pferden zu verlassen und ein Lager aufzuschlagen.

Ich versuchte, sie beiseite zu führen. Jolgorio stemmte die Füße in den Boden und wollte keinen Handbreit weiter, und Hornero wollte auch nur wenige Meter von der Piste abgehen. „Ihr gemeinen Viecher“, beschimpfte ich sie und bedauerte, daß ich sie nicht führen und ihnen gleichzeitig von hinten eins aufbrennen konnte. „Warum tut ihr mir das an? Das habt ihr doch noch nie getan? Doch nicht wegen der paar Gedichte?“

Völlig erschöpft nach dem langen Tag, schaffte ich es nur, sie ein paar Schritte in den Wald hineinzuführen und sie anzubinden. Dann baute ich das Zelt auf und brach in meinem Schlafsack zusammen. Die ganze Nacht über zerrten Wind und Wetter an meinem Zelt.

Als es tagte, stellte ich fest, daß ich weniger als einen Meter von einem Abgrund entfernt kampiert hatte, von dem es hundertfünfzig Meter steil bis zu einem tief gelegenen Sumpf hinunterging.

Die vorderen Heringe drohten die bröckeligen Ränder einer dünnen Gesteinsschicht abzusprengen, die als Sims über die Steilwand hinausragte. Der Boden unter meinem Zelt konnte ohne Zweifel jeden Augenblick herunterbrechen.

Jede Bewegung konnte Schreckliches zur Folge haben. Trotzdem mußte ich irgendwie an Rucksäcke und Sättel herankommen, die ich wie gewöhnlich vor dem Zelt unter einer Plane verstaut hatte – gerade außerhalb meiner Reichweite.

Das mächtige Klopfen meines Herzens schien auszureichen, die Katastrophe auszulösen. Sehnsüchtig blickte ich zurück zu der Stelle, wo ich die Pferde angehalftert hatte, nachdem sie sich geweigert hatten, auch nur einen Schritt weiterzugehen. Da habe ich nun soviel Zeit damit zugebracht, ihr Vertrauen zu gewinnen, dachte ich verzweifelt. Wann werde ich endlich anfangen, ihnen zu vertrauen?

Lange saß ich so reglos wie möglich da und bemühte mich, ruhig zu überlegen, was zu tun sei. Ich war mir sicher, daß – wenn ich das Zelt einmal verließ und versuchte, mich selbst mit einem Seil an einem der Bäume abzusichern – ich das Zelt und meine gesamte Ausrüstung verlieren würde. Ich könnte auf keinen Fall mehr auf den Sims hinauskriechen, ohne daß er abbrach. Deshalb seilte ich mich schließlich an einem nicht sehr vertrauenerweckend aussehenden Dornbusch in der Nähe an und schob mich Zentimeter um Zentimeter vorwärts. Als ich in die Tiefe spähte, drehte sich vor meinen Augen tief unten ein Inferno aus Dornsträuchern und Sumpfgelände. Das Gestein, aus dem das Sims bestand, war von grauer Farbe, und das rote Moos, das in den Spalten wuchs, hob sich ungewöhnlich stark davon ab. Für einen Moment war es überhaupt kein Moos für mich, sondern das Blut früherer Opfer der Steilwand, das hier geflossen war. Wenn ich abstürze, dachte ich, wird mich kein Mensch finden.

Vielleicht machte mich das besonders vorsichtig, und mit Ausnahme eines einzigen Herings, dessen Halteleine ich einfach kappen und den ich damit opfern mußte, gelang es mir, alles mehr oder weniger unversehrt in Sicherheit zu bringen. Das einzige, was litt, waren meine Nerven. An allen Gliedern zitternd, belud ich Jolgorio. Dann überquerten die Pferde und ich auf den gebrechlichen Flößen der Straßenbaufirma die Flüsse Palena und Rosselot und erreichten gegen Abend die winzige Siedlung La Junta.

La Junta bildete eine Insel im grünen Regenwald, die weit vom richtigen Meer entfernt im Landesinneren lag. Bis vor kurzem war es noch fast unmöglich gewesen, dorthin zu gelangen. Die einzige Verbindung mit dem Rest der Welt hatte über den wildwasserartigen Río Palena selbst geführt, der wie die meisten Flüsse in Südchile nur unter größten Schwierigkeiten mit Booten zu befahren ist.

Die kleinen braunen Holzhäuser – manche ganz aus Fichtenholz, einige mit Schindeln aus wasserabweisendem und deshalb hochgeschätztem Alerce-Holz verkleidet – vermittelten den Eindruck einer Vermischung verschiedener Kulturen. Bei den Bewohnern war das nicht anders. Sie erklärten, einige der Familien stammten von Argentiniern ab, die den auf argentinischem Gebiet entspringenden Río Palena heruntergekommen seien. Diese Leute hätten es immer wieder hinausgeschoben, sich stromaufwärts zurückzukämpfen, und sich schließlich hier niedergelassen. Andere stammten von Chilote-Indianern ab, die es irgendwie fertiggebracht hatten, von der Insel Chiloé kommend, mit ihren kleinen offenen Booten das Festland zu erreichen, und die sich nicht von dem tosenden Fluß hatten einschüchtern lassen, sondern bis hierher vorgedrungen waren. Außerdem gab es noch einige Abkömmlinge der ungestümen Araukanier, die in den Süden geflohen waren, um der Verfolgung durch die Spanier zu entkommen.

Trotz ihrer einfachen Behausung wirken die Menschen auf mich ausgeglichen und zufrieden

Einer von diesen war Don Jorge, der meine Pferde auf eine kleine, mit hohem Gras bewachsene Koppel brachte. Daß es wieder angefangen hatte zu regnen, schien ihnen weiter nichts auszumachen, denn ihr Fell war rasch gewachsen, und so schien ihnen das Wetter nichts mehr anhaben zu können. Nachdem sie versorgt waren, brachte Don Jorge mich zu seiner Familie.

„Wir haben zwar ein Restaurant für die Touristen, aber für unsere Freunde ist die Küche da", sagte seine Frau lächelnd. Eine ihrer vielen Töchter tauchte mit einer Art Umschlagtuch auf und gab mir zu verstehen, daß ich die vollgesogenen Kleider ausziehen solle. Die wurden sofort gewaschen und zwischen großen Fleischstücken unterm Dach zum Trocknen aufgehängt. Mir wurde ein köstlicher Eintopf und roter Wein vorgesetzt.

Don Jorges schwarze Augen leuchteten über den hochsitzenden Backenknochen, als er mir erzählte, wie sein Urgroßvater den Spaniern dadurch entkommen sei, daß er samt Frau und fünf kleinen Kindern Hunderte von Kilometern in einem winzigen Boot übers Meer gerudert war. Die Spanier hätten es besonders darauf abgesehen, ihn zu töten, nachdem sie erfahren hatten, daß die Familie mit dem großen araukanischen Krieger Galvarino verwandt war, der den *conquistadores* endlose Schlachten geliefert hatte. Als Galvarino ihnen schließlich in die Hände geraten sei, hätten sie ihm den rechten Unterarm abgeschlagen. Trotz dieser schrecklichen Behinderung habe er es geschafft zu entfliehen und habe fortgefahren, mit einer an seinem Ellbogen befestigten spitzen Lanze gegen die Eindringlinge zu kämpfen.

Vor kurzem habe die Bevölkerung von La Junta merklich zugenommen, erzählte Jorge. Straßenbauer mit gigantischen Maschinen seien aus dem Norden eingetroffen; die ersten Beamten, Polizisten und Touristen wären ihnen gefolgt. Zwar seien die ursprünglichen Pioniere mühelos mit den Veränderungen fertig geworden, da hundert Jahre härtesten Kampfes ums Dasein sie äußerst anpassungsfähig gemacht haben; nur an eines hätten sie sich immer noch nicht gewöhnt: daran, daß es soviel leichter geworden sei, ihre kleine Siedlung zu erreichen. Jeder Reisende würde immer noch gefeiert, als habe er wie früher Wochen zugebracht, ein Boot flußaufwärts zu schleppen.

Am nächsten Tag nahm ich traurig Abschied von La Junta. Don Jorge, dem sich bei meiner Erzählung von meinem Lager am Rand des Abgrunds die Haare gesträubt hatten, warnte mich, mich nicht noch einmal von der Trasse zu entfernen. Daß man La Junta jahrhundertelang nur über den Fluß hatte erreichen können, lag zum Teil auch daran, daß sogar die Indianer den Dschungel in dieser Gegend für besonders tückisch hielten und ihn deshalb nicht mit Pferden durchquerten. „Sie können von Glück sagen, daß Sie noch leben", sagte er. „Halten Sie sich an die Straße."

16. Februar 1985; südlich von La Junta auf einem Lagerplatz am Lago Risopatrón, etwas abseits von der Piste
Die Pferde und ich haben eine besonders ruhige Nacht hinter uns. Jetzt genieße ich das Frühstück, das aus Brot und Kaffee besteht, und verfolge, wie das frühmorgendliche Sonnenlicht über das Wasser und die Bäume dahinkriecht und mir ein Feuerwerk von Farben Meter um Meter näherbringt. Die Sonne funkelt im Tau, der von gewaltigen, zwischen den Büschen aufgespannten Spinnweben herunterhängt. Ich betrachte das ebenso geduldige wie vollkommene Werk der Waldspinnen und denke, daß ich von ihnen lernen könnte, mein Zelt ebenso sicher aufzuschlagen. Von Zeit zu Zeit muß ich mich auf die andere Seite des Feuers setzen, um dem Rauch in dem leicht veränderlichen Wind zu entgehen. Mit dem Feuer habe ich Glück heute morgen. Seitdem ich in Chaitén das Wetter des Archipels kennengelernt habe, habe ich es mir zur Gewohnheit gemacht, immer ein paar kleine Zweige und Holzstücke mit ins Bett oder zumindest mit ins Zelt zu nehmen, um sie zu trocknen – damit das Feuermachen am Morgen leichter geht. Das klappt allerdings nicht immer. Lagerfeuer wie Banken tun selten das, was man will und was man am nötigsten braucht . . .

Am nächsten Tag näherten wir uns der malerischen kleinen Siedlung Puerto Puyuguapi, die bekannt ist für ihre Architektur im deutschen Stil, ihre heißen Quellen und dafür, daß hier fast vier Meter Niederschlag im Jahr fallen.

17. Februar 1985
Zum erstenmal seit Chaitén das Meer gesehen, doch wollte keine rechte Freude darüber aufkommen; dazu taten mir die Füße zu sehr weh. Auf den letzten paar Kilometern bis Puyuguapi haben meine Schuhe mir viel Kummer gemacht.

Jetzt begreife ich erst richtig, wieso die Pferde so oft neu beschlagen werden müssen und wie beschwerlich die Reise für sie gewesen ist. Seit Santa Lucía haben meine Stiefel an den Zehen Löcher bekommen, und da ich jetzt soviel laufe, sind sie an den Seiten aufgeplatzt. Mein Hauptproblem ist nicht, daß das Wasser unablässig am einen Ende hereingesaugt und am anderen wieder hinausgedrückt wird, sondern daß zusätzlich noch Schlamm und kleine Steine den Weg in die Schuhe finden und sich an den Socken festsetzen, was sehr schmerzhaft ist.

Was das Fehlermachen betrifft, so habe ich oft gedacht, eigentlich müßte ich ins *Guinness-Buch der Rekorde* kommen. Einer der größten war gewesen, daß ich zu Anfang meiner Reise meine prachtvollen Wanderstiefel nach Puerto Montt vorausgeschickt hatte, um sie im Süden anzuziehen. Denn am Anfang war ich die meiste Zeit geritten, und es war für die Stiefel zu heiß gewesen. Nur waren sie nie in Puerto Montt angekommen. Später sickerte durch, daß auch sie meistens unterwegs gewesen waren und mit Bussen hin und her geschickt wurden, nur nie dorthin, wo ich mich gerade aufhielt. Lucky Leslies patagonische Wanderstiefel waren trotz ihres sentimentalen Wertes und des patagonischen Geistes, den sie verkörperten, bereits zurückgeschickt worden; denn sie waren wirklich zu groß für mich gewesen. So galt seit meiner Ankunft in Puyuguapi meine Hauptsorge meiner eigenen Fußbekleidung, ausnahmsweise nicht der der Pferde. Aber nicht für lange. Freundliche Menschen, die ich dort kennenlernte, machten mir ein großes Paar weißer Tennisschuhe zum Geschenk; sie waren zwar nicht neu, aber dafür heil. Deshalb sagte ich meinen treuen alten Schuhen, die ich auf dem steinigen Gelände praktisch durchgelaufen hatte, Lebewohl. Ehe ich sie wegwarf, machte ich noch eine sentimentale Aufnahme von ihnen.

Ein wahnsinniger Pferdedieb und eine hungernde Familie

Die Herzlichkeit, mit der ich in den kleinen Siedlungen willkommen geheißen wurde, brachte mir meine Einsamkeit auf der Reise besonders zum Bewußtsein. Es gab durchaus Zeiten, da die Straße sehr, sehr lang schien und ich mir von Gott und der Welt verlassen vorkam.

Zu einem der schlimmsten Augenblicke dieser Art kam es am 20. Februar. Wir hatten Puyuguapi bereits hinter uns und trotteten friedlich zwischen den üblichen Wänden grüner Bäume dahin, deren Stämme in dichtem Bambusunterholz standen. Ich war glücklich, weil Hornero keine Anzeichen von Lahmen erkennen ließ und wir anscheinend besser mit allem zurechtkamen als vorher. Plötzlich sprang ein Mann aus dem Unterholz. Mit hoher, piepsiger Stimme schnatternd und den Kopf merkwürdig schief haltend, packte er Jolgorio beim Halfter und verschwand, mein armes Pferd hinter sich herziehend, wieder im Unterholz. Ich war dermaßen vom Donner gerührt, daß ich wie angewurzelt stehenblieb.

Glücklicherweise war Hornero, der uns gleichmütig gefolgt war und immer noch seine Ferien genoß, in der Aufregung vergessen worden. Jetzt stand er da und machte ein verdutztes Gesicht, als wisse er nicht genau, ob er Jolgorio folgen solle oder nicht. Als ich ihm auf den Rücken sprang und ihn in den Dschungel hineindrängte, ging mir auf, daß die grüne Trinkschüssel der Pferde wie eine Trophäe am Sattel des Mannes festgebunden gewesen war. Als wir heute morgen das Lager abgebrochen hatten, hatte ich sie nicht finden können. Er mußte uns die ganze Zeit über gefolgt sein.

Eine volle Stunde lang arbeiteten Hornero und ich uns durch das dichte Unterholz. Ich weinte vor Angst und Wut. Plötzlich blieb Hornero stehen, stellte die Ohren nach vorn und stieß ein lautes Wiehern aus. Dann hörte auch ich es. Irgendwo, ein beträchtliches Stück von uns entfernt, wieherte Jolgorio ganz gotterbärmlich. Es klang wie ein Hilfeschrei, und meine Eingeweide verkrampften sich vor Angst – Horneros offenbar auch, denn er setzte sich sofort wieder in Bewegung. Zu reiten war nun unmöglich, dazu war das Unterholz einfach zu dicht; deshalb klammerte ich mich an die Zügel und an den unteren Teil seiner Mähne und ließ mich mehr oder weniger vorwärtsschleifen.

Plötzlich sahen wir ihn. Er war in einen tiefen Graben gerutscht. Mit einem seiner Hinterbeine war er oben hängengeblieben. Der Kopf war in unnatürlicher Haltung an eine Baumwurzel gedrückt. Der Mann, der ihn gestohlen hatte, schrie und schlug in dem Versuch, ihn herauszutreiben, erbarmungslos auf ihn ein. Nie zuvor hatte ich solche Verzweiflung in Jolgorios oder überhaupt in den Augen eines Tieres gesehen. Außer mir vor Empörung, stürzte ich auf den Mann zu, der sich nicht im geringsten um mich kümmerte, sondern weiterbrüllte und auf Jolgorio einpeitschte. In diesem Augenblick ging mir auf, daß er nicht nur ein Pferdedieb war. Der Mann war ganz offensichtlich geistesgestört.

Suchend sah ich mich nach einer Waffe um. Wenn doch meine Machete nur nicht in Jolgorios Gepäck steckte! Plötzlich fiel mir das lila Wundspray ein, das ich wegen kleinerer Schnittwunden und Kratzer immer im Verbandskasten bei mir hatte. Ich hielt die Spraydose direkt vor das Gesicht des Wahnsinnigen gerichtet und drückte auf den Knopf. Einen Moment dachte ich, er sei explodiert. Sein Gesicht wurde puterrot, dann verfärbte sich das Spray violett. Der Mann schrie auf, schlug die Hände vors Gesicht und ließ seinen Knüppel fallen. Ich sprühte weiter, bis die ganze Dose leer war. Der Mann heulte wie ein Wolf und entfloh in die Bäume.

Schweigen legte sich über den Wald. Die Frösche, deren Gequake für gewöhnlich ein ständiges Hintergrundgeräusch bildete, waren verstummt. Selbst die Vögel hatten aufgehört zu singen. Ich kam mir vollkommen hilflos und verlassen vor. Plötzlich begriff ich, wie weit wir uns von der Straßentrasse entfernt hatten. Da konnte ich schreien, soviel ich wollte, kein Mensch würde mich hören. Ich strengte die Ohren an, um zu hören, ob der Mann noch in der Nähe lauerte, doch das einzige, was ich hörte, war mein eigener Herzschlag. Einen Moment fragte ich mich sogar, ob ich mir nicht alles nur eingebildet hatte. Dann ließ Jolgorio ein leises Stöhnen vernehmen, und ich wußte, daß alles sehr wirklich gewesen war und meine Probleme jetzt erst richtig losgingen.

Jolgorio saß völlig verkeilt im Graben fest. Ich kraulte ihn am Kopf und murmelte so beschwichtigend, wie ich konnte: „Jolgorio, Jolgorio." Dann nahm ich ihm das gesamte Gepäck ab und füllte den Graben mit Blättern und Zweigen, damit er mit den Füßen Halt finden konnte. Doch es half nichts. Unter größten Mühen gelang es mir, ihm ein Seil unter dem Bauch hindurchzuschieben und ein anderes unter die Hinterhand. Dann stopfte ich ihm möglichst viele Decken unter den Bauch, damit die Seile nicht zu sehr einschnitten. Am Ende meiner Transatlantiküberquerung, als ich vor Hunger recht schwach gewesen war, hatte ich endlich den Nutzen von Zugwerk und Flaschenzug entdeckt, was es mir ermöglicht hatte, Segel mit möglichst geringem Kraftaufwand einzuholen. Jetzt suchte ich verzweifelt nach einer Möglichkeit, mit derselben Technik Jolgorio herauszuhelfen. Ich ließ ein Seil von Jolgorio um einen Baum und dann zu einer Schlaufe auf halber Länge wieder zurücklaufen. Auf diese Weise hoffte ich, im Prinzip einen improvisierten Flaschenzug hergestellt zu haben, mit dem ich meine Zugkraft verdoppeln konnte. Das Ende verknüpfte ich mit Horneros Sattelgurt.

„Zieh!" flehte ich ihn an. Er machte mit und stemmte sich

ins Geschirr, doch es half kaum etwas. Jolgorio saß immer noch hilflos fest.

Ich war den Tränen nahe. *„Adelante, Jolgorio, adelante!"* trieb ich ihn immer wieder an. Ich hatte es fast schon aufgegeben, als er mit einem lauten Schmatzen herauswankte und verloren, dampfend und zitternd dastand. Er war völlig mit Schlamm bedeckt, wie Hornero und ich inzwischen auch, doch sonst schien ihm wie durch ein Wunder nichts geschehen. Ich schlang ihm die Arme um den Hals und drückte ihn an mich.

Ich wagte es nicht, mir meine Pakete und die Ausrüstung genau anzusehen. Fotoapparat und Kassettenrecorder starrten vor Schlamm, doch die meisten Sachen schienen heil und in Ordnung zu sein. Das einzige, das ich nicht wiederfand, war der kleine Beutel mit dem Brot und den anderen Vorräten. Ich hatte sonst nichts zu essen und auch kein Geld, um in der nächsten Siedlung etwas zu kaufen. Für die zweihundert Kilometer bis nach Coihaique hätte es gerade gereicht.

Immerhin wußte ich, daß ich notfalls viele Tage ohne Essen auskommen konnte. Das unmittelbarste Problem, das sich mir stellte, war, daß ich überhaupt nicht wußte, wo ich war.

Ich belud die Pferde wieder, und dann arbeiteten wir uns durch den Wald hindurch, bis wir an einen kleinen Bach gelangten, wo ich nach einigen Versuchen, den Schlamm abzuwaschen, das Zelt aufschlug und mich schlafen legte. Es hatte keinen Sinn, sich wegen des Wahnsinnigen weiter zu ängstigen. Und wenn er zurückkehrte – was sollte ich dagegen unternehmen? Die Vorstellung, wie sein Gesicht bei seiner Flucht ausgesehen hatte, half mir beim Einschlafen.

Als ich am nächsten Morgen aufwachte, war mir schwindlig vor Hunger. Die Pferde hatten Glück. Für sie gab es reichlich Bambusblätter zu fressen. Neidisch sah ich ihnen zu, dann brachen wir in den Wald auf. Meinen kleinen Handkompaß hatte ich schon früher verloren, und hier im Wald war es unmöglich, zu erkennen, in welcher Richtung die Sonne sich bewegte – falls sie sich zwischendurch überhaupt einmal zeigte. Nachdem ich mehrere Stunden ziellos einhergestapft war, stieß ich auf eine kleine Holzhütte. Ich klopfte an die klapprige Tür. Ein Hund, an dem man die Rippen zählen konnte, kam herausgeschossen und bellte uns an. Doch die Familie, die hinter ihm auftauchte, schien freundlich. Ganz besonders gefielen ihnen die Pferde. Ich band Hornero und Jolgorio vor der Hütte an und warf ihnen noch etwas Bambuslaub vor. Dann trat ich ein.

Die Mama, die einen Silberblick hatte, der es ihr gestattete, beide Seiten der kleinen Hütte zugleich im Auge zu behalten, schien fröhlich und strich mir immer wieder über den Kopf. Dann füllte sie einen sehr großen Topf mit Wasser und setzte ihn aufs Feuer. Die Familie war nicht anders angezogen als die anderen Landarbeiter, denen ich begegnet war, und das kleine Haus hätte eines von den Hunderten sein können, die ich betreten hatte. Aber irgend etwas war doch anders als sonst. Mein knurrender Magen verriet mir, was es war. Es roch nicht nach Essen. Für gewöhnlich steht selbst in den bescheidensten Häusern ein Topf auf dem Herd und verströmt einen durch nichts zu vertreibenden Duft. Der jedoch fehlte hier. Ein kleines Mädchen hatte den Saum seines Kleidchens in der Hand und weinte erbärmlich. Die Männer saßen mit verdrossener Miene da und kauten auf leeren Pfeifen. Plötzlich begriff ich, daß diese Familie akuten Hunger litt. Wären mir doch bloß nicht meine Vorräte verlorengegangen, dachte ich.

Nachdem wir eine Weile dagesessen und radebrechend geplaudert hatten, stand einer der Söhne, der ziemlich unruhig hin und her gerutscht war, auf und erbot sich, hinauszugehen und nach den Pferden zu sehen. Ich weiß nicht, welcher Instinkt mich trieb, ihm zu folgen. Als ich hinzutrat, stand er, ein Messer in der Hand, neben Jolgorio und war gerade dabei, die Haare an der Halsschlagader auseinanderzustreichen. Ich entriß ihm das Messer und stellte mich zornbebend neben mein Pferd. Der junge Mann wich an die Wand der Hütte zurück. Jolgorio schien sich verwundert zu fragen, was eigentlich los sei. Arglos wandte er den Kopf nach hinten, schnupperte an meiner Schulter und rieb sich die Nase an der rauhen Wolle meines Ponchos. Ich streichelte ihn, mehr um mich selbst zu beruhigen. Hornero stand ein wenig abseits und zerrte mit angelegten Ohren an seinem Strick. Der junge Mann würde mit Sicherheit nicht mehr aufrecht stehen, hätte er versucht, sich an ihm zu vergreifen.

Inzwischen war die gesamte Familie aus der Hütte herausgekommen. Sie konnten alle nicht verstehen, warum ich mich so aufregte, und redeten gleichzeitig auf mich ein. Sie seien sehr, sehr hungrig, erklärten sie mir. Nicht einmal ihre Kinder hätten etwas zu beißen. Und ich sei schließlich auch hungrig, oder? Was denn weiter schlimm daran sei, eines der Pferde zu schlachten und aufzuessen? Ich hätte ja noch eines. Jawohl, das braune Pferd hätten sie für den Topf haben wollen, doch versicherte mir die Señora immer wieder, daß sie mich zum Abendessen eingeladen und aus allem, was übriggeblieben wäre, *charqui*, Trockenfleisch, bereitet hätten, das ich auf meine Reise hätte mitnehmen können. Als sie, offenbar in dem Bemühen, mich zu beruhigen, auf mich zukam und versuchte, mir die Hand zu streicheln, wich ich zurück.

Sie waren allesamt wirklich nur noch Haut und Knochen und schauten mich aus riesigen braunen Augen an. Plötzlich verflog mein ganzer Zorn, und mich erfüllte Mitleid und Scham. Hätte ich nur etwas zu essen, das ich ihnen geben könnte, ging es mir immer wieder durch den Kopf. Aber ich wußte auch, daß die Pferde und ich sofort von hier wegmußten. So packte ich die Zügel und zog mich ins Unterholz zurück. Die Familie war augenscheinlich noch zu erschrocken über meine Reaktion, als daß sie den Versuch unternommen hätte, mich daran zu hindern.

★

Nach diesem schrecklichen Erlebnis kämpfte ich mich mehrere Stunden weiter vorwärts und machte dann neben einem kleinen Bach halt. Ich hatte weiche Knie, und mir war hundeelend zumute. Warum hatte ich die Leute nicht wenigstens gefragt, in welche Richtung ich gehen müsse, um auf die *Carretera Austral* zurückzukommen? Ich fühlte mich eingeschlossen in einem sanften, weichen Schoß, aus dem herauszukommen weder für mich noch für die Pferde eine Möglichkeit bestand.

Dann fiel mir plötzlich auf, daß der große Baumstamm, der in der Nähe meines Rastplatzes über dem Bach lag, kleine Stufen aufwies, die offensichtlich mit einer scharfen Axt hineingehauen worden waren. Auf dem anderen Ufer türmte sich das Unterholz wie eine undurchdringliche Wand auf. Aber dort, am Ende des Baumstamms, war eine kleine Öffnung zu erkennen. Ich ließ die Pferde grasen und sah mir die Sache genauer an.

Nachdem ich auf Händen und Füßen ein kleines Stück durch den Bambustunnel hindurchgekrochen war, dachte ich: Ich muß mir die Stufen eingebildet haben. Jetzt fange ich wirklich an durchzudrehen. Das einzige, was bei meiner Erkundung herauskam, war, daß ich noch schmutziger wurde als zuvor und mir an den scharfen Bambusstengeln die Hände aufriß.

Doch nach und nach wurde der Tunnel breiter und öffnete sich zu einem Pfad. Plötzlich blendete mich grelles Licht, das durch die Bäume vor mir drang. Ich brauche eine Weile, bis mir klar wurde, daß es sich wirklich nur um gewöhnliches Tageslicht handelte, an das meine Augen nur nicht mehr gewöhnt waren. Kurz darauf lehnte ich mich an einen solide gebauten Holzzaun, der offenbar einzig und allein zu dem Zweck errichtet worden war, den ganzen Regenwald in Schach zu halten. Auf der einen Seite des Zauns herrschte die Wildnis; auf einer kleinen Lichtung auf der anderen Seite lag ein hübscher kleiner Bauernhof. Blumen, die aussahen wie rosarote Rosen, rankten die Hauswände empor, und ringsum wuchs eine Fülle von Bohnen, Kohl, Mais und Kartoffeln. Ein

Stück weiter weg stand eine große Scheune und dicht daneben ein wohlgenährtes Ochsengespann unter einem hölzernen Joch. Ein paar Kühe und Kälber rupften das Gras, Hühner scharrten auf dem Boden. Auf beiden Seiten des Hauses dehnten sich zwei ebene, geradezu wundersam grüne Koppeln. Ich erkannte die Narben im Boden, wo die Baumwurzeln herausgeholt worden waren; die dadurch entstandenen Krater waren gewissenhaft wieder mit Boden aufgefüllt worden.

Fassungslos ließ ich die Augen auf diesem ungewöhnlichen Bild ruhen. Ich war sehr schwach auf den Beinen. Fast war ich versucht, wieder zurück in den Wald zu fliehen, meine Pferde zu nehmen und das Weite zu suchen. Sei nicht albern! Sei doch nicht so albern! redete ich mir zu und klammerte mich an den Zaun, als wollte ich mir innerlich Unterstützung von ihm holen. Bisher bist du in Chile nur freundlich aufgenommen worden, sagte ich mir entschlossen. Die letzten vierundzwanzig Stunden waren nichts weiter als Pech, ein böser Traum ...

Es war ohnehin zu spät, um wegzulaufen. *„Hola ... hola ...!"* rief eine Stimme. Ein großgewachsener Mann mit fließendem, schwarzem Poncho und einer Feder an seinem Sombrero kam über die Felder auf mich zugeritten. Wie angewurzelt blieb ich stehen.

„Soy Miguel", – „ich bin Miguel" sagte er und reichte mir die Hand. Da wußte ich, daß ich nichts zu befürchten hatte.

Völlig verdreckt, über und über mit Schlamm bedeckt, aus etlichen Kratzwunden blutend und mit Moos und Blättern im Haar und im Poncho muß ich einen schönen Anblick geboten haben. Die Tennisschuhe, die man mir in Puyuguapi geschenkt hatte, waren schwarz. Miguel lächelte mich freundlich an und schien durchaus amüsiert über meine Überraschung, seine Farm gefunden zu haben. „Ein paar von uns leben im Wald, und keiner von denen, die über die neue Straße reisen, werden sie je zu Gesicht bekommen", sagte er. „Dabei sind wir gar nicht so weit von der *carretera* entfernt."

Er zeigte mir, wie ich meine Pferde über eine etwas leichtere Route zu seiner Farm bringen konnte. Dann gewann er mein ganzes Herz, indem er die Pferde auf einer seiner schönen grünen Koppeln zum Grasen freiließ.

In der Küche herrschte große Geschäftigkeit. Eine von Miguels Töchtern war beim Brotbacken, eine andere hobelte Kohl, und eine dritte zupfte ein paar Takte auf einer Gitarre. Ein Junge saß still da und schnitzte aus einem Stück Holz einen Sattel. Die Herrin des Hauses schnitt Fleisch in Scheiben. Als sie mich sah, ließ sie das Messer fallen und eilte auf mich zu, um mich in die Arme zu schließen. Ich hätte heulen mögen. Eine Stunde später saß ich müde und wohlig neben dem Feuer, hatte mir den Bauch vollgeschlagen und trug wieder ein geborgtes Umschlagtuch, da alle meine Sachen zum Trocknen aufgehängt waren. Das Paradies hatte mich wieder!

Kopfschüttelnd hörte Miguel sich meine letzten Abenteuer an. Er erklärte mir, die Regierung bemühe sich, die Gegend zu erschließen, indem sie Siedlungswilligen alle möglichen Anreize böte. Man brauchte bloß herzukommen, einen Zaun zu errichten, die Bäume zu fällen, das Unterholz zu beseitigen, und das Land gehöre einem. Die Besitzurkunde erhielt man, sobald man einen Plan dessen, was man urbar gemacht hatte, in die nächstgelegene Stadt einschickte, in diesem Falle nach Coihaique. Aber der Preis, den man an Knochenarbeit und Entbehrungen zu zahlen hatte, war hoch!

„Der Regenwald ist kein menschenfreundliches Gebiet“, fügte Miguel hinzu. „Wer es nicht schafft, ist vielleicht dem Verhungern oder dem Wahnsinn sehr nahe. Aber“ – und bei diesen Worten leuchtete es in seinen Augen auf – „wenn man die Freiheit nur genug liebt, ist hier alles möglich. Im Norden war ich arm wie eine Kirchenmaus. Jetzt habe ich gutes Wasser, soviel ich will, Brennholz in Hülle und Fülle und ein schönes Haus, das ich mir mit eigenen Händen gebaut habe. Der Boden ist phantastisch fruchtbar, denn er ist noch nie beackert worden. Vor vier Jahren bin ich mit meiner Frau und den vier Kindern, zwei Kühen, zwei mageren Pferden und ein paar Hühnern hergekommen. Jetzt habe ich fünf Kinder, acht Kühe, zwei Ochsen, die ich selbst gezüchtet und abgerichtet habe, und Pferde, denen die Rippen nicht mehr herausstehen."

Am nächsten Morgen ließ die Familie es sich nicht nehmen, mich mit Brot, Zucker, Käse, Trockenfleisch und dem Kräutertee *mate* reich zu beladen. Ich war überwältigt. Ihnen nur zu danken, reichte nicht – ihnen vielleicht, aber mir nicht. Geld hatte ich keines, und wahrscheinlich hätten sie es ohnehin nicht angenommen. Was sollte ich tun? Ich brummelte etwas davon, ihnen meine Dankbarkeit zeigen zu wollen, doch sie ließen mich gar nicht ausreden. Was ihnen am meisten bedeuten würde, sagten sie, wäre eine Postkarte aus England, die ich an ihr Postfach in Coihaique senden solle. Alle schrieben sie ihren Namen in mein Tagebuch, und ich mußte ihnen versprechen, ihnen die Karte zu schicken. Allerdings konnten Monate vergehen, ehe ich wieder daheim sei. Irgend etwas mußte also jetzt getan werden.

Ich kramte in meinen Rucksäcken und zog all meine frisch gepackten Besitztümer wieder hervor. Ganz unten fand ich zwei Paar leuchtendrote Klettersocken, die ich für den Notfall mitgenommen hatte. Das Gesicht der Señora wurde vor Freude ganz weich, als sie mit den Fingern darüber strich. „Von wie weit her die kommen!" flüsterte sie.

20. Februar 1985

Es tut wohl, nicht mehr „verloren" und wieder unterwegs nach Süden zu sein. Wir haben gerade eine der aufregendsten und schönsten Strecken auf der ganzen Reise hinter uns gebracht. Die Straße ist nur ganz knapp in die Bergwand hineingesprengt worden. Von oben schießt Wasser in hohem Bogen in den schäumenden Fluß in der Tiefe hinunter, gerade so, daß die

Herrliche Wildnis im südlichen Archipel

Straße selbst nichts abbekommt. Man kommt sich vor wie in einem Wasserfall. In den Bergen ringsum gibt es jetzt sehr viele davon – so viele, daß man meint, die Berge wären mit Wasser gefüllt und an Hunderten von Stellen durchlöchert worden. Heute hat sich das Terrain auffällig verändert; unser Pfad steigt jetzt viel steiler an, und das tiefergelegene Meer des Regenwalds wird immer seichter. Weitere kleine Siedlungen tauchen auf, und es gibt auch mehr Jeeps auf der Straße – alles in allem weniger Blutegel und Bäume, dafür mehr Menschen.

Daß es mehr Siedler gab, lag daran, daß wir uns dem von See her leicht zu erreichenden Puerto Aysén näherten. Doch die Folgen dieser leichten Erreichbarkeit waren keineswegs alle gut. Die Straße führte jetzt durch vollständig vernichtete Waldgebiete. Verbrennen lassen Bäume sich leicht, schwieriger ist es, sie zu fällen, zumal dann, wenn man keine Motorsäge hat. So waren Hunderte von Morgen durch große Waldbrände vernichtet worden, die vor der Jahrhundertwende absichtlich von den Siedlern angelegt worden waren. Sie bildeten immer noch einen Friedhof aus verkohlten Baumstümpfen.

Die frühen Siedler waren mit unbarmherziger Rücksichtslosigkeit vorgegangen. Bäume waren Feinde, die vernichtet werden mußten. Sie hatten nicht einmal ein paar wenige übriggelassen, um ihre Häuser in ihrem Schatten zu errichten. Doch noch wichtiger: Sie hatten nicht die Langzeitwirkung auf den Boden bedacht. Die heutigen Siedler waren nicht nur voller Bedauern und Schuldgefühle über die Handlungsweise ihrer Vorfahren, sondern auch alarmiert über die katastrophale Erosion des Bodens, die inzwischen stattgefunden hatte. Die CONAF, die chilenische Forstkommission, hatte gewaltige Anstrengungen unternommen, manche Gebiete mit sorgfältig gehegten, schnellwüchsigen Fichten wieder aufzuforsten. Sie hatte riesige Schilder entlang der *Carretera Austral* errichtet, auf denen es hieß: „Helft Waldbrände verhüten!" Daneben klebten kleine Eichhörnchen-Cartoons, auf denen stand: „Dies ist unser Zuhause und euer Erbe. Bitte, geht behutsam damit um!" Das jedoch war eine schwierige Aufgabe. Tausendjährige Bäume waren binnen weniger Stunden verbrannt worden und ließen sich nicht ersetzen. Schlimmer noch, auch die dazugehörige Fauna und Flora – Insekten, Vögel, Samen und Würmer – war vernichtet worden und mit ihnen alle Lebewesen, ohne die es keinen fruchtbaren Boden gibt.

Die Touristen aus Santiago waren besonders schneidend in ihrem Urteil über das Zerstörungswerk der frühen Siedler. „Was für eine Schweinerei sie zurückgelassen haben", erklärte der Chauffeur eines weißen Kastenwagens, der auf der Straße gehalten hatte, um mit mir zu plaudern. Zweifelnd betrachtete er meinen schmutzigen Fotoapparat und sagte, er könne mir Fotos von den verbrannten Wäldern zuschicken, wenn ich welche brauchte. „Und wie sieht es mit der Umweltverschmutzung in Santiago aus?" hielt einer seiner Mitfahrer ihm entgegen. „Die Menschen von heute können sich nicht mit Not oder Unwissenheit entschuldigen, und doch zerstören sie die Natur durch Luftverschmutzung genauso gründlich wie unsere Vorfahren."

Auf der Kühlerhaube ihres Autos trockneten sie meinen feuchten Poncho und die Decken der Pferde und schenkten mir in einem Plastikbecher Whisky zum Aufwärmen ein. Später verabschiedete ich mich auffällig vergnügt von ihnen. Hornero und Jolgorio folgten mir geduldig.

Je mehr ich mich Coihaique näherte, desto mehr verbesserte sich der Zustand des Landes und desto größer und wohlhabender sahen die an der Straße gelegenen Farmen aus. Eine der schönsten weit und breit war Campo Grande, wo man uns herzlich willkommen hieß. Liebevoll strich Señor Juan Andrade über die Brandzeichen der Pferde. Auch er züchtete Vollblüter. Unter den wachsamen Augen einer fetten weißen Ziege, dem Familienmaskottchen, schnitt er meinen Pferden sorgfältig die Mähne. Schließlich sollten wir möglichst prächtig herausgeputzt in die Stadt einreiten, sagte er. Außerdem schenkte er mir ein Paar Schaffellhosen, die mir später das Leben retten sollten. Was meine nächste Reiseetappe betraf, so war Don Juan nicht gerade ermutigend. „Reiten Sie nicht über Land weiter nach Süden", riet er mir. „Bis jetzt ist alles noch ein Kinderspiel gewesen ..."

Am 27. Februar traf ich endlich in dem mitten im Archipel gelegenen Coihaique ein. Ich ließ die Pferde das Gras auf der Hauptplaza rupfen und eilte in die Bank. Jawohl, da seien ein paar Briefe für mich, und auch ein bißchen Geld. Ich sei gerade noch rechtzeitig gekommen. Noch einen Tag länger, und sie hätten alles zurückgeschickt nach England. Ich riß die Briefe von daheim auf und brach in Tränen aus. Alle, die ich zurückgelassen hatte, liebten mich noch immer, nur wollten sie gern wissen, wann ich endlich heimkäme. Meine Bank machte sich Sorgen wegen der Kontenüberziehung. Alle wollten sie mich zurückhaben. Und doch hing alles davon ab, daß ich zuerst meine Aufgabe hier erfolgreich zu Ende brachte. Die Expedition hätte im November 1984 abgeschlossen sein sollen. Jetzt war schon fast März 1985, und ich hatte noch einen so langen Weg vor mir! Was immer daheim geschah, ich konnte nichts daran ändern. Ich mußte lernen, mir nur um Dinge Sorgen zu machen, an denen ich etwas ändern konnte. Wie zum Beispiel darüber, wie ich die nächste Etappe der Reise am besten schaffte.

Coihaique ist ein wunderschöner Ort. Er sah genauso aus wie jede durchschnittliche chilenische Kleinstadt – mit den gleichen Plazas, Banken, Geschäften, Friseursalons und einigen lokalen Radiosendern. Was das Städtchen jedoch zu etwas Besonderem machte, waren die schneebedeckten Berge ringsum und die Frische und Reinheit der Luft. Das Wetter hier war weit strenger und kälter als das, woran ich mich gewöhnt hatte; allerdings gab es hier wesentlich weniger Regen. Plötzlich war ich froh, die Regenwälder hinter mir zu haben.

Selbst in einem Land, in dem man mir mit grenzenloser Freundlichkeit entgegengekommen war, war Coihaique, auch was seine Bewohner betraf, noch etwas Besonderes. Der Bürgermeister hieß mich herzlich willkommen, desgleichen der Polizeichef. Der Besitzer der größten Apotheke am Platz bot mir in seinem Garten einen Platz zum Zelten an, und der Direktor der Landwirtschaftsschule gewährte meinen Pferden Gastfreundschaft und sorgte dafür, daß der beste Schmied, den er kannte, kam und sie mit spezialgefertigten, extra starken Eisen beschlug. Der Veterinär füllte meinen Vorrat an Tierheilmitteln vollständig und gratis wieder auf und unterzog beide Pferde einer gründlichen Untersuchung. Trotz all unserer Abenteuer zwischen Santa Lucía und Coihaique hatte Hornero enorm davon profitiert, daß er mich nicht tragen mußte. Nur wenige Kilometer vor Coihaique hatte er wieder angefangen, leicht zu lahmen, doch lag das nur daran, daß er ein Hufeisen abgeworfen hatte und ich keine Nägel mehr hatte, um ihn neu zu beschlagen. In den nächsten paar Tagen wurde mein Fotoapparat repariert, mein Kassettenrecorder in Ordnung gebracht, und ich selbst bekam ein paar Zahnfüllungen.

Der 4. März 1985, der Tag vor unserer Abreise, war ein böser Tag für Chile. In den Radionachrichten hieß es, in Zentralchile habe es ein Erdbeben gegeben. Besonders in Mitleidenschaft seien Viña del Mar, San Antonio, Santiago und San Fernando, die Heimat der Pferde, gezogen worden. Hunderte von Menschen seien umgekommen und noch mehr verletzt. Die Krankenhäuser entließen Kranke, um Platz für die Schwerstbetroffenen zu schaffen. Verzweifelt versuchte ich, Verbindung mit den Claro Liras aufzunehmen, doch sämtliche Telefonvermittlungen wurden belagert von besorgten Menschen, die versuchten, etwas von ihren Verwandten im Norden zu hören. Nach einigen angstvollen Stunden erhielt ich dann die Nachricht, daß zumindest in San Fernando niemand ernstlich verletzt worden sei.

Ein glücklicher Morgen in der Nähe von El Blanco

Beruhigt brachen wir am nächsten Tag wieder auf. Ich war entschlossen, so schnell wie möglich nach Süden vorzustoßen. Der Winter rückte näher. Jeder Tag, den ich jetzt gewann, würde es mir später leichter machen. Wir kamen an den sagenhaften El-Salto-Wasserfällen vorüber und ritten durch den Ort El Blanco, dann an Vista Hermosa vorbei, die prächtigen, aber einsamen Berge hinauf, und nur vier Tage später wieder hinunter zu dem kleinen Hafen Puerto Ibanéz. Der Wind schien sich niemals zu legen, und die Pferde und ich machten eine stürmische Überfahrt nach dem auf der anderen Seite des Lago General Carrera gelegenen Chile Chico und Mallín Grande mit. Dieser See soll der zweitgrößte in ganz Südamerika sein. Er liegt zur Hälfte auf chilenischem, zur anderen Hälfte auf argentinischem Gebiet. Die Fähre war voll von wohlhabenden Rinderzüchtern aus dem Norden. Sie waren auf dem Weg nach Süden, um den südlichen Kollegen ihre Bestände abzukaufen, denn für diese war es unmöglich, ihr Vieh den ganzen Winter über durchzufüttern, und sie mußten daher einen Teil billig verkaufen.

Einer dieser Herren, der ganz von Puerto Montt kam, verliebte sich in mein Zelt und bot mir zwei Pferde dafür. Hornero und Jolgorio schienen von der Idee nichts zu halten. Ich aber auch nicht, denn schon jetzt beutelte mich der eisige patagonische Wind.

Nach Verlassen der Fähre führte unsere Route durch endlose, mit Hagebutten behangene Rosenstrauchdickichte, dann über einen Bergpaß bis zu der kleinen Siedlung Puerto Bertrand. Von hier ab, so beschloß ich, wollte ich die bergige Straße verlassen, die die Pferde und mich soviel Kraft gekostet hatte, und versuchen, durch das Tal hindurchzustoßen.

In der Gewalt des Flusses

Am 17. März, an dem irgendwo höher oben auf der Wölbung des Globus die Iren den St.-Patrick-Tag feierten, saß ich am Ufer des Baker-Flusses, des reißendsten, breitesten und kältesten Flusses von ganz Chile. Obwohl der Himmel bedeckt und dunkel war, leuchtete das Wasser ungewöhnlich hellblau. Den ganzen Vormittag über war ich das Ufer entlanggeritten, weil ich darauf vertraut hatte, daß ich unweigerlich mein nächstes Ziel, die Stadt Cochrane, erreichen müßte, wenn ich nur dem Fluß folgte. Das Schlimme war nur, daß der Fluß so viele enge Windungen und Seitenarme aufwies, daß er manchmal geradezu zurückzufließen oder sich zu teilen schien. Es war, als versuche er bewußt, seinen wahren Lauf vor mir zu verbergen.

Cochrane konnte nicht mehr weit sein, sagte ich mir. Allerdings war ich mir ziemlich sicher, daß es auf der anderen Seite des strudelnden blauen Wassers lag. Der Nachmittag rückte vor. Schon jetzt war es merklich kälter als zuvor. Irgend etwas mußte geschehen, sagte ich mir und nahm allen Mut zusammen. Wenn wir Caleta Tortel auf dem Landweg erreichen wollten, würden die Pferde und ich diesen Fluß viele Male durchschwimmen müssen. Warum also nicht gleich damit anfangen? Selbstverständlich hatten wir auch andere Flüsse schwimmend durchquert, doch die waren schmal und keineswegs so reißend gewesen wie der Baker, der so breit war wie drei Autobahnen und sich genauso schnell vorwärtszubewegen schien wie der Verkehr darauf.

In ihrem bisherigen Leben hatten Hornero und Jolgorio wohl keine besonderen Schwimmerfahrungen gemacht. Kein Wunder, daß sie jetzt am Baker-Fluß wenig Lust zeigten, ins Wasser zu gehen. Der Ausdruck „Pferdeverstand" ist mehr als nur ein Klischee.

Ich versuchte, mich an die Regeln zu erinnern, die man beim Durchschwimmen schnellfließender Flüsse beachten soll: Man muß vor dem Pferd gegen die Strömung anschwimmen, sonst kann es geschehen, daß das Pferd über den Reiter getrieben wird. Man darf dem Pferd nie einen Strick um den Hals legen, um sich daran festzuhalten, denn es könnte beim Schwimmen mit dem Fuß hineingeraten und ertrinken. Was nicht verraten wurde, war, wie man die Pferde überhaupt erst einmal ins Wasser hineinbringt. Das Flußbett fiel hier steil vom Ufer ab, nirgends gab es Vorsprünge, und schon jetzt verhielten Hornero und Jolgorio sich wie in der Nacht, als ich mein Zelt am Rand des Abgrunds aufgeschlagen hatte. Außerdem gab es noch das Problem mit meiner Ausrüstung. Beim Schwimmen konnte Jolgorio sie unmöglich tragen. Wie sie jetzt ans andere Ufer bringen? Und selbst wenn ich das schaffte – ob nicht alles dabei kaputtging?

Schließlich arbeiteten wir uns weiter stromabwärts und fanden eine Stelle, an der der Fluß sich in fünf Finger aufspaltete und Felsen dazwischen herausragten. Einer davon – grau und ingrimmig und von fast phallischer Gestalt – ragte nicht allzu weit entfernt auf. Ich seilte mich vom Ufer aus ab, um nicht abgetrieben zu werden, und schaffte es, bis zu diesem Felsen hinauszukommen und ein weiteres Seil darumzulegen. Auf diese Weise konnte ich vom Ufer aus die Pferde in Richtung Fluß ziehen und sie dazu bringen, überhaupt erst mal ins Wasser zu gehen.

Ob es funktionierte? Das sollte ich bald feststellen. Als nächstes galt es, vier kräftige Baumstämme, von denen genug herumlagen, miteinander zu verbinden. Auf diesem behelfsmäßig hergestellten Floß zurrte ich die Rucksäcke und das andere Gerät fest. Dieses hatte ich zuvor in den fünfzig besonders strapazierfähigen Plastiksäcken verstaut, die ich in Coihaique gekauft hatte.

Mit einem Stoßgebet saß ich auf Hornero auf und versuchte, ihn in den Fluß hineinzulenken, wobei ich meine Hacken und viele gute Worte verwendete. Gleichzeitig zog ich kräftig an dem Seil. Plötzlich schien das Ufer mehr oder weniger unter seinen Hufen nachzugeben.

Das Wasser brodelte. Die Seile, meine Habseligkeiten und Horneros aufgeregt die Fluten durchteilende Beine bildeten ein großes Durcheinander. Jolgorios wegen machte ich mir keine allzu großen Gedanken. Hornero unter Kontrolle zu halten, erforderte all meine Kraft und Aufmerksamkeit. Brachte ich ihn dazu, immer in der richtigen Richtung vorwärtszugehen, würde sein Freund ihm schon folgen. Ich hatte recht. Kurz darauf war ein gewaltiges Aufspritzen zu hören. Das Ufer fiel so steil ab, daß die Pferde nicht mehr zurückkonnten, sondern gezwungen waren, zu schwimmen.

Sofort erfaßte uns die Strömung. Ich ließ mich von Horneros Rücken ins Wasser gleiten, denn mit meinem Gewicht auf dem Rücken schien er Schwierigkeiten zu haben. Ich hielt mich an seinem Schweif fest und bediente mich eines alten Indianertricks, von dem ich einmal gelesen hatte: Ich spritzte ihm Wasser ins Gesicht, um ihn davon abzuhalten, den Kopf zu wenden und umzukehren. Da ich das Seil meines Floßes nicht mehr halten konnte, verknotete ich es mit seinem Schwanz. Das verlangsamte das arme Tier so sehr, daß Jolgorio uns bald ein ganzes Stück vorausschwamm. Ja, Hornero kam nur etwa einen Meter vorwärts, während wir eine Strecke von zwölf Metern den Fluß hinuntergetrieben wurden.

Erst als schartige Steine an meinen Kleidern zerrten, machte ich die Augen wieder auf. Wir waren drüben! Von einer vorschriftsmäßigen Flußüberquerung konnte zwar nicht die Rede sein, aber wir hatten es geschafft, und ich war stolz auf mein Floß, das ganz gut gehalten hatte. Die Luft in den Plastikbeuteln hatte es zusätzlich über Wasser gehalten. Ich rieb die Pferde trocken, ließ mich selbst vor einem hastig entzündeten Lagerfeuer trocknen und dankte dem Himmel für das billige Feuerzeug, das ich in Coihaique gekauft hatte. Streichhölzer hätten es nie trocken herübergeschafft, das war klar.

Als ich die Pferde sattelte, merkte ich, daß ich beobachtet wurde. Ein kleiner alter Mann hatte sich mir leise von hinten genähert. So unbekümmert wie möglich arbeitete ich weiter und bemühte mich, mir nicht anmerken zu lassen, welche Angst ich bei der Flußüberquerung gehabt hatte.

„Wie weit ist es noch bis Cochrane?" fragte ich den Alten.

„Ach, ein Stückchen weiter auf der anderen Seite", erwiderte er.

Als er mein Gesicht sah, sagte er lächelnd: „Keine Angst, ich habe ein Kanu. Ich werde Sie und Ihre Sachen rüberbringen; die

Pferde nehme ich ins Schlepptau. Keine Sorge, es wird nicht schwierig sein ..."

So kam es, daß wir am Spätabend in Cochrane eintrafen, der letzten Stadt des Archipels. Ich hatte den Ort erreicht, wo alle nach Süden führenden Wege und Pfade enden.

Die atemberaubenden Berge rund um die Stadt wurden jeden Tag weißer, und die Siedler machten ihre letzten Besuche in der Stadt, ehe der Schnee sie den Winter über auf ihren Höfen einschloß. Sie ritten nach Hause und ließen ihre Kinder und die Rinder, mit denen sie in die Stadt gekommen waren, zurück – die Rinder, um sie zu verkaufen und mit dem Geld Mehl, Zucker, *mate* und andere Lebensmittel zu erstehen, die bis zum Frühjahr reichen mußten, und die Kinder, um sie bei den Städtern unterzubringen, weil sie ja zur Schule gehen sollten. Die ganze Aktivität war eine Warnung, daß der Winter nicht mehr lange auf sich warten lassen und meine Reise beträchtlich erschweren würde.

Vier Tage verwendete ich auf die überstürzte Vorbereitung der nächsten Reiseetappe. Wie in Antofagasta machten auch hier die Leute besorgte Gesichter, als sie von meinen Plänen hörten. Die Strecke von Cochrane bis nach Caleta Tortel sei zu Pferde praktisch nicht zu bewältigen, erklärten sie mit Entschiedenheit. Da gäbe es Sümpfe, unpassierbare Flüsse und Berge, über die man nicht hinüberkäme. Einheimische, die zu dem kleinen, felsigen Hafen wollten, benutzten die Pferde immer nur bis Lago Vargas, das etwa drei Tagesritte entfernt liege; von dort aus führen sie mit dem Schiff weiter.

„Mit dem Schiff?" Ich sah einen Hoffnungsschimmer. Schließlich hatten sich Hornero und Jolgorio inzwischen an Schiffsreisen gewöhnt.

„O nein!" wehrten sie ab. Es seien ja nur kleine Boote, die keine Pferde mitnehmen könnten. Der Río Baker sei fast genauso schwierig zu befahren wie das Gelände links und rechts davon zu

Pferd zu bewältigen. Das einzige größere Fahrzeug, das flußaufwärts fahre, sei ein Floß, das zweimal im Jahr von den Behörden geschickt werde, um Vieh hinunterzubringen. Eines sei gerade abgefahren; jetzt werde für mindestens sechs Monate keines mehr kommen. Selbst der örtliche Pferdepfleger riet mir, die Pferde zu verkaufen und per Kanu weiterzureisen.

Ich hatte das Gefühl, in einer Falle zu sitzen. Zurück konnte ich nicht, aber ich konnte auch nicht für immer in Cochrane bleiben. Weiter ging es aber offenbar auch nicht, denn das hieße, die Pferde zurücklassen. Ihre Wichtigkeit für mich war gleichzeitig Stärke und Schwäche des ganzen Unternehmens. Armer Hornero, armer Jolgorio, dachte ich und streichelte ihnen die samtigen Schnauzen. Hatte ich wirklich das Recht, den Versuch zu unternehmen, mich durch diese Wildnis zu schlagen, wenn selbst die Einheimischen, die das Gebiet schließlich kannten, mir davon abrieten?

Und doch mußte ich mich mit den Pferden entweder dieser neuerlichen Tortur unterziehen oder das ganze Unternehmen abblasen. Die vielen Tausende von Kilometern, die wir zurückgelegt hatten, wären dann umsonst gewesen. Für Verlierer gibt es keine Entschuldigung, auch nicht im Buchgewerbe. Irgendwie mußten wir bis nach Caleta Tortel kommen, ehe das nächste Schiff dort anlegte. Die Wahrscheinlichkeit, die Prophezeiung im letzten Absatz meines Buchvorschlags zu erfüllen – „Die Pferde werden bis zum chilenischen Marinestützpunkt Puerto Williams, neunzig Meilen nördlich von Kap Horn, kommen. Dort werde ich mein Lager aufschlagen und sie zurücklassen, um auf dem Kap selbst zu landen“ –, schien immer noch weit entfernt; aber ich konnte nun einmal nicht aufgeben.

Die Cochraner hörten verständnisvoll zu, als ich ihnen das alles auseinandersetzte. „Nun, Sie können ja immer noch die leichtere Route bis nach Villa O'Higgins nehmen und von dort aus durch Argentinien nach Süden reiten“, schlugen sie vor. „Oder wenn Sie wirklich entschlossen sind, nach Caleta Tortel zu reiten“, sagte

Sergio, der Pferdepfleger, „wird einer der Siedler aus der Gegend Ihnen den ersten Teil des Weges zeigen. Danach können wir nur noch für Sie beten ... Wenn alles gutgeht", setzte er dann noch hinzu, „werden Sie in etwa zwanzig Tagen dort sein."

Zwanzig Tage! Nach meiner Karte betrug die Entfernung noch nicht einmal hundert Kilometer.

„Richtig", sagte Sergio, „aber hier fliegt der Kondor nun mal nicht geradeaus."

Langsam und mit größter Vorsicht führte ich Jolgorio über die schwankende Hängebrücke, wie man sie manchmal in Wildwestfilmen sieht. Diese hier hätte längst aus dem Verkehr gezogen werden müssen. Viele der Holzlatten und der größte Teil des Geländers fehlten. Die Brücke hing tief über einer Schlucht zwischen hohen, vorspringenden Felsen. Von irgendwo ganz unten ließ sich das Rauschen tosenden Wassers vernehmen, doch ich sah nichts weiter als ein Gewirr von Geröll und toten Bäumen tief unter uns.

Ich hatte über eine Stunde dagesessen, die Brücke betrachtet und versucht, allen Mut zusammenzunehmen. Ich mußte hinüber! Immer wieder sagte ich mir, daß die Siedler und ihre Pferde sie ja auch benutzen, warum also nicht wir. Die Siedler sahen in diesem schwankenden Gebilde vermutlich eine Gabe Gottes. Keine Frage: Wenn ich mich und meine Pferde wirklich bis Caleta Tortel bringen wollte, blieb mir gar nichts anderes übrig, als hinüberzugehen.

Zuerst versuchte ich es mit Hornero. Ich nahm ihm sogar den Sattel ab, denn jedes Pfund Gewicht weniger war nur von Vorteil. Die ganze Brücke bebte und schaukelte bei jedem Schritt hin und her. Immer wieder blieben wir stehen und warteten, bis sie sich wieder etwas beruhigt hatte. Diese Augenblicke, in denen ich ihn mit angstnassen Händen streichelte und nach der Geheimtür zu seinem Vertrauen irgendwo hinter seinen Ohren suchte, schienen kein Ende nehmen zu wollen. Doch endlich war Hornero auf der anderen Seite und Jolgorio an der Reihe.

Es ging auch alles gut, bis Hornero von der anderen Seite ermutigend wieherte, woraufhin Jolgorio den Kopf hochwarf, antwortete und den Schritt beschleunigte. Plötzlich schien es, als ob nicht nur die Brücke, sondern die gesamte Urwaldwelt tief unter uns heftig hin und her schwankte. Jolgorio schien den Halt zu verlieren und zu rutschen, wobei er mit den Vorderhufen verzweifelt trippelte. Plötzlich ein lautes Krachen, und sein rechter Hinterfuß brach durch eine der halbvermoderten Holzlatten. Wenn er jetzt in Panik geriet, würden wir beide dreißig Meter tief in den Tod stürzen. Ein weiterer Teil der Brücke unter uns ging zu Bruch, als er mit angstvoll aufgerissenen Augen nach Halt suchte.

„Calma ..., calma ..." – „ruhig", flehte ich inständig und klammerte mich an das Pferd. *„Calma!"* Dann bückte ich mich unendlich langsam hinunter und zog unter großen Schwierigkeiten seinen Huf zwischen den Planken heraus. Dieses bißchen Vertrauen, das ich in der vergangenen Zeit mühevoll errungen hatte, war unsere Rettung. Als wir endlich an der anderen Seite ankamen, brach ich auf dem herrlichen festen Boden zusammen. Gott sei Dank packt wirkliche Angst einen immer erst, nachdem die Gefahr vorüber ist, dachte ich. Und dann fiel mir ein, daß ich noch zweimal hinüber mußte, um Sättel und Gepäck zu holen.

Die nächsten Flußüberquerungen absolvierten wir nach der alten Methode, und der Río Baker verlangte jedesmal seinen Obolus. Die Strömung riß die nun doch vorzeitig verschlissenen Plastiksäcke auf, und ein Stück meiner Habseligkeiten nach dem anderen ging kaputt oder verloren. Immer und immer wieder mußten wir den Fluß durchschwimmen. Alle paar Kilometer wurde das Terrain auf der einen Seite des Baker unpassierbar; dann mußten die Pferde und ich aufs andere Ufer hinüber und unser Glück dort versuchen. Mit der Übung verbesserten sich unsere Schwimmkünste. Hornero schwamm mit gebleckten Zähnen, der ein wenig fettere Jolgorio rollte ein bißchen von einer Seite auf die andere, während ich bloß hinterherstrampelte, weil mir Hornero freundlicherweise gestattete, mich an seinem Schwanz festzuhalten. Schwammen wir gerade nicht, tauchten wir bis zum Widerrist der Pferde in den Morast, kämpften wir uns durch Unterholz, das seit Anbeginn der Zeiten unberührt geblieben zu sein schien, oder kletterten über Felsen hinweg. Hier und da sah ich zwischen den Bergen rote Farbkleckse auf dem Gestein: die Markierungen der Vermessungstrupps für die Weiterführung der *Carretera Austral.*

Obwohl die Pferde vom Laub ungezählter Bäume naschen konnten, vermißten sie Kraftfutter. Mich befielen jedesmal Schuldgefühle, wenn ich meinen wohlgefüllten Proviantbeutel aufmachte und Brot und Trockenfleisch hervorholte. Doch als am dritten Tag nach Cochrane die Dämmerung sich herniedersenkte, entdeckte ich eine herrliche, mit saftigem Gras bewachsene Insel genau in der Flußmitte. Wir schwammen hinüber, ich baute das Zelt auf und ließ die Pferde frei auf der Insel weiden und sich nach Herzenslust vollfressen.

Es folgte eine wilde, stürmische Nacht, und der Regen peitschte nur so hernieder. Ich jedoch fühlte mich wohl und geborgen in meinem Zelt; schließlich hatte ich es mit meinen stärksten Heringen befestigt. Meine Kleidung war vom Durchschwimmen des Flusses zwar noch naß, und wie gewöhnlich war es ganz ausgeschlossen gewesen, sie zu trocknen, doch hatte ich mich inzwischen daran gewöhnt, immer in feuchten Sachen umherzulaufen. Ich konnte morgens sogar nasse Socken überstreifen, ohne dabei zu erschauern. Feuchtigkeit schien mir nichts anzuhaben, dachte ich selbstgefällig. Ich war zu dem Schluß gekommen, daß es keinen Sinn hatte, gegen alle Widrigkeiten anzukämpfen und zu versuchen, trocken zu bleiben. Besser war, sich an die Feuchtigkeit so weit zu gewöhnen, daß sie keine Rolle mehr spielte.

Zufrieden mit Gott und der Welt, schlief ich ein. Der Regen draußen trommelte ein Schlaflied auf das Zeltdach. Die ganze Nacht über träumte mir, ich würde schwimmen. Als ich aufwachte, stellte ich zu meinem Entsetzen fest, daß ich wirklich schwamm – oder zumindest fast. Der Fluß war im Laufe der Nacht dramatisch angeschwollen, und die Insel war so gut wie unter Wasser verschwunden. Die Pferde standen nahe beim Zelt und blickten mißtrauisch auf das strudelnde Wasser rings um sie her. Was um alles auf der Welt sollten wir tun? Jetzt ist es soweit! dachte ich verzweifelt. Jetzt habe ich einen Fehler zuviel gemacht.

Es war keine Zeit mit Überlegen zu verlieren. Tückische braune Fluten rauschten gefährlich nahe am Zelt vorbei. Wir konnten unmöglich hier bleiben. Der größte Teil des saftigen Grases, das uns auf die Insel gelockt hatte, war schon verschwunden. Bald würde der ganze Lagerplatz unter Wasser stehen.

Gehetzt packte ich alles zusammen und belud das Floß. Gott sei Dank hatte ich es behalten. Diese Flöße waren im allgemeinen immer ein provisorischer Notbehelf, nichts weiter als vier zusammengezurrte dicke Äste, die meine Rucksäcke trugen. Da sie so leicht zu bauen und so schwer mitzunehmen waren, machte ich jedesmal ein neues, wenn wir den Fluß zu überqueren hatten. Doch dieses hatte ich behalten, wußte ich doch, daß wir von der Insel wieder zurückmußten. Genau das galt es jetzt natürlich zu tun – allerdings unter weit ungünstigeren Umständen als am Tag zuvor auf dem umgekehrten Weg. Der Fluß hatte seinen Charakter vollständig verändert. Das harmlose Hellblau, das mich immer bezaubert hatte, war verschwunden; jetzt war das Wasser bleifarben. Der Himmel über uns war von einem tückischen Gelb mit schwarzen Wolken davor, die aussahen, als würden sie die ganze Welt unter sich zerschmettern, wenn sie herunterfielen.

Es war keine Zeit zu verlieren. Ich rief die armen, verängstigten Pferde herbei und peitschte auf sie ein, wobei ich mir bewußt war, daß ich Gefahr lief, das in monatelanger, geduldiger Arbeit gewonnene Vertrauen erneut zu verlieren. Aber ich sah keine andere Möglichkeit, sie in den reißenden Strom hineinzutreiben. Zuletzt verloren sie den Halt, der Schlamm unter ihren Hufen zerfloß, und sie wurden von der Strömung davongetragen. Ich stürzte mich hinter ihnen in die Fluten und klammerte mich verzweifelt an den Rand des Floßes.

Diesmal hatte ich nicht erst allen Mut zusammennehmen müssen. Mir war gar nichts anderes übriggeblieben. Ich warf einen Blick zurück, wo eben noch unsere Insel gewesen war. Nichts mehr zu sehen. Ich sah die Pferde vor mir; ihre Köpfe tauchten aus den Wellen auf und verschwanden wieder. Ich betete darum, daß wir bei einer der vielen Biegungen des Flusses irgendwo ans Ufer geschwemmt würden, statt immer weiter flußabwärts zu treiben.

Gewaltige Baumwurzeln und Äste, die der angeschwollene Fluß herausgerissen hatte, wurden mit uns fortgeschwemmt. Ich klammerte mich an das kleine Floß, und zu meiner größten Erleichterung schien das Ufer näher zu kommen. Doch plötzlich wurde ich von einer anderen Strömung erfaßt. Wasser drang mir durch Nase und Mund, und ich hatte das Gefühl, in einer Waschmaschine herumgeschleudert zu werden. Mein Kopf schien bei meinem Bemühen, die Luft anzuhalten, zerbersten zu wollen. Das kann nicht ewig so weitergehen, sagte ich mir. Selbst wenn ich ertrinke, es kann nicht ewig so weitergehen. Der Strick, mit dem ich mich am Floß festgebunden hatte, schnitt mir ins Fleisch. Irgendwo war ich mir bewußt, daß ich mir keine Mühe mehr gab, sondern mich einfach treiben ließ. Wenn nur das Getöse endlich aufhören würde!

Und plötzlich hörte es auf. Ich öffnete die Augen. Ich war gelandet. Das Floß hatte sich am Rand des Flusses in einem Dornbusch verfangen. Die Sonne schien, der Fluß wurde wieder blau, und der Wasserspiegel sank. Ich schleppte mich und das Floß das Ufer hinauf, stand da mit zitternden Knien und wagte kaum, mich nach den Pferden umzublicken. Sie waren nirgends zu sehen. Ich machte mich auf die Suche. Eine Zukunft ohne Hornero und Jolgorio war keine Zukunft.

Etwa anderthalb Kilometer flußabwärts erspähte ich einen großen weißen Fleck im Gras. Es war Hornero, ausgestreckt auf dem Boden. Ich lief, so schnell mich meine Füße trugen, denn ich fürchtete das Schlimmste, doch als ich näher kam, bewegte er sich, rollte sich auf dem Rücken, wobei seine silbernen Hufeisen in der Sonne blitzten. Ich lief hinzu und schlang ihm die Arme um den Hals. Er schaute mich erstaunt an. Nicht weit von ihm entdeckte ich Jolgorio. Auch er schien guter Dinge, begrüßte mich mit einem leisen Wiehern und fuhr fort zu grasen. Ich dachte, ich würde wahnsinnig vor Erleichterung. Jeder hatte nur ein oder zwei unbedeutende Schrammen davongetragen. Es war doch alles gutgegangen! Flott trabte ich zu der Stelle zurück, wo meine Sachen lagen, um die Verletzungen genauer zu untersuchen und die Pferde abzureiben. Dann gab ich jedem von ihnen vorsichtshalber eine Vitaminspritze. Für Hornero schien das der schlimmste Teil der ganzen Eskapade.

Alles, was ich besaß, war klitschnaß. Im Inneren des Fotoapparates schwappte Wasser. Bald erblühten die Büsche ringsum von Kleidern und Sattelzeug, das ich zum Trocknen ausgebreitet hatte. Wie dankbar war ich für den warmen Sonnenschein! Mir war, als müßte ich jauchzen und schreien und vor Freude singen. Wie so viele Male vorher auf dieser Expedition erstaunte es mich auch diesmal wieder, daß nach einem schrecklichen Erlebnis nicht Verzweiflung zurückblieb, sondern eine besondere Hochstimmung, ein überschwengliches Glücksgefühl. Das einzige, was in den letzten vierundzwanzig Stunden kaputtgegangen war, war einiges von meinem Filmmaterial; einer der Plastikbehälter war geplatzt.

★

Die Sonne stand immer noch hoch, als wir uns wieder auf den Weg machten. Nach einiger Zeit erreichten wir eine Weggabelung. Die beiden vor mir liegenden Pfade verdienten diese Bezeichnung kaum. Sie sahen mehr aus wie ein kaum erkennbarer Wildwechsel – selten benutzt, von Fuß-, Pfoten- oder Hufspuren nichts zu erkennen, nichts da als das unwägbare Gefühl, daß hier vor einiger Zeit jemand durchgekommen sein müsse. Als ich noch dastand und mir schlüssig zu werden versuchte, welchen Pfad ich nun einschlagen sollte, meinte ich Stimmen zu hören, die hinter der nächsten Biegung herzukommen schienen.

„*Adelante*", sagte ich zu den Pferden und trabte hin, um nachzusehen.

„*Hola, gringa!*" hörte ich eine Stimme rufen. Es war Jorge Chodil, ein Chilote-Indianer, den ich vor fünf Tagen in Cochrane kennengelernt hatte. Die Leute dort hatten ihn den ungekrönten König des Río Baker genannt. Auf Anweisung des Bürgermeisters hin hatte er mir die Route aus Cochrane hinaus gezeigt, aber er hatte auf mich sehr hochmütig gewirkt, und ich war froh gewesen, als wir uns getrennt hatten. Jetzt machte er einen wesentlich freundlicheren Eindruck.

Er saß an einem kleinen Lagerfeuer und trank *mate*. Er füllte noch etwas Wasser nach und bot mir davon an.

„Wie sind Sie vorangekommen?" fragte er vergnügt zwinkernd. „Irgendwelche Probleme seit Cochrane?" Er sah wirklich wie ein Gnom aus mit seinem verschmitzten Gesicht und den schlohweißen Haaren, die ihm unter dem Rand seines Sombreros hervorquollen.

„Nein, gar keine", log ich. „Es ging alles ganz einfach . . ."

Nach einer Weile stand er auf, trat das Feuer aus und schaffte es irgendwie, auf sein riesiges Pferd mit dem struppigen Fell aufzusitzen. Die Steigbügel reichten auf beiden Seiten nur ein kurzes Stück herunter, und der Sattel selbst war hoch mit *pellones* oder Schaffellen gepolstert. Es sah aus, als throne er auf einer Art

Sänfte, wie sie auf Kamelen oder Elefanten verwendet werden.

Sein anderes Pferd trug einen sehr interessanten Packsattel, der aus handgearbeiteten Lederriemen, geflochtenem Bambus und vielen Schaffellen bestand, die offensichtlich einen Schatz an Wintervorräten bargen. Jorge erzählte mir, sein Packpferd, noch jung und unerfahren, sei gestern an einer Felswand sechs Meter in die Tiefe gestürzt. Doch nicht nur sei das Pferd völlig unversehrt davongekommen, sondern Packsattel und Gepäck wären nicht einmal verrutscht; sogar sein Demijohn Maisschnaps für den Winter sei heil geblieben, wie er noch stolz hinzusetzte.

Er grub dem Pferd die Hacken in die Flanken und ritt in furiosem Tempo den Pfad hinunter, so daß Hornero und Jolgorio sich ganz schön anstrengen mußten, um Schritt mit ihm zu halten. Zum erstenmal auf der ganzen Expedition schienen sie nichts gegen das Vorhandensein anderer Pferde zu haben. Ja, Jolgorio schien es sogar ausgesprochen zu genießen, einmal ausgiebig mit einem anderen Packpferd zu plaudern.

Endlich kamen wir aus dem Wald heraus und gelangten wieder an den Fluß. Señor Chodil glitt vom Pferd, legte die Hände übereinander und stieß eine Reihe scharfer Pfiffe aus. Wenige Minuten später legte ein rotes, mit seiner Frau und einem seiner Söhne bemanntes Ruderboot am Ufer an.

Welch ein Luxus! dachte ich, als Señor Chodil und ich über den Fluß gerudert wurden. Unser Gepäck war sicher an Bord des Bootes verstaut, und die Pferde schwammen, an einer Leine angebunden, hinter uns her. Am anderen Ufer warteten aufgeregt acht seiner Kinder. Ich schloß mich der langen Prozession zu seinem Haus an. Solide gebaut, hob es sich von den finsteren Bergen ab, die kein Mensch je besteigen würde, denn hinter ihnen wurde das Land von tödlichem Eis regiert. Ringsumher herrschte ein Gewirr von zersplitterten Bäumen, ein Beweis dafür, daß nicht einmal der Wald hier wachsen konnte. Doch ganz in der Nähe des kleinen Holzhauses gab es grünes Gras und einen Garten mit

Ein Boot – welch ein Luxus!

Weizen, Kohl und anderem Gemüse. Zudem auch noch ein sorgsam errichtetes Gehege mit etwa fünf Kühen und ihren halbwüchsigen Kälbern.

Señor Chodil maß noch nicht einmal eins fünfzig, aber was seinen Mut und seine Energie betraf, war er ein Riese. „Wenn man wirklich etwas will“, erklärte er, „ergeben sich immer Mittel und Wege.“ Er war als Zehnjähriger von daheim weggelaufen und hatte über fünfunddreißig Jahre als *peon*, als Landarbeiter, und in den Minen gearbeitet. Erst danach hatte er genug Geld gespart, um sich etwas Vieh zu kaufen und am Ufer des Baker-Flusses ein Stück Land einzuzäunen. Jetzt, mit vierundsiebzig, hatte er zehn Kinder zwischen fünf und vierundzwanzig Jahren. Bis auf einen bereits verheirateten Sohn lebten sie alle noch in dem winzigen Holzhaus, das er 1944 mit eigenen Händen gebaut hatte.

„Geld habe ich keines“, sagte er, „dafür aber dies alles.“ Damit zeigte er auf seine Familie. „Außerdem habe ich mein eigenes Fleisch, Gemüse, endlos Brennholz und endlos Wasser. Und sollte dies Haus einmal zusammenfallen, habe ich Holz und Zeit genug, ein anderes zu bauen ...“

Eines der wenigen Dinge in dem Haus, die er nicht selbst hergestellt hatte, war ein eleganter Eisenherd, der in der winzigen Wohnküche prangte. Der ganze Stolz der Familie. Señor Chodil hielt eine Ölfunzel dicht daran, damit ich die Inschrift lesen konnte: „Sonnybridge, Dover, England“ stand mit klaren Lettern in das Metall eingegraben. „Sie sehen also, es ist ein *gringo*-Herd“ sagte er lachend. Gekauft hatte er den Herd von einem Schiff, das in Caleta Tortel angelegt hatte; und hergeschafft hatte er ihn mit einem Floß.

Das lieferte mir das Stichwort, ihn nach der nächsten Etappe meiner Reise zu fragen.

„Ich sehe, daß Sie das böse Tier Eigensinn auf dem Rücken tragen – genau wie ich früher“, sagte er. „Von hier bis Caleta Tortel wird es mit den Pferden nicht leicht sein.“ Er lehnte sich vor. „Aber wie der Zufall will, kann ich Ihnen vielleicht helfen.“

Er erklärte, daß die Reise über Land nach Tortel zwar außerordentlich gefahrvoll sei. Mit einem Ruderboot sei sie jedoch ziemlich leicht zu bewerkstelligen und dauere nur zwei Tage. Aus diesem Grunde gingen seine jüngeren Kinder den Winter über auch in Caleta Tortel zur Schule und nicht in Cochrane.

„Wir fahren in ein paar Tagen ab“, fügte er hinzu, „und ich kann Ihr Gepäck mitnehmen. Ohne Traglast müßten die Pferde es eigentlich schaffen.“ Er und seine Frau würden persönlich mitkommen, um alles Nötige zu überwachen und Treffpunkte zu bestimmen, wo ich für die Nacht zu ihnen stoßen könnte; dann könnte ich auch mein Zelt benutzen. Der Rest der Gruppe sollte aus den beiden Schuljungen und zwei älteren Söhnen bestehen, die beim Rudern helfen sollten. Alle bemühten sich, mir zu verschweigen, daß ihre eigene Fahrt dadurch länger dauern würde und sie überdies noch zwei oder drei Sack Kartoffeln zurücklassen müßten, die sie in Tortel zu verkaufen gehofft hatten.

Die Vorbereitungen waren fast abgschlossen, als es plötzlich wieder anfing zu regnen. Jorges Frau María Elina stellte die großen Proviantbeutel, die sie für die Reise vorbereitet hatte, beiseite. Das Haus niemals zu verlassen, solange es regnete, war eine der eisernen Regeln dieser Familie. Nach der Beinahe-Katastrophe mit der plötzlich verschwindenden Insel wußte ich, wie recht sie hatten. Der Fluß war wieder angeschwollen, und das tückische Schmutzigbraun des Wassers verriet alles.

Ich versuchte, mir vorzustellen, ich befände mich auf einem Boot, liege beigedreht da und wartete auf besseres Wetter. Doch irgendwie ist es auf See viel leichter, sich damit abzufinden, daß die Natur der Boß ist, als an Land. Die Chodils nahmen inzwischen tränenreich Abschied von ihren Kühen, insbesondere den Lieblingskühen Pampa, Coliflorita und La Pata. Ich half ihnen, die Tiere noch einmal zu melken, und schämte mich, daß meine Handgelenke mich so schmerzten, daß die kleine Gina, die gerade fünf Jahre alt geworden war, mehr Milch herausbekam als ich! Dann wurden die Tiere freigelassen; den Winter über mußten sie für sich selbst sorgen. Ehe sie ihnen Lebewohl sagten, hängten die Chodils den Tieren Blättergirlanden um den Hals und gaben ihnen einen lauten Klaps auf das Hinterteil, um sie hinauszuschicken, aber auch um die Zuneigung zu verbergen, die sie offensichtlich für sie fühlten. Auch ihren Pferden nahmen sie die Hufeisen ab und schickten sie hinaus in die Berge; bis zum nächsten Frühjahr brauchte die Familie sie nicht.

1. April (!) im Haus der Chodils

Die höchsten Berge ringsum sind über Nacht weiß geworden, und eine dicke Frostschicht liegt über der Kuppel meines Zeltes, so daß es jetzt aussieht wie ein richtiger Iglu. Es könne jeden

Tag anfangen zu schneien, sagten die Chodils, dann wären Reisen zu Fuß bis zum nächsten Frühjahr unmöglich. Obwohl nun aller Grund besteht, sich zu beeilen, bevor dies eintritt, sind wir immer noch Gefangene des stark angeschwollenen Flusses und können auch heute wieder nicht fort. Hornero und Jolgorio sind sehr ausgeruht, und es geht ihnen sehr gut; doch das Gras wird knapp.

Señor Chodil schlürft seinen *mate* durch ein besonderes, *bombilla* genanntes Röhrchen, ein Geschenk, das er vor vierzig Jahren erhalten hat, als er auf der anderen Seite der Grenze in Argentinien im Kohlebergwerk arbeitete. Jetzt hat er eine uralte Brille aufgesetzt und liest laut aus einer Schriftrolle ein Gedicht vor, das endlos zu sein scheint wie der Fluß.

„Es gibt eine hohe Straße und eine niedrige Straße, und beide führen sie zum selben Ort", liest er. „Von der hohen Straße sieht man mehr, aber man kann auch abstürzen."

Ein bißchen mehr über diese Familie zu erfahren, die ungewöhnlicher ist als selbst die Umwelt, in der sie lebt, entschädigt stark dafür, hier festzusitzen. In diesem Hause wird alles geteilt. Der *chicha* genannte Maisschnaps aus dem Demijohn, der den Sturz mit dem Pferd überstanden hat, geht in einem großen Becher von Mund zu Mund, bis wir alle – dreizehn insgesamt – einen genau bemessenen Schluck abbekommen haben. Auch der *mate* macht die Runde – vielleicht tun es auch die Bazillen, obwohl ich sicher bin, daß die weniger ansteckend wirken als die Freundschaft, die mit ihnen weitergegeben wird. María Elina läßt es sich nicht nehmen, mich immer wieder zu endlosem *mate*-Trinken und an die Wärme ihres Herdes ins Haus zu holen – und das mit dem falschen Versprechen, vor unserem Aufbruch zu einem Picknick in mein Zelt zu kommen.

Jetzt, da ich sie kennengelernt habe, verstehe ich wohl mehr, was es im Laufe der gesamten Geschichte geheißen hat, eine

Pionier-Frau zu sein. Sie ist wie eine Mischung aus Samt und Stahl. Wie sie mir mit herunterhängendem Haar im sanften Kerzenschimmer gegenübersitzt, sieht sie fast noch wie ein junges Mädchen aus; dabei hat sie zehn Kinder gehabt und ein Leben geführt, das die meisten europäischen Frauen als außergewöhnlich hart bezeichnen würden. Sie bewundert ihren Mann zwar grenzenlos, verrichtet jedoch Aufgaben, über denen die emanzipierten Frauen bei uns den Mut verlieren würden. Fasziniert betrachte ich ihre Hände, während sie die Gitarre zupft – Hände, die ich in den letzten beiden Tagen habe eine Axt schwingen, ein Schaf einfangen, eine Kuh melken und ein schweres Paddel durchs Wasser ziehen sehen. Können die zarten Finger, die leise Gitarre spielen, um die jüngsten Kinder in den Schlaf zu wiegen, zu denselben Händen gehören, die all dies geschafft haben?

Die Kinder sind womöglich noch erstaunlicher als ihre Eltern. Zu neunt drängen sie sich in diesem einen kleinen Raum mit einer Harmonie und einer Aggressionslosigkeit, die für eine europäische Familie in ähnlichen Verhältnissen meiner Meinung nach unmöglich wäre. Martin schnitzt aus einem Stück Holz ein Tier. Sein Bruder Jorge begleitet seine Mutter auf der Mundharmonika. Die kleine Gina tanzt verzückt in ihren neuen roten Schuhen, die der Vater ihr aus Cochrane mitgebracht hat. Jetzt, da die Kühe für den Winter fort sind und es keine Milch mehr gibt, trinkt sie nur verdünnte *chicha;* für den *mate* gilt sie als zu jung! Kein Wunder, daß sie immer lustiger wird!

Die übrigen Kinder sitzen da und unterhalten sich still oder helfen bei der Zubereitung des Abendessens. Unfaßlich, daß bis auf die beiden ältesten, die schon in Cochrane gewesen sind, diese Kinder noch nie eine Straße oder ein Auto oder auch nur ein Fahrrad gesehen haben. Sie kennen weder elektrisches Licht noch Discos, noch Fernsehen. Sie haben nicht einmal irgend-

Señor Chodil mit einer seiner Töchter

welche Kinder in der Nachbarschaft, mit denen sie spielen könnten. Ihre einzige Unterhaltung stammt aus einem alten Radio . . ., sonst sind sie ausschließlich aufeinander angewiesen. Trotzdem scheinen sie bemerkenswert zufrieden.

Ich mußte an die roten Farbkleckse der Straßenvermesser denken, die ich auf dem ersten Teil des Ritts von Cochrane gesehen habe. Was würde wohl geschehen, wenn die Versprechungen der Regierung erfüllt würden und die Straße schließlich bis hierher vorstieß? Würde es sich für die Menschen hier gut oder schlecht auswirken? Was würde geschehen, wenn die ersten blitzenden Jeeps voller Touristen an den Río Baker kamen?

Endlich, zwei Tage später, hielt eine sternklare Nacht ihr Versprechen, und es gab einen schönen, wenngleich bitterkalten Morgen. Es war Zeit aufzubrechen. Die Chodils zeigten mir den Weg bis zum Fuß des Cerro Negro. Dann verabschiedeten sie sich. „Keine Sorge", sagte María Elina lächelnd, „dein Zelt wird aufgebaut sein und auf dich warten, wenn du am ersten Treffpunkt ankommst."

Etwas später sah ich sie von oben den Fluß hinunterfahren; ihr kleines Boot war bis an den Dollbord beladen. Als ich meinen grünen Rucksack sah, versetzte mir das einen Stich. Ich glaube, schon da wußte ich, daß ich das Boot an diesem Tag nicht wiedersehen würde.

Der Cerro Negro erinnerte mich an einen schroffen Dartmoor-Felsen, nur daß er hundertmal größer war. Zwischen Felsstufen und -mulden gab es immer wieder weiche, grüne Simse. Manche von diesen gaben den Pferden festen Halt, andere hingegen waren rutschig. Meter um Meter mußte ich die Pferde mühsam dazu bewegen, immer größere Höhen zu erklimmen. Ich wußte, wenn ich Tortel erreichen wollte, mußte ich auf die andere Seite hinüber. Endlich standen die Pferde schweißbedeckt und mit fliegenden Flanken auf der Höhe. So weit, so gut, dachte ich und klopfte ihnen den Hals. Doch der Abstieg auf der anderen Seite erwies sich als womöglich noch schwieriger, denn der festeste Halt für die Hufe war manchmal nur ein paar Handbreit von einem Abgrund entfernt. Allerdings hatten wir seit unserem Abritt aus Cochrane eine ganze Reihe solcher Abstiege hinter uns gebracht, und die Pferde hatten gelernt, auf vier fest zusammenstehenden Hufen bergab zu rutschen.

Am Fuße des Cerro traten wir in eine Welt ein, in der die Wälder aussahen, als wären sie von Menschenhand noch völlig unberührt. Das dichte Blätterdach warf einen grünen Schimmer über alles – schön, aber trügerisch, denn die bezaubernden grünen Moospolster überdeckten gefährliche Sumpflöcher. Ich arbeitete mich vor den Pferden voran, bot aber kaum ein gutes Beispiel, denn bei jedem zweiten Schritt fiel ich hin. Haare, Gesicht und Kleidung – alles war mit einer dicken Schlammschicht bedeckt. Immer wieder kam es vor, daß das eine oder das andere Pferd nach der enormen Anstrengung, die es kostete, die Hinterhand aus dem zähflüssigen Brei herauszuziehen, auf die Vorderknie fiel. Es war einfach grauenhaft, und ich verfluchte mich, die Pferde jemals hierhergebracht zu haben. Wie gewöhnlich hatten die Ratschläge und Warnungen sich als richtig erwiesen. Warum nur hatte ich herkommen müssen? Auch den Fotoapparat verfluchte ich, der mir über und über mit Schlamm bedeckt am Hals baumelte. Es war, als ob diese Hölle entschlossen wäre, für immer unbekannt zu bleiben, indem sie es mir unmöglich machte, auch nur ein Foto zu machen.

Während ich mich Stunde um Stunde vorwärtskämpfte, war ich doch nie allein. Große Vögel mit orangefarbener Brust hüpften umher. Sie waren so zahm, daß ich sie vor den Hufen der Pferde fortscheuchen mußte. Da waren Eulen und eine Fülle von Schmetterlingen. Ich sah auch einen mächtigen Vogel, geiergroß, schwarz und mit kraftvollen Schwingen, deren äußerste Spitzen weiß leuchteten. Ein weißer Federkragen führte um seinen Hals.

Am Ansatz des kräftigen, gebogenen Schnabels hatte er so etwas wie einen Höcker. Erst daran erkannte ich, daß es sich um einen Anden-Kondor handelte.

Je mehr sich die Bäume lichteten, desto morastiger wurde es. Am späten Nachmittag kämpften wir uns durch schreckliche Sumpflöcher, in denen unter dem Schlamm spitze Dornen lauerten. Die armen Pferde schienen bei jedem zweiten Schritt auf den Bauch zu fallen. Manchmal sah es aus, als führte überhaupt kein Weg mehr heraus. Da tastete ein Fuß blindlings nach festem Grund und fand statt dessen nur ein tiefes Loch. Die Pferde waren völlig ausgepumpt. Ab und zu blieb sogar Hornero stocksteif und mit Verzweiflung in den Augen stehen. Das Schlimme war, daß ich eines wußte: Jetzt aufzugeben und umzukehren würde noch schwieriger sein, als weiter voranzugehen. So half ich denn den Pferden, einen Fuß nach dem anderen aus dem Morast herauszuziehen, bis sie wieder weiterkonnten. Meine größte Angst war, einer könnte sich ein Bein brechen. Wenn das geschah, hätte ich nicht einmal eine Pistole oder irgendeine andere Waffe, um sie von ihrer Qual zu erlösen.

Ganz, ganz langsam brachten wir den schlimmsten Abschnitt des Morastes hinter uns und gelangten in ein Gebiet mit hohen, abgestorbenen Bäumen. Inzwischen senkte die Dämmerung sich herab, und mir war klar, daß ich es nie bis zu dem verabredeten Treffpunkt schaffen würde. Wie sehr bedauerte ich, den Chodils gesagt zu haben, daß sie sich um mich keine Sorgen machen sollten. Schon jetzt wurde es ständig kälter. Warum nur hatte ich eingewilligt, mich von meinem getreuen Zelt und dem Schlafsack zu trennen? Und doch – der gesunde Menschenverstand sagte mir, daß wir es niemals geschafft hätten, wenn wir beides auch noch hätten schleppen müssen. In der Nähe eines Flusses entdeckte ich einen Baum mit einem Erdloch an der Wurzel, von dem ich meinte, daß es mir einigen Schutz gewähren könnte. Den Pferden nahm ich die Halfter ab, um ihnen noch mehr Erholung zu gönnen. Daß sie nach den Strapazen des heutigen Tages noch weglaufen würden, hielt ich für ausgeschlossen. Endlich fand ich Gelegenheit, wenigstens den größten Teil des Schlamms abzuwaschen. Ich tastete in den Innentaschen der alten Windjacke, die ich unter dem Poncho trug, nach der Streichholzschachtel. Ein Feuer würde beträchtlich helfen, die Situation erträglicher zu machen. Ich schob die Schachtel auf. Sie enthielt nur noch ein einziges Streichholz. Es war feucht.

So blieb mir nichts anderes übrig, als die Morgendämmerung abzuwarten. Ich schnitt ein Loch in die Pferdedecken, die Hornero unter dem Sattel trug, und benutzte sie als zusätzliche Ponchos, doch auch diese Decken waren feucht und schlammverklebt. Es gelang mir, zwischen den Lücken im Wurzelgewirr eine Art Fuchsbau zu graben. Ich zog die Schaffellhosen an, die ich immer dabeihatte, und rollte mich zu einer Art Fötusstellung zusammen, so daß die Knie der Fellhose mir bis ans Kinn gingen – und dankte im Geiste dem Mann in Coihaique, der so freundlich gewesen war, sie mir zu schenken. Dies, dachte ich, ist nun wirklich der härteste Tag der gesamten Expedition gewesen. Dann schob ich den Kopf unter das Schaffell, das ich von meinem Sattel heruntergenommen hatte, und versuchte, Schlaf zu finden.

Es fing an zu regnen, und bald tropfte es erbarmungslos von den Zweigen des Baums herunter. Plop, plop, plop fiel der Regen und lief mir den Hals hinunter. Ich versuchte, eine andere Lage einzunehmen, doch die Tropfen folgten mir. Döste ich doch für einen Augenblick weg, weckten Kälte und Regen mich bald wieder. Auch die Pferde machten einen unglücklichen Eindruck und bewegten sich unruhig um mich herum. Von Zeit zu Zeit reckte Jolgorio den Kopf vor und stupste mich sanft mit der weichen Schnauze an, als wollte er fragen: „Warum hast du das alles nicht besser organisiert?"

Ein Poet in einer trostlosen Siedlung

Als ich beim Morgengrauen aufwachte, war ich mir dumpf bewußt, daß meine Beine in den Schaffellhosen eiskalt waren. Sonst fühlte ich mich einigermaßen behaglich und ausgeglichen. Wenn bloß meine Beine aufhörten, mir Ärger zu machen. Dumme Schaffelle, dachte ich plötzlich gereizt. Irgend etwas beunruhigte mich. Aber es war schwer, mich darauf zu konzentrieren, was es eigentlich war. Mein Kopf war benommen. Ich hatte nur das Bedürfnis, mich gehenzulassen.

Aber das ging auch nicht. Nicht ganz. So schlug ich statt dessen nach einiger Zeit unter großen Mühen die Augen auf. Zu meinem Erstaunen war der Boden um mein Loch herum mit Eiskristallen bedeckt. Hornero und Jolgorio standen ganz in der Nähe und machten ein recht unglückliches Gesicht. Weißer Dampf kam aus ihren Nüstern. Als ich mich hochraffte, um mich aufzusetzen, knackten die feuchten Pferdedecken, die ich in der Nacht über mich gehäuft hatte.

Das war der Augenblick, in dem mir aufging, daß ich große Teile meines Körpers nicht mehr fühlte. Die Schaffelle hatten mir wahrscheinlich das Leben gerettet, indem sie mich gerade noch oberhalb der Schwelle zur Unterkühlung gehalten hatten. Mein Fuchsbau hatte mir nur wenig Schutz geboten; dazu war er viel zu flach gewesen. Selbst ein Kaninchen hätte ein tieferes Loch gescharrt! Mich am Baumstamm festhaltend, zog ich mich zu einer stehenden Stellung hinauf. Ich hätte alles für einen Becher heißen Kaffees gegeben.

Meine Hände sahen aus wie rote Klumpen. Immer wieder schlug ich sie zusammen und stapfte in meiner kleinen Senke mühselig auf und ab. Allmählich wurde es Tag, und die ersten

Strahlen einer eher frostigen Frühsonne krochen durch die Bäume. Wir waren ohne allen Zweifel ziemlich am Ende dieses abgestorbenen Waldes angekommen und mußten ganz in der Nähe des Flusses sein. Ich war überzeugt, ihn schon riechen zu können.

Da mir die Hände immer noch sehr weh taten, konnte ich die Sattelgurte einfach nicht richtig straff ziehen. Es spielte keine Rolle. Ich würde ohnehin zu Fuß gehen. In diesem Augenblick bemerkte ich an dem Pfad, den wir bereits hinter uns hatten, eine Lücke im Strauchwerk, die ich gestern abend im Halbdämmer nicht wahrgenommen hatte. Durch sie führte ein Weg aus gefrorenem Schlamm steil nach unten. Es bedurfte größter Überredungskünste, die widerstrebenden Pferde hindurchzuführen. Sie waren dabei, ihr Vertrauen zu mir zu verlieren – wer wollte ihnen das nach dem gestrigen Tag verdenken?

Doch dann hatte ich das Gefühl, in ihren Augen wieder Gnade finden zu können, denn plötzlich traten wir auf einen bezaubernden grasbewachsenen Uferstreifen hinaus, hinter dem an dieser Stelle breit und behäbig mein Freund, der Río Baker, dahinströmte.

Es dauerte nicht lange, und ich hörte Rufe. Ohne auch nur im geringsten daran zu denken, daß Horneros Sattelgurt nicht festgezogen war, sprang ich auf seinen Rücken und galoppierte los. Wenige Augenblicke später war ich von den lachenden Chodils umringt. Zwar saß ich immer noch auf dem Sattel, doch der war so weit verrutscht, daß ich fast zwischen Horneros Vorderbeinen zu ihnen hinaufsah.

Meine Freunde hatten sich größte Sorgen gemacht und das Lager gestern mehrere Male verlegt, weil sie annahmen, ich müßte weiter gekommen sein als geplant. Wie sich herausstellte, stimmte das auch, und wie ich von ihnen erfuhr, waren wir jetzt etwa neun Kilometer von Caleta Tortel entfernt. Fast hatte ich es geschafft.

Als sei ein Traum Wirklichkeit geworden, saß María Elina – immer noch angetan mit ihrem besten Reisemantel, der eigentlich mehr für die Besuche in den Läden geeignet war als für eine Wildwasserfahrt – an einem wunderbar flackernden Feuer und rührte in einem Topf. Die beiden kleineren Kinder schliefen noch unter einem schnell aufgeschlagenen, aus Astwerk und Plastikbahn bestehenden Schutzdach. Unbenutzt stand mein Zelt aufgebaut da und wartete auf mich.

„Warum habt ihr es euch nicht ausgeliehen?" fragte ich.

„Wenn wir unterwegs sind, übernachten wir immer so", erklärte Jorge Chodil. „Das ist nun mal so Brauch bei uns."

Ich mußte an den strengen Nachtfrost denken, doch sah alles so gut organisiert und gemütlich aus; das Geheimnis war die herrliche Hitze des Feuers, die sich nach allen Seiten verbreitete. Mein Zelt, in dem meine Sachen untergebracht worden waren, erwies sich als vergleichsweise feucht. María Elina forderte mich diskret auf, mich all meiner Kleider zu entledigen, wickelte mich in den Poncho ihres Mannes und hängte dann all meine Sachen zum Trocknen auf. Die älteren Söhne gingen weiteres Brennholz schlagen, das sie in mehreren Stößen rund um das Feuer herum aufschichteten.

Nach dem Frühstück verstauten die Chodils alles wieder in das kleine rote Boot und brachten mich auf die andere Seite des Flusses; meine Pferde wurden dabei wieder ins Schlepptau genommen. Am anderen Ufer angekommen, erbot sich der junge Jorge, der älteste Sohn der Chodils, mich auf Jolgorio zu begleiten. Er könne mir den Weg zeigen. Die Pferde schienen darin eine gute Gelegenheit für ein Wettrennen zu sehen. Weder Jorge noch ich konnten sie zurückhalten, als sie Kopf an Kopf in halsbrecherischer Jagd durch das leichtrittige Gelände dahinstoben. Sie strotzten vor Energie, so daß es mir unfaßlich schien, mir gestern noch Sorgen gemacht zu haben, sie könnten es vielleicht nicht schaffen. Ich konnte nur staunen, wie sie jetzt lospreschten. Hornero unter

Die Chodil-Familie, der ich so viel zu verdanken habe

mir kam mir vor wie ein Rennpferd, und auch Jolgorio flog in gestrecktem Galopp dahin. Der junge Jorge hatte den Oberkörper so weit heruntergebeugt, daß er ein Teil des Pferdes zu sein schien. Und wieder hätte ich aus reiner Freude laut schreien mögen!

Gegen Mittag lag das einfache Gelände des grasbewachsenen Uferstreifens hinter uns, und unsere Route ging über in einen mit gestürzten Baumstämmen übersäten, schlammigen Pfad. Manchmal kamen zwei oder noch mehr Bäume nacheinander, und die Pferde mußten hinüberspringen, wobei sie sich im tiefen Schlamm zum Absprung versammeln mußten, auf der anderen Seite wieder im Schlamm landeten und nach ein oder zwei

Fluchten schon wieder abheben mußten. Meine beiden Pferde hatten zuvor nicht viel Übung im Springen gehabt. Das Hindernisspringen gehörte nicht zu ihrer sonst sehr umfassenden Ausbildung.

Hornero schien imstande, sich auf die Hinterhand zu erheben und sich dann praktisch aus dem Stand in die Luft zu katapultieren, mit einer Bewegung, die mich an seine Vettern von der Wiener Hofreitschule erinnerte. Er schien ausgesprochen Lust zum Springen zu haben. Jolgorio hingegen stieß sich bei jedem neuen Hindernis mit einem fast hörbaren Aufstöhnen ab. Manchmal machte er schlimme Fehler und verhedderte sich mit den Beinen in den Ästen, so daß er häufig zu stürzen drohte. Aber mutig, wie er war, schaffte er es doch immer, sicher auf der anderen Seite zu landen. Wenn er glaubte, es mit einem Sprung nicht schaffen zu können, kletterte er eben hinüber.

Endlich trafen wir in dem nur zwei Kilometer vor Caleta Tortel gelegenen Punta Canela ein, wo wir auch wieder zu den Chodils stießen. Diese hatten das Boot ans Ufer gezogen und unterhielten sich vor einer ziemlich verfallenen Holzhütte mit einem alten Mann. Einen großen Teil der Hütte füllte eine gewaltige schwarze Sau mit ihren fünf zufriedenen Ferkeln aus, zu denen noch ein unglückliches, aus Leibeskräften quietschendes kam, das der alte Mann in einen Sack einzunähen versuchte. Offenbar wollte er es in seinem kleinen Ruderboot mit nach Caleta Tortel nehmen.

„Sie werden in Tortel keinen Platz für Ihre Pferde finden", warnte er mich. „Es ist nur ein Felsen. Das ist der Grund, warum ich meine Schweine hier halte. Warum lassen Sie sie nicht ein paar Tage hier, damit sie sich ausruhen, während Sie Ihre Pläne machen?" fügte er noch hinzu. „Auf den Uferstreifen um meine Hütte herum gibt es reichlich gute Weiden."

Ich machte mir das großzügige Angebot des alten Mannes zunutze und ließ die Pferde frei. Jolgorio, immer derjenige von den beiden, der sich am besten artikulierte, stieß ein lautes

Freudengewieher aus, als sie sich daranmachten, das saftig aussehende Gras zu rupfen. In der *Reise um die Welt* hatte Darwin geschrieben: „Der Reisende ... wird entdecken, wie viele wirklich freundliche Menschen es gibt, mit denen er nie etwas zu tun gehabt hat und mit denen er nie wieder etwas zu tun haben wird und die ihm trotzdem auf die uneigennützigste Weise behilflich sein werden ..." Meine Reise bewies mir aufs neue, daß diese Aussage nach wie vor stimmte.

Dunst wälzte sich von den felsigen, steil aus dem Wasser ragenden Bergen herunter, als das Boot der Chodils stetig flußabwärts Caleta Tortel entgegenfuhr. Vor uns verzweigte der Fluß sich wieder in viele Arme, die durch sumpfige Inseln voneinander getrennt wurden. Plötzlich hatte ich ein ganz anderes Gefühl in dem kleinen Boot. Ich glaube, noch ehe ich die Finger hineintauchte und das eisige Salzwasser schmeckte, wußte ich, daß wir endlich das Ende des mächtigen Río Baker erreicht hatten und uns in den großen Wasserwegen befanden, die zwischen dem Gewirr der vielen unbewohnten Inseln hinausführten in den Pazifik.

Wir vertäuten das kleine Boot vor etwas, das aussah wie ein kleines Rollfeld, und ich folgte den Chodils fast zwei Kilometer weit über schlüpfrige, aus Baumstämmen gebildete Pontons, die über einen weiteren Sumpf zu einem großen Felsen führten. Eine halbe Stunde später stand ich auf einem hohen Grat und schaute hinunter auf die Zwillingsbucht auf der anderen Seite. Ich hatte Caleta Tortel erreicht. Auf der uns zugekehrten Seite einer der beiden Buchten erstreckte sich eine Reihe windschiefer Holzhäuser; die meisten von ihnen hatten Plastikplanen vor den Fenstern statt Glas. Mit der Rückseite drängten sie sich an nackte Felsen. Die Vorderfronten waren mit Stelzen, die ins Meer hinausgingen, gegen das Einstürzen abgestützt, und die Häuser wurden durch weitere pontonartige Knüppelpfade miteinander verbunden, deren Stützen wiederum im Wasser verankert waren. Diese

Knüppelpfade zogen sich das gesamte Ufer entlang. Hinter den Häusern vermittelten ein paar kümmerliche Bäume die Vorstellung von etwas Grün, doch unter ihnen dehnte sich, selbst von hier aus sichtbar, nichts weiter als Felsen und Morastboden aus. Caleta Tortel war schon ein sehr merkwürdiger Ort.

Die gesamte winzige Siedlung war ein Gewirr aus Holztreppen, Knüppelpfaden und Gerüsten. Es gab keinen einzigen natürlichen Weg, und es war kaum ebener Boden genug vorhanden, um auch nur ein kleines Zelt darauf aufzuschlagen.

Caleta Tortel war die erste Ortschaft in Chile, wo es keine Gemüsegärten und weder Schafe noch Rinder oder überhaupt Haustiere gab. Nichts als kahle Häuser, die sich an kahle Felsen klammerten.

Am entfernteren Ende der hinteren Bucht schienen die Häuser neuer und stabiler gebaut und weiß oder blau gestrichen, statt nur aus rohem, feucht aussehendem Holz zu bestehen, und hier gab es auch ein paar Büros. Treppenstufen führten zu einem großen gelben Gebäude hinauf, der Schule von Caleta Tortel. Etwas weiter weg standen zwei Fertighäusr aus Aluminium, die im schwachen Sonnenlicht silbrig aufglänzten und auf Gelder von der Regierung oder der Marine schließen ließen. Nie hatte ich einen so trostlosen und vollständig künstlichen Ort gesehen. Das Leben hier muß in der Tat sehr hart sein, dachte ich. Der einzige Grund für Caleta Tortels Vorhandensein war derselbe, der mich unter so viel Mühen hierher geführt hatte – weil von Zeit zu Zeit seegängige Schiffe auf ihrem Weg durch die Kanäle in Richtung Süden hier anlegten.

Die Chodils hatten ihre beiden jüngsten Söhne inzwischen der Obhut ihrer verheirateten Tochter übergeben, die in Tortel lebte, und hatten es eilig, den Fluß hinaufzufahren und wieder zu ihrer Farm zu gelangen. Das würde sie mindestens vier Tage anstrengenden Ruderns kosten. Ihnen Lebewohl zu sagen war schwierig. Señor Chodil hatte seinen hochmütigen Schutzpanzer wieder angelegt. So fiel unser Abschied förmlicher aus, als ich es mir gewünscht hätte.

Ein Schild führte zum Büro des *Alcalde del Mar* oder Bürgermeister des Meeres. In Nord- und Zentralchile waren es die Carabineros gewesen; im Regenwald beim Bau der neuen Straße die Militärpolizei; doch von hier bis in den Süden zwischen tausend trostlosen Inseln hindurch bis nach Kap Horn selbst hatte die *Armada*, die chilenische Kriegsmarine, das absolute Sagen. Ein pummeliger Marine-Sergeant tickerte meinetwegen eine Anfrage nach Punta Arenas durch. Nein, er habe keinerlei Ahnung, wann das nächste Schiff anlegen würde, aber er werde mich auf dem laufenden halten.

Als ich das Büro des *Alcalde del Mar* verließ und über den schlüpfrigen Knüppelpfad ans andere Ende von Caleta Tortel zurückkehrte, wo ich meine Ausrüstung zurückgelassen hatte, kam energischen Schrittes ein Mann aus einem der Holzhäuser am Ufer und vertrat mir den Weg.

„Wohin wollen Sie?" erkundigte er sich freundlich. *„Soy Alejandro el Aysenino Porfiado."* – „Ich bin Alexander, der Eigensinnige aus Aysén." Strahlende Augen starrten mich unter einem teuren, aber ziemlich mitgenommen aussehenden Sombrero hervor an. Schulterlanges Haar und ein ungepflegter Bart umrahmten sein ungewöhnlich ausdrucksvolles Gesicht.

„Kommen Sie mit", befahl er und steuerte mich ein paar Treppenstufen hinauf durch eine ziemlich windschiefe alte Tür. Drinnen rührte eine ungewöhnlich hübsche, dunkelhaarige junge Frau in einem Topf über dem verrauchten Herd, in dem offenbar ein Fischgericht gekocht wurde. *„Aquí está Paola, mi Señora"*, stellte er mich seiner Frau vor, die mich schüchtern anlächelte und mir einen vollen Teller reichte. „Das hier", verkündete er, „ist unser Haus, und das hier" – er zeigte auf einen Alkoven – „unser Schlafzimmer. In Caleta Tortel gibt es keinen Platz für ein Zelt.

Jetzt müssen wir Ihre Sachen holen, und morgen bringen wir dann ihre Pferde an einen besseren, näher bei Tortel gelegenen Ort, wo es reichlich Gras gibt. Inzwischen werde ich etwas warmes Wasser machen, damit Sie Ihre Füße einweichen können." Er nahm den geschwärzten Kessel vom Haken.

Wochenlang hatte ich nasse Füße gehabt, und da ich selten Gelegenheit gehabt hatte, meine Kleider über Nacht zu trocknen, hatte ich mich daran gewöhnt, morgens die feuchten Socken überzuziehen, ohne zu erschauern. Als ich sie mir jetzt jedoch vor meinen neuen Wohltätern von den Füßen streifte, war mir das doch peinlich. Die Wollsocken schienen zweimal so schwer wie ihr Normalgewicht und waren verfilzt mit Blätterteilen und Schlamm; meine Füße sahen weiß aus wie die einer Leiche, und die chronisch verschrumpelte Haut an den Zehen vermittelte den Eindruck, als hätte ich Schwimmhäute. Das herrlich warme Wasser ging mir durch und durch; mich erfüllte ein Wohlbehagen, das an Ekstase grenzte. „Ich verstehe", sagte mein sonderbarer neuer Freund, „ich verstehe Ihre Füße. Denn wissen Sie, viele unserer Wege haben sich als die gleichen erwiesen, auch wenn unsere Träume andere gewesen sind."

Von Zeit zu Zeit hatten die Leute auf meiner Reise von einem flammenden Poeten und Musiker gesprochen, der zu Fuß und zu Pferd durch Chile zog und Konzerte gab. Jetzt, da ich in dem kleinen verräucherten Raum saß und meine Füße einweichte, ging mir auf, ihn gerade eben kennengelernt zu haben. Er erklärte mir, vor ein paar Jahren habe er, angeregt von dem harten Pionierleben der Siedler in seiner Heimatregion Aysén, beschlossen, ganz Chile mit primitiven Mitteln zu durchqueren. Die letzten fünf Jahre hatte er damit zugebracht, zu Fuß und zu Pferd durch seine Heimat zu streifen. Jetzt war er damit beschäftigt, eine *chalupa*, dieses traditionelle Segelboot, zu bauen, wie ich es in Chiloé auf den Bootswerften gesehen hatte; damit wollte er durch die Inseln bis nach Puerto Natales segeln.

Alejandro el Aysenino Porfiado – der Eigensinnige

El Aysenino hatte Verständnis dafür, daß meine Pferde für mich immer zuerst kamen. Er erzählte mir, die größte Tragödie auf seiner Reise sei nicht gewesen, daß er sich ums Haar mit einer Axt die rechte Hand abgeschlagen hätte, sondern daß zwei von seinen zehn Pferden gestorben seien. Das eine an Kolik und das andere an einem Schicksal, dem der arme Jolgorio knapp entgangen war – von hungernden Siedlern verspeist zu werden. Das jüngste Unglück in seinem Wanderleben war, daß sein Hund im Río Baker ertrank, nachdem er von einem der tödlichen pfeilspitzen Dornen, denen ich und meine Pferde glücklicherweise entgangen waren, aufgespießt wurde.

Am nächsten Tag half er mir, Hornero und Jolgorio aus Punta Canela zu holen und auf eine kleine Insel gegenüber der Bucht von

Tortel zu bringen, wo es viel gutes Gras gab und wo sie sicher waren, bis das Schiff kam.

7. April 1985, Caleta Tortel
Ostersonntag. Nie bin ich den Osterglocken von Wales ferner gewesen. Hier, tief unten auf der Südhalbkugel, nähert sich der Winter mit Windeseile, und es sieht ganz so aus, als sollte ich Kap Horn unter einer dichten Schneedecke erleben – ein Anblick, den nicht viele Segler zu sehen bekommen. Der *Alcalde del Mar* sagt, unter Umständen müßte ich bis zum Anlaufen des nächsten Schiffes der Marine noch eine ganze Weile warten. Gut ist die Nachricht, daß der freundliche Admiral in Punta Arenas per Funk die Erlaubnis übermittelt hat, mich und die Pferde an Bord zu nehmen, wenn ein Schiff kommt.

Infolgedessen kann ich immer noch nicht sagen, wie lange meine Reise nun wirklich dauern wird. So sehr ich mich auch bemühe, das Ruder der Entscheidung selber in die Hand zu nehmen – das Schicksal und das Wetter, die Doppelkapitäne dieser Expedition, entreißen es mir immer wieder.

Wie sich herausstellte, mußte ich fast einen ganzen Monat in Caleta Tortel warten, und ich haßte den Ort, was zweifellos zum Teil daran lag, daß ich das Gefühl hatte, in einer Falle zu sitzen. Diesmal war es mir unmöglich, einfach die Pferde zu satteln und weiterzureiten. Ich war vollständig auf den guten Willen der *Armada* angewiesen. Das war kein angenehmes Gefühl. Nicht weniger bedrückte mich jedoch die Atmosphäre der Unzufriedenheit, die über der winzigen Siedlung hing. Es war für mich der erste Ort in Chile, wo viele Menschen wirklich unglücklich zu sein schienen. Zuerst sah es so aus, als ob ihre Schwierigkeiten ganz und gar von der Kargheit der Natur herrührten. Hier gab es kein Land, auf dem Familien ihr eigenes Gemüse anbauen oder Hühner, Schafe oder ein Schwein halten konnten. Vielleicht war das der Grund, warum hier von dem Stolz und der Unabhängigkeit, die ich auf meiner gesamten Reise durch Chile noch bei den Ärmsten der Armen erlebt hatte, nichts zu spüren war.

Als ich El Aysenino Porfiado danach fragte, war sein üblicher Frohsinn wie weggewischt: „Die Schuld", erklärte er voll Bitterkeit, „liegt weder bei der Natur noch bei der *Armada.* Sie liegt einzig und allein bei der *Municipalidad Civil,* die 1982 hier ihren Einzug gehalten hat. Davor hatten die Leute auch ein hartes Leben geführt und waren arm, aber sie waren viel glücklicher gewesen. Sie waren frei, verstehen Sie ..." Er erklärte, daß Männer wochenlang in ihren kleinen Ruderbooten unterwegs gewesen wären, nur mit ein paar lebensnotwendigen Dingen und einer rohen Axt ausgerüstet, um auf einer der unbewohnten Inseln Bäume zu fällen und jene Hartholzstämme zu gewinnen, die in Zentralchile so hoch geschätzt wurden. Wenn sie schließlich nach Caleta Tortel zurückgerudert waren, hatten sie dann große Flöße von zusammengebundenen Stämmen hinter sich hergeschleppt und diese auf dem nächsten Schiff gegen Vorräte eingetauscht. Das sei Knochenarbeit gewesen, aber sie wären stolz darauf gewesen und hätten es geschafft, ihre Familien anständig zu unterhalten. Doch mit dem Eintreffen der *Municipalidad* sei alles anders geworden. Das Holz werde zwar immer noch gern von den Schiffen der Marine übernommen, doch zuvor mußten die Siedler es an die Verwaltung verkaufen, die sehr hohe Quoten für den Gegenwert des monatlichen Mindestlohns festsetze, wie ihn etwa ein Straßenkehrer in Santiago verdiene – rund 5000 Pesos oder 45 Dollar pro Monat. Das schlimmste jedoch sei, daß die Leute jetzt alles, was sie brauchten, in dem teuren neuen Depot kaufen müßten, das die Behörden aufgemacht hätten. „Das ist Skaverei", schnaubte El Aysenino. „Da kommen die Leute einfach nicht mehr zurecht, und sie sind unglücklich. Das Schlimme ist, daß wir so unendlich weit von allem entfernt sind. Die Behörden bilden sich ein, sie könnten schalten und walten, wie sie wollen." Eindringlich sah er mich an. „Sie, *gringa*, haben eine Stimme, die gehört wird. Wenn Sie sich auch nur ein bißchen etwas aus Chile machen, schreiben Sie darüber, wenn Sie nach Hause kommen."

Nur – war das, was er mir erzählte, seine Meinung, oder war es Tatsache? Inzwischen sprach ich einigermaßen annehmbar Spanisch. Dennoch fand ich es nahezu unerträglich frustrierend, mich nicht angemessen mit diesem Mann unterhalten zu können. Abend für Abend stellte er mir endlose Fragen über England und erzählte mir dafür Geschichten aus seinem fünf Jahre währenden Abenteuer, mit dem verglichen meine Expedition sich wie eine Vergnügungsreise ausnahm. Manchmal kam er mit provozierenden Fragen: Wie gut meine Pferde wirklich seien? Oder ob ich meine, die Reise sei schwieriger oder leichter gewesen, weil ich eine Frau sei? Was ich empfände? Was in meinem Herzen vorgehe? Und was in meinem Kopf? Manchmal hätte ich schreien mögen, und oft endeten unsere Unterhaltungen im Streit – und wie will man einen Streit gewinnen, wenn man nicht einmal die Sprache richtig spricht? *„Hola gringa"*, sagte er dann und sah Paola lächelnd an. „Sie sind *porfiada* (eigensinnig) wie ich." Dann griff er nach seiner Gitarre, sang ein Lied, das er über Hornero und Jolgorio geschrieben hatte, und für eine Zeitlang zog wieder Frieden ein in das kleine Haus.

Die Tage vergingen, und immer mehr Ruderboote trafen ein, die riesige Flöße aus handgeschnittenen Hartholzstämmen und Pfählen für die Verschiffung in Punta Arenas hinter sich herschleppten. Auf allen Pontons und Molen stapelten sich inzwischen die Holzberge – manchmal höher als die Häuser ringsum. Auch die Erregung wuchs.

Endlich, am 5. Mai, glitt die *barcaza* LSM *Elicura*, ein Versorgungsschiff der Marine, wie ein grauer Schatten in die Bucht, warf Anker und tutete einige Male. Später an diesem Tag legte sie dann mit dem Heck voraus am Quai an, damit das Holz geladen werden konnte. Danach machte sie eine kurze Fahrt zu einer benachbarten Insel, um auch dort Holz zu laden. Plötzlich war die gesamte Bevölkerung von Caleta Tortel von ungeheurer Geschäftigkeit ergriffen und trug Holz und andere Frachtgüter an Bord. Schließlich, am 7. Mai, war es für die wenigen Passagiere Zeit, an Bord zu gehen. Zuletzt kamen meine Pferde, die ich inzwischen von der Abgeschiedenheit ihrer kleinen Insel herübergeholt hatte. Auf den schlüpfrigen Knüppelpfaden stolpernd und ausrutschend, gingen sie mutig voran und sprangen schließlich wie geübte Seereisende die eiserne Bootsrampe hinauf. Minuten später standen sie bequem in knöcheltiefem Sägemehl in besonderen Boxen, die die Besatzung im Laderaum für sie abgeteilt hatte.

Es dunkelte bereits, als die *Elicura* auf den Canal Mesier zudampfte. Die sanften Lichter von Caleta Tortel wurden immer schwächer, bis sie schließlich verschwanden. Ich war völlig außer mir vor Erregung, war wie berauscht davon, die Bewegung des Schiffes unter mir zu spüren und den anregenden und erinnerungsträchtigen Duft des Dieselöls in der Nase zu spüren – am meisten jedoch von dem herrlichen Gefühl, endlich wieder unterwegs zu sein. Die Pferde schienen, als ich nach ihnen sah, durchaus glücklich und rupften Blätter von den Bambusstengeln, die ich ihnen für die Reise besorgt hatte. Der Kapitän hatte aus Punta Arenas etliche Ballen Heu mitgebracht, und so konnte eigentlich nichts passieren.

Die Fürsorge von Comandante Roberto Veira Frías hörte bei den Pferden nicht auf. In vorzüglichem Englisch erzählte er mir, da für Frauen an Bord nichts vorgesehen sei, habe er mir in der kleinen Waffenkammer des Schiffes eine Koje einrichten lassen. Ich könnte dic Duschen und anderen sanitären Einrichtungen der Offiziere mitbenutzen und in der Messe mit ihnen essen. „Während der fünf Tage dieser Fahrt", sagte er, „müssen Sie vergessen, daß Sie auf einem Abenteuer begriffen sind, und einfach so tun, als machten Sie Ferien."

Als ich mir im Spiegel des Duschraums mein Gesicht betrachtete, bekam ich einen Schreck. Es war völlig grau, und der Rauch von hundert Lagerfeuern hatte dunkle Furchen in die Haut gegraben. Mein Haar war ein schmutziges Graublond und stand mir nach allen Himmelsrichtungen vom Kopf ab. Jetzt, da ich Zeit hatte, mich genauer zu betrachten, stellte ich fest, daß das Schlimmste meine Hände waren, die tiefe schwarze Risse aufwiesen. Der Schmutz war regelrecht eingewachsen und wollte sich durch noch so vieles Schrubben nicht abwaschen lassen. Die Handrücken waren bedeckt von halbverheilten Schnitten und Schürfwunden und wiesen Schuppen auf, als hätte ich eine eklige Hautkrankheit. Ich schämte mich – und war für die Freundlichkeit des Kapitäns doppelt dankbar. Beim Abendessen aß ich zwar, versuchte aber, meine Hände möglichst unterm Tisch zu verstekken. Die Offiziere der *Elicura* jedoch taten so, als bemerkten sie nichts, und bemühten sich sehr, mir das Gefühl zu vermitteln, als wäre ich hier zu Hause.

9. Mai 1985, an Bord der LSM Elicura

Eisschollen auf dem Wasser, während die *Elicura* an endlosen Fjorden, Meeresarmen und dicht bewaldeten, gebirgigen Inseln vorbeifährt, die steil aus dem Wasser ragen. Sie seien unbewohnt, sagen die Kenner; nicht einmal Wild gebe es hier, so ungastlich seien sie. Ihr einziger Beitrag an die feste Erde besteht darin, sich als gewundener Irrgarten zwischen hier und dem Südmeer zu erstrecken.

Bisher hat die Menschheit mit Orten wie diesen nichts anderes anfangen können, als ihnen Namen zu geben und sie in Frieden zu lassen. Wir fahren an Little Wellington vorüber, an den Islas Middleton und Swett. Da ist die Halbinsel Puckel, Thorton, die Insel Middle, die Islas Boxer und Williams, die kleinen Eilande Maud und Eva, benannt nach Staatsmännern und halbvergessenen Seeleuten und den Frauen und Geliebten, zu denen sie nie zurückkehrten.

In den nächsten zwei Tagen kamen wir auch an Puerto Eden mit seiner winzigen Siedlung einheimischer Indianer vorüber, an Angostura Inglesa, El Paso del Indio, dem Canal Pitt, dem Canal Uribe. Dann ging's in südlicher Richtung übers offene Meer und die zutreffend so benannte Bucht der Mühsal bis an den Rand des Südmeers selbst. Dieses wurde von Stunde zu Stunde rauher. Wogen ergossen sich übers Deck, und ein paar davon drangen durch Lücken in den Persenningen, die die Ladeluke bedeckten, in den Laderaum selbst ein und näßten die armen Pferde. Obwohl die Pumpen arbeiteten, standen sie manchmal bis zu den Knien im Wasser. Inzwischen waren sie erfahrene Seebären und hatten gelernt, mit gespreizten Beinen dazustehen und das Schaukeln des Schiffes auszugleichen. Offenbar ging es ihnen gut, und sie litten nicht ernstlich.

Trotz des rauhen Wetters am Ende der Fahrt war sie für mich wirklich eine Art Ferien, wie der Kapitän es mir versprochen hatte. Ich wurde maßlos verwöhnt, und die *Elicura* war ein glückliches Schiff und besaß genausoviel Charakter wie ihre Mannschaft.

Am 12. Mai warf sie vor der Isla Desolación Anker, um den Leuchtturm Felix zu versorgen, den letzten der vielen Leuchttürme und Bojen, die sie unterwegs angelaufen hatte. Dann wandte sie sich nach Backbord. Endlich fuhren wir die Magellanstraße hinauf, vorbei an atemberaubend schönen, eisbedeckten Bergen zur Linken und den unwirtlich-rauhen Umrissen der Isla Desolación, immer noch zu unserer Rechten.

Am nächsten Tag, genau neun Monate nach meiner Ankunft in Südamerika, machte das kleine Versorgungsschiff in Punta Arenas fest, und die Pferde und ich gingen von Bord. Verblüfft betrachtete ich den dichten Pkw- und Lastwagenverkehr auf der

„Die drei Musketiere“, wie wir genannt werden, in Punta Arenas

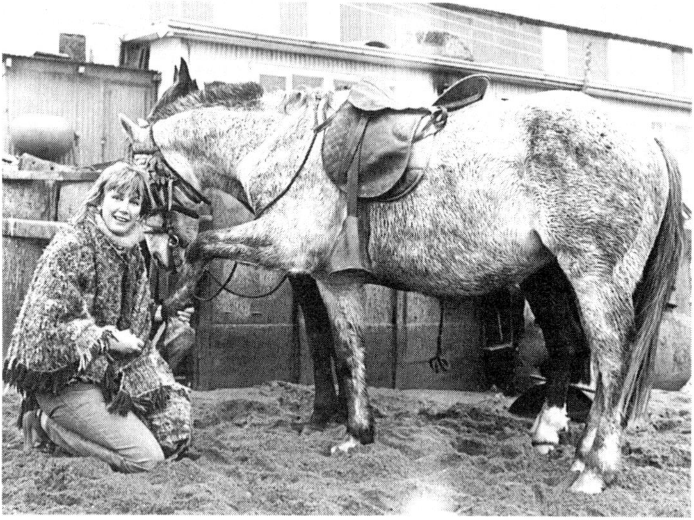

Auf Wunsch der Lokalredakteurin ein „Shakehands"

vielbefahrenen Uferstraße. Nicht minder verblüfft war ich über die vielen Menschen, die es hier gab, und erstaunt über die ersten Steinhäuser, die ich seit Monaten wieder sah und die mir riesig vorkamen. Bald trafen zwei in die vertrauten grünen Uniformen der Carabineros gekleidete Männer mit einigen Journalisten ein. Die Pferde und ich schüttelten uns auf Bitten einer gefühlsseligen Journalistin vor den Kameras Hände und Hufe, dann wurden die beiden in bequeme Ställe verfrachtet und ich im Gästehaus der Carabineros untergebracht.

Punta Arenas schien eine interessante alte Stadt, doch im Moment war ich zu sehr durcheinander, als daß ich alles hätte in mir aufnehmen können. Besonders eines kam mir seltsam vor. „Wo", fragte ich, „ist denn der berühmte patagonische Wind?" Der soll schließlich unablässig wehen und manchmal mit einer solchen Stärke, daß die Leute sich an Telegrafenmasten festhalten müssen, um nicht umgeweht zu werden.

„Ach", lautete die Antwort, „der Wind weht bloß im Sommer." Früh schlief ich in dem bequemen Bett ein, wachte jedoch in der Nacht immer wieder auf. Ich hatte das Gefühl, taub zu sein, weil mir der Klang der See, das Rauschen der Wälder und das Getöse des Río Baker fehlten, und meinte, ohne die Kälte der Nachtluft an meiner Haut völlig gefühllos zu sein.

In den Tagen, die folgten, machte ich Pläne für die nächste Etappe meiner Reise und regelte meine persönlichen Angelegenheiten. Es war geradezu beunruhigend, wie reibungslos alles ging. Endlich konnte ich eine Nachricht nach England durchgeben, und zwar einfach per Telex; eine Nachricht, die im selben Augenblick eintraf, da ich sie hier eintippte. Ich konnte neue Batterien kaufen und brauchte die alten nicht immer und immer wieder zu erhitzen, um sie aufzuladen. Konnte einen Liter Milch kaufen und mußte nicht eine halbwilde Kuh melken. Konnte eine Gasheizung anstellen oder mit einem Elektrokocher Kaffee kochen, statt Holzstücke mit mir in den Schlafsack zu nehmen, bei dem Versuch, sie so weit zu trocknen, daß ich am nächsten Morgen das Lagerfeuer entzünden konnte.

Hoffnung und Enttäuschung

Hornero hatte bei unserer Ankunft in Punta Arenas die Herzen aller gewonnen. Die Lokalzeitung hatte sogar ein Foto von ihm gebracht, auf dem ich unter seinem Bauch hocke; die Bildunterschrift lautete: „Wie die *gringa* sich vor dem Regen schützte." Doch als die Fähre uns fünf Tage später nach Süden und auf die Isla Navarino brachte, war es Jolgorio, der zum Helden der Insel wurde. Er ließ sich in einer Art Netz mit dem Ladekran vom Schiff

Mutig läßt sich Jolgorio vom Schiff hieven

herunterhieven. Und während Hornero, der ähnlichen Versuchen mit schierem Entsetzen begegnet war, an Bord blieb, trottete Jolgorio mit dem wehenden Union Jack am Zaum durch die verschneiten Straßen des chilenischen Marinestützpunktes Puerto Williams.

Sein Ausflug endete vor den Offiziersunterkünften, wo er einem distinguierten Platzkommandanten mit buschigen Augenbrauen und viel Goldlitzen an der Uniform vorgestellt wurde und versuchte, seinen Whisky zu trinken.

Bis auf ein Geringes hatte ich nun das Ende meiner selbstgestellten Aufgabe erfüllt. Nur noch hundertundfünfzig Kilometer waren zurückzulegen, und ich würde auf einem vierhundertfünfzig Meter hohen Felsen stehen, dem Ziel meiner Wünsche – Kap Horn selbst.

Allerdings merkte ich bald, daß sich meinem Vorhaben, mitten im Winter auf Kap Horn zu landen, größte Widerstände entgegenstellten. Bei den einzigen Schiffen, die im Winter hinausfuhren, handelte es sich um Marinefahrzeuge, die sich gelegentlich um die Bedürfnisse der drei Leuchtturmwärter kümmerten, die die Leuchtfeuer von Kap Horn betrieben und das ganze Jahr über dort lebten. Das nächste Schiff dieser Art sollte frühestens in fünf Wochen von Puerto Williams aus in See stechen.

Ich trat aus der Wärme der Marineverwaltung heraus und wurde augenblicklich wieder von der harschen Pracht des Klimas an der Magellanstraße gepackt. Ein Sturm trieb den Schnee nahezu horizontal vor sich her. Der arme Jolgorio stand bis zum Bauch in einer Schneeverwehung; um seine Haare an den Nüstern hatte sich starres Eis gebildet. Die hinter der regelmäßigen Reihe von kleinen gelben Häusern aufragende Bergkette mit dem Namen „Navarinos Zahn“, die vor noch nicht einer Stunde unter blitzendem Eis dagelegen hatte, war vollständig verschwunden. Jolgorio machte einen höchst unglücklichen Eindruck. Er war allein, und er hatte nichts zu fressen. Es war klar, daß er zurückwollte zu seinem Freund Hornero – und zurück in die Stallungen von Punta Arenas.

Das war keine schlechte Idee. Nach nahezu zehn Monaten auf den Hufen war der Anteil der Pferde an dem Abenteuer fast vorüber. Es hätte eine unnötige Härte bedeutet, sie fünf Wochen lang in Puerto Williams festzuhalten. Ich beschloß daher, nach Punta Arenas zurückzukehren und in nördlicher Richtung nach Puerto Natales zu reiten, wo die Pferde unter weit günstigeren Bedingungen untergebracht werden konnten. Ich hingegen wollte allein nach Puerto Williams zurückkehren und meine Chance abwarten, nach Kap Horn hinauszukommen. Hinterher mußten die Pferde für die lange Heimreise bestens in Form sein; ich hatte gehört, daß ein Schiff zwischen Puerto Natales und Puerto Montt verkehrt.

Am 21. Mai – in Chile der Tag der Marine – kehrten wir zurück nach Punta Arenas. Auf den Straßen ging es hoch her, die Leute sangen und jubelten, die eleganten Marineoffiziere trugen den Kopf womöglich noch höher als sonst, und vor fast jedem Haus in der Stadt flatterte die chilenische Flagge. Es handelte sich um den Jahrestag der Schlacht von Iquique im Jahre 1879; damals hatte die alte Korvette *Esmeralda* unter dem Kommando von Kapitän Arturo Prat unter größten Schwierigkeiten den Kampf gegen eine peruanische Übermacht aufgenommen. Ihre letzte Kanone hatte sie abgefeuert, als sie bereits zu zwei Dritteln unter Wasser lag; erst dann war sie untergegangen. Das letzte, was man von ihr gesehen hatte, war die chilenische Flagge gewesen, die an ihrem höchsten Mast flatterte. Kapitän Prat und der größte Teil der Besatzung hatten den Tod gefunden, doch ihre Heldentat war von den Chilenen nie vergessen worden.

Zum erstenmal auf meiner gesamten Reise brach ich nach Norden auf – nach Puerto Natales.

Es war auch der erste Ritt, den wir in echt südlichem Wetter zurücklegten. Ständig gerieten wir in so dichtes Schneegestöber hinein, daß ich oft die Hand vor Augen nicht sah. Hornero und Jolgorio mußten sich bei Schneewehen derselben Technik bedienen, die sie damals in der Atacama für die Durchquerung von tiefem Sand als nützlich entdeckt hatten. Gelegentlich, etwa als wir durch Villa Tehuelche, Morro Chico und Rubens hindurchkamen, klarte der Himmel auf. Dann starrte ich fassungslos auf die von Hereford-Rindern und Schafen bevölkerten Ebenen, die sich bis an den Horizont erstreckten. Die einsamen Estancias, die riesigen Landgüter, müssen einfach groß sein, so wurde mir erklärt, weil man in Patagonien allein drei Morgen Land braucht, um nur ein einziges Schaf zu ernähren. Im Winter müssen die Tiere lernen, im Schnee nach Futter zu scharren. Dies mußte ich persönlich den völlig verwirrten Pferden vormachen, die in ihrem bisherigen Leben noch nie mit so tiefem Schnee zu tun gehabt hatten. Auch mußte ich ihnen zeigen, wie sie das Eis durchstoßen mußten, um an ihr Trinkwasser heranzukommen.

Freundliche Leute, die in Punta Arenas lebten, hatten mir ans Herz gelegt, unbedingt ihre isoliert liegenden Estancias aufzusuchen, wo wir von den Angestellten, die sie verwalteten, herzlich willkommen geheißen, mir riesige Fleisch- und den Pferden gewaltige Heuportionen vorgesetzt wurden. Manchmal waren die Schneestürme jedoch so schlimm, daß ich überhaupt nichts mehr sehen konnte. Dann konnte ich nur am fernen Hundegebell erkennen, in welcher Richtung eine Estancia liegen mußte.

Als wir uns Puerto Natales näherten, klarte der Himmel unversehens auf, und die Sonne kam heraus. Schnee stob unter den Hufen auf, als die Pferde Kopf an Kopf dahingaloppierten. Endlich, nach zehn Monaten unterwegs, hatte ich alles so gut organisiert, daß wir vollbeladen dahingaloppieren konnten, ohne daß irgend etwas durcheinandergeriet, und konnte ich die Pferde mit meiner Stimme und nur einem Zügel für beide lenken. Plötzlich befiel mich große Traurigkeit. Gerade jetzt, da ich anfing, auf dieser Expedition wirklich mit allem zurechtzukommen, ging sie zu Ende. Von nun an würde ich vornehmlich mit Schiffen weiterfahren. Dies hier war die letzte Woche mit Hornero und Jolgorio. Zum letzten Mal waren „Die drei Musketiere", wie die Chilenen uns nannten, gemeinsam unterwegs. Für uns ging eine Epoche zu Ende.

In Puerto Natales warteten die Carabineros bereits darauf, die Pferde in ihren schönen Stallungen unterzubringen. Am nächsten Tag landete die *Havilland Twin Otter* von der Luftwaffe, die so freundlich war, mich nach Punta Arenas zurückzubringen. Ich wurde gründlich verwöhnt.

Als ich mir die Magellanstraße von oben ansah, stellte ich zu meiner Überraschung fest, daß sie keineswegs geradewegs von Ost nach West verlief, sondern ein regelrechtes V bildete. Feuerland war eine flache Landschaft aus vereisten Seen, Schnee und blutroten Flecken, die sich bei näherem Hinsehen als eine Art moosbewachsener Morast entpuppten. Hatte es mich über eine Woche gekostet, von Punta Arenas nach Puerto Natales zu gelangen, dauerte der Rückflug jetzt nur vierzig Minuten.

Nach einer Woche war ich wieder auf der Isla Navarino. Man hatte mir eine Sondererlaubnis erteilt, mein Lager in einem Gebiet aufzuschlagen, das normalerweise eine strenge Sicherheitszone war. Zum erstenmal seit fast zwölf Jahren kämpfte ich in den „Roaring Forties" – den wilden Vierziger-Breitengraden – wieder mit Segeltuch, obgleich es diesmal nur Zeltbahnen waren, die mir zu schaffen machten. Das Zelt verwandelte sich durch Eis und Frost bald in ein richtiges Iglu – für über drei Wochen, wie sich bald herausstellte, mein richtiges Zuhause.

20. Juli 1985, Isla Navarino

Ich tippe dies praktisch im Schlafsack liegend. Der Schlafsack ist neuerdings der Mittelpunkt meiner Welt. Denn draußen ist mein Zelt dick vereist. Jeder Grashalm starrt von hundert winzigen Eisnadeln, und die Temperatur ist viele Grade unter Null. Wenn ich mich schlafen lege, trage ich zwei Paar Wollsocken, Fausthandschuhe und meine marineblaue Sturmhaube. Ich muß darin abstoßender wirken als mit den traditionellen Lockenwicklern und Nachtcreme. Welch ein Glück also, daß niemand mich hier sieht!

Allerdings werde ich reichlich für all dies belohnt. Morgens, wenn es mir gelungen ist, den Reißverschluß am Zelteingang so weit zu enteisen, daß er sich herunterziehen läßt, kann ich meinen Morgenkaffee im Bett trinken und durch den offenen Zelteingang verfolgen, wie die niedrigstehende Wintersonne sich auf der anderen Seite des Beagle-Kanals gerade über die Gletscher hinaufschiebt und das ganze Eis erst mit herrlichen Goldtönen überhaucht, sie dann rot färbt und schließlich in ein Rosa verwandelt, das meine ganze sichtbare Welt überflutet. Es ist, als ob ganz gewöhnliche Landfarben wie Grün und Braun hier einfach verboten wären und nur das Phantastische erlaubt ...

Im Laufe der nächsten beiden Wochen wurde die Navigationskarte, die ich in Punta Arenas gekauft hatte, lebendig; dem Comandante Echeverría, der Chef des Marinestützpunktes, gestattete mir, an Bord eines kleinen, schlepperähnlichen Fahrzeugs mitzufahren, der *Fuentealba,* die verschiedene Inseln und Orte der Region anlief. Ich machte drei Fahrten der *Fuentealba* mit und stand dabei immer auf ihrer Brücke, als sie sich durch die schmalen Kanäle zwischen Hunderten von verlassenen und trostlosen Inseln hindurchschob. So kam ich nach Puerto Torro, wo ich mich in das Gästebuch der südlichsten Polizeistation der Welt eintrug; nach Isla Picton, die nach einem berühmten indianischen Krieger so heißt. Eine weitere Fahrt führte mich durch den schmalen Murray-Kanal nach Ponsonby Sund, der nach den unerschrockenen Ahnen meiner Großmutter Cara Ponsonby benannt wurde. Ein wenig weiter weg lagen die Inseln Milne Edwards und Button. Die ungeheuerliche Trostlosigkeit war schwer zu verkraften.

Am 27. Juni unternahmen wir eine Nachtfahrt, um bei Morgengrauen bei einer wunderschönen Bucht auf der Peninsula Hardy einzutreffen, die Orange Bay oder Bahía Orange heißt; ein schimmernder Apfelsinenmarmeladehimmel bestätigte, daß die Bucht mit Recht so benannt worden war. Das Schlauchboot der *Fuentealba* konnte nur unter Schwierigkeiten landen, und ich mußte gegen einen heftigen Südwest ankämpfen, um durch verkrümmte Zwergbuchen und verfilztes Bültgras bis zu einer Anhöhe zu gelangen, wo eine Plakette an die Tatsache erinnerte, daß während des neunzehnten Jahrhunderts hier eine Missionssiedlung gestanden hatte. Roter Rost fraß sich nun in die Dächer der zerfallenen Häuser.

Ein junger Leutnant von meinem Schiff erzählte mir die traurige Geschichte, wie die Missionare die von ihnen Bekehrten durch ihre Güte umgebracht hätten. Tausende von Jahren hatten die Yamana-Indianer glücklich in diesem Irrgarten von wilden Buchten und Inseln des fernen Südens gelebt, waren von einem Ort zum anderen gezogen, hatten ihre Boote am Riesentang festgemacht und ihre Frauen ausgeschickt, in dem eisigen Wasser nach den Muscheln und Krebsen zu tauchen, von denen sie lebten. Dennoch hatten sie überlebt, wo andere Rassen es nicht einmal versuchen würden. Die Missionare hatten sie mit Brot bekannt gemacht, das sie nicht gewohnt waren, und mit Kleidern, von denen sie nicht wußten, wie sie sie trocken halten sollten. Viele von ihnen fielen Krankheiten zum Opfer. Der Erfolg war, daß die Zahl der Yamanas in den ersten hundert Jahren nach dem Eintreffen der Missionare von viertausend auf nur zwanzig zurückgegangen war. Heute leben weder menschliche noch tierische Säuger mehr auf der Isla Hoste, der größeren Insel, zu der die Halbinsel gehört. Keine Schafe knabbern am Bültgras. Es ist einfach zu schwierig, sie herzubringen. Aus denselben Gründen haben sich weder Füchse noch Kaninchen, noch Ratten jemals hier angesiedelt. Die Fauna beschränkt sich auf Tiere mit Flügeln – Kondore, Albatrosse und eine Fülle anderer Seevögel leben hier.

Wieder zurück in Puerto Williams quälte ich den Comandanten ständig mit derselben Frage: „Wann läuft ein Schiff nach Kap Horn aus?" Er lächelte dann jedesmal höflich und sagte: „Nur noch ein bißchen länger. Haben Sie Geduld." Und dann schien die Haltung der *Armada* mir gegenüber von einem Tag auf den anderen umzuschlagen. Ich befand mich auf dem Weg von meinem Lagerplatz nach Puerto Williams, um etwas einzukaufen, als der forsche junge Adjutant des Comandante Echeverría hinter mir hergelaufen kam.

„Der Comandante wünscht Sie augenblicklich zu sehen", sagte er.

Meine Eingeweide zogen sich vor Aufregung zusammen. Endlich! dachte ich. Endlich sorgt er dafür, daß ich nach Kap Horn komme. Davon war ich felsenfest überzeugt.

„Nein, tut mir leid", sagte er, als ich sein Büro betrat. „Die Chilenische Marine wird Sie nicht nach Kap Horn bringen." Sämtliche Kap-Horn-Besuche sollten von Stund an nur im Rahmen eines militärischen Unternehmens stattfinden, an der keine Zivilisten teilnehmen durften. Er sagte mir, eine Maschine der Marineluftwaffe werde am nächsten Morgen Puerto Williams verlassen, und ich täte gut daran mitzufliegen.

Bei dem Versuch, mir meine Verzweiflung und Enttäuschung nicht anmerken zu lassen, wandte ich mich ab. Nun war ich so weit gekommen, und nun sollte ich mein Ziel doch nicht erreichen! Dreitausend Meilen hoch zu Roß und zu Fuß waren zunichte geworden; desgleichen die Bemühungen so vieler Chilenen, die mir auf meiner Reise geholfen hatten.

Kap Horn war mein Traum und mein Ziel gewesen, während ich daheim in Wales am Kamin diese Expedition geplant hatte. Kap

Horn war immer noch mein Ziel gewesen, als ich mich durch die Sandstürme der Atacama und die Schneestürme auf dem Weg nach Puerto Natales gequält hatte, und in den Morästen, die in der Region Aysén den Pferden bis zum Widerrist gegangen waren. Was mich aufrecht erhalten und mich hatte weitermachen lassen, war immer der Gedanke gewesen, daß ich mich auf einer Odyssee zurück zum Kap Horn befand. Aber Chile ist ein Land, in dem Autorität etwas gilt, und die Autorität dieses Mannes konnte mich jetzt am Erreichen meines Zieles hindern, wie es dem Wetter in meinem Boot im Jahre 1973 niemals möglich gewesen war. Ich war von anderen Menschen abhängig. Daß mein Verleger und noch ein paar andere Menschen an mich und meine Expedition geglaubt hatten, wog schwer. Jetzt spürte ich das Gewicht ihres Vertrauens mehr auf mir lasten denn je. Je mehr ich dies in meinem schlechten Spanisch zu erklären versuchte, desto weniger verstand der Comandante.

„Wir können nicht jeden nach Kap Horn bringen, der das nun mal möchte", sagte er und vergaß, daß er mir zuvor versprochen hatte, es zu arrangieren.

Was hatte ich getan? Hatte ich denn die *Armada* in irgendeiner Weise beleidigt?

Als ich am nächsten Morgen die Maschine der Marineluftwaffe bestieg, schneite es immer noch, doch die Kälte, die ich in mir spürte, hatte mit dem Wetter nichts zu tun.

„Wissen Sie denn nicht, daß sie an diesem Wochenende die argentinischen Generäle auf der Isla Navarino zu Gast haben?" erklärte mir Bill Matheson, der britische Konsul, als ich sein Büro in Punta Arenas betrat. Dann setzte er mir auseinander, auch wenn die Schlagkraft der chilenischen *Armada* recht ansehnlich sei, handele es sich keineswegs um eine große oder reiche Flotte im Gegensatz zu den Argentiniern. Der wahre Grund dafür, daß man mich plötzlich von der Isla Navarino fortgeschickt hatte, lag auf der Hand, und ich konnte den Chilenen noch nicht einmal einen

Vorwurf daraus machen. Ihre Beziehungen zu den Argentiniern waren wichtig, und es war wahrhaftig nicht der richtige Zeitpunkt, Gastgeber für eine englische *gringa* zu spielen.

Mir fielen die letzten Worte des Comandante ein, als er endlich doch das volle Ausmaß meiner Enttäuschung verstanden hatte.

„Keine Sorge", hatte er recht freundlich gesagt. „Wenn Sie wirklich nach Kap Horn wollen, werden Sie auch hinkommen. Sie werden wiederkommen."

Ich mußte einen Weg finden!

Abschied von den Pferden

Meine Freunde in Punta Arenas hatten vermutlich recht. Nachdem sie von der Entscheidung des Comandante erfahren hatten, sagten sie, einer nach dem anderen, Kap Horn sei doch nichts weiter als eine einsame, windumtoste und baumlose Insel am Ende der Welt, die sich durch nichts von Tausenden anderer kleiner Inseln in diesem Gebiet unterscheide – bis auf ihre einzigartige geographische Lage. Sie sei weder besonders schön noch interessant, jedenfalls überhaupt nicht mit anderen chilenischen Herrlichkeiten zu vergleichen, an denen ich auf meiner Reise vorbeigekommen sei. Aber irgendwie überzeugten ihre Worte mich nicht. Für mich war Kap Horn immer das Ziel meiner sogenannten Odyssee auf diesem Kontinent gewesen. Kap Horn war das, worum es auf dieser Reise ging.

Ich dachte mir einen Plan aus. Zunächst wollte ich die Pferde sicher zurückbringen auf die Hacienda und mir dann von der Regierung in Santiago eine Sondergenehmigung für Kap Horn holen. Gelang mir das, würde es von Santiago nur eine Flugstunde in den Süden sein. Gelang es mir nicht, nun, dann blieb mir nichts anderes übrig, als die Heimreise nach Wales anzutreten. Ich hatte das Gefühl, daß doch noch alles gut ausgehen würde. Meine ganze Expedition hindurch hatte General Mendoza mein Abenteuer mit seiner unerbetenen Hilfe nahezu erstickt, und anläßlich meines Besuches bei ihm hatte er mir gesagt, falls ich jemals wirklich seine Hilfe brauchte, sollte ich es nur sagen.

Ich nahm den Bus zurück nach Puerto Natales, wo ich feststellte, daß nicht nur ich Probleme hatte. Hornero und Jolgorio waren, obwohl sorgfältig gepflegt und gut gefüttert, zum erstenmal auf der gesamten Expedition erschreckend dünn geworden. Der Veterinär sagte, das liege an der extremen Kälte. Ich wußte nun, daß ich keine Zeit verlieren durfte, sie zurück in den Norden zu bringen. Das wichtigste Versprechen, das ich gemacht hatte, galt selbstverständlich ihnen – nämlich daß ich sie sicher zurückbringen würde in ihren Stall, sobald ihr Anteil an dem Unternehmen vorüber sei. Doch wie sollte ich das jetzt anstellen? Geld hatte ich fast keines mehr, und auch mit meiner Energie war ich so gut wie am Ende. Verfallen war auch mein Rückflugticket nach England; denn das hatte nur ein Jahr Gültigkeit gehabt. Doch das schien mir ein kleines Problem, verglichen mit den Riesenfragen, wie ich die Pferde sicher nach Haus bringen sollte.

Verzweifelt sah ich mir die Karte an. Als Kind in Irland hatte ich einst in der Grafschaft Kerry ein Eselsfohlen gekauft und per Anhalter mit einem Öl-Tankwagen nach Hause gebracht. Der kleine Esel, den ich in einen Sack gestopft hatte, so daß nur noch seine Ohren herausschauten, hatte auf dem Sitz zwischen mir und dem leidgeprüften Fahrer gelegen. In Chile per Anhalter mit zwei ausgewachsenen Pferden gen Norden zu fahren konnte sich schon als schwieriger erweisen.

Was ich jedoch völlig außer acht gelassen hatte, war der eigentümliche Zauber, den das ganze Abenteuer umgeben hatte, die Art und Weise, wie mir noch immer jemand zu Hilfe gekommen war, wenn es so ausgesehen hatte, als müßte ich das ganze Unternehmen abbrechen. Jetzt gewährte der Eigner der Fähre *Ro Ro Evangelista* mir und den Pferden freie Überfahrt nach Puerto Montt. Dort erwies sich auf einen telefonischen Hilferuf noch einmal René Varas als hilfreich. Er nutzte sein weitgespanntes Netz von Verbindungen und sorgte dafür, daß wir auf einer ganzen Reihe von Lastwagen, die Pferde oder Vieh in den Norden brachten, immer ein Stück weiter mitgenommen wurden. Die meiste Zeit über mußten die Pferde eingezwängt zwischen Rindern die Reise durchstehen.

In Osorno eingetroffen, erfuhr ich, daß Renés großartiges Pferd Quintral schließlich doch gestorben war und ein festliches Begräbnis erhalten hatte. Weiter ging es nach Valdivia, Temuco, Chillán, Longaví und schließlich San Fernando – meine ganze inzwischen sehr mitgenommene Landkarte wieder hinauf. Durch Chile hin-

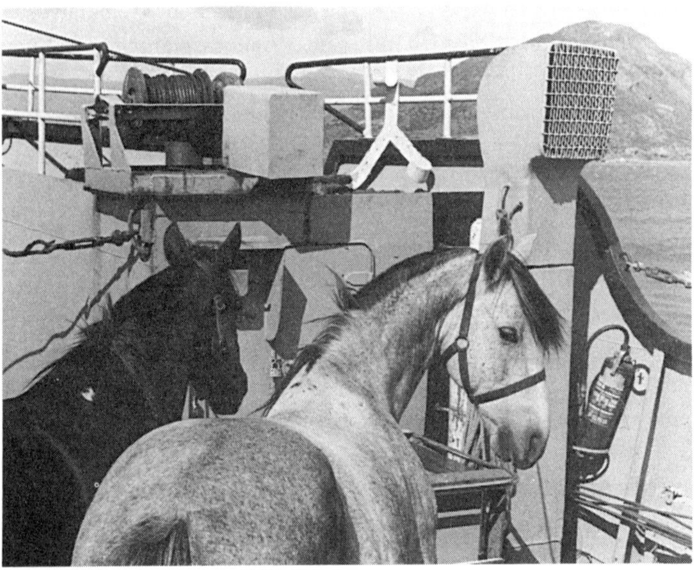

Auf der Fähre nach Puerto Montt

unterzureiten hatte fast ein ganzes Jahr gedauert. Für die Rückfahrt brauchten wir nur drei Wochen. Die Orte, durch die wir hindurchkamen, hatten dieselben Namen, und die Berge sahen ähnlich aus, aber es waren nicht dieselben.

Endlich trafen wir wieder auf der Hacienda ein. Ich war erschrocken über den Schaden, den sie durch das Erdbeben genommen hatte. Auch die Stallungen waren in ihren Grundfesten erschüttert worden. Das Elfenbeinkreuz aus dem fünfzehnten Jahrhundert in der Kapelle hatte gerade noch gerettet werden können; mindestens sechstausend Kristallgläser aus dem sechzehnten Jahrhundert waren in Scherben gegangen. Die warmen roten Mauern des Herrenhauses waren von einem Gerüst umgeben. Bauarbeiter würden noch sechs weitere Monate zu tun haben, die Schäden zu beheben.

Die Pferde wurden wie Helden begrüßt; mich selbst hieß man willkommen, als gehörte ich zur Familie. Ich fühlte mich hin und her gerissen zwischen widerstreitenden Gefühlen: einerseits war ich froh und erleichtert, die Pferde abliefern zu können, andererseits war mir das Herz schwer. Ich habe mein Versprechen gehalten, sagte ich mir. Ich war viel zu aufgewühlt, um sprechen zu können, und mußte mir von Germán Claro Lira immer wieder das grünseidene Taschentuch borgen, als ich zusah, wie Hornero und Jolgorio auf dem üppigsten Kleeschlag des Besitzes erst übermütig auskeilten und dann den Kopf senkten, um zu fressen, entschlossen, so bald wie möglich wieder dick zu werden.

Ein ganzes Programm wurde für sie aufgestellt: Die Werktage sollten sie draußen auf der Weide verbringen, an den Wochenenden jedoch in den Stall geholt werden, wo sie aufbauende Spritzen bekamen und Besuchern der Hacienda vorgeführt wurden. In ihrem Stall heftete ich ringsum an den Wänden Photos von ihnen an, die sie zeigten, wie sie sich durch Sanddünen und Schneeverwehungen hindurchkämpften, die die beiden weit auseinanderliegenden Enden Chiles charakterisierten. Denn wenn man sich die abgemagerten, aber sonst munteren Pferde ansah, konnte man sich einfach nicht vorstellen, wieviel sie durchgemacht hatten. Die Pferde hatten viele schwere Prüfungen durchstehen müssen, bei denen sie weit mehr Mut als Verstand gebraucht hatten. Einheimische Tiere aus den wilden Regionen von Aysén wären die eiskalten Flüsse und der gefrierende Sumpf weit vertrauter gewesen, und sie wären eher an die steilen Gebirge und an die Kälte gewöhnt gewesen. Aber hätten andere Pferde als Hornero und Jolgorio die ganze Strecke über mit mir durchgestanden und hätten sie sich innerhalb eines einzigen Jahres an so krasse Unterschiede angepaßt? Das wußte ich natürlich nicht. Ich habe ja nie andere Pferde gehabt. Ich wußte nur, daß mir zu keinem Zeitpunkt auf der ganzen Reise, auch nicht in den verzweifeltsten Augenblicken, danach gewesen war, die beiden gegen andere Pferde einzutauschen.

In Wahrheit war es doch so, daß das, was ich für meine vierbeinigen Freunde empfand, weit über die gewöhnliche Tierliebe oder auch Bewunderung für Tiere hinausging. Sie waren es schließlich gewesen, die die Expedition bewältigt hatten. Ich hatte nur auf ihrem Rücken gesessen und sie geleitet und ermutigt. Natürlich liebte ich sie mehr als jedes andere Lebewesen in Südamerika. Und natürlich war ich ihnen gegenüber positiv voreingenommen; doch alle Liebe in der Welt hätte sie nicht durchhalten lassen, hätten sie nicht das Zeug dazu gehabt.

Hornero und Jolgorio waren wirklich sehr froh, wieder daheim zu sein, und verziehen den anderen Pferden rasch, daß diese ihren Geschichten nicht glauben wollten. Ich jedoch konnte kaum den Gedanken ertragen, die Verantwortung für sie abzugeben. Es sind nicht deine Pferde, sagte ich mir immer wieder. Sie waren nur geliehen. Doch wenn das in einer Hinsicht natürlich stimmte, in einer anderen stimmte es nicht. Sie hatten mir ihre Liebe, ihr Vertrauen und ihr ganzes Bemühen geschenkt. Sie hatten mir ihr Leben zur Verfügung gestellt. Sie gehörten zu mir, mehr als sie zu irgend jemand sonst in der Welt gehörten – außer vielleicht sich selbst. Es fiel mir außerordentlich schwer, mich damit abzufinden, daß ich sie bald verlassen sollte, vielleicht für immer. Und doch wußte ich, daß ich es mir eigentlich nicht leisten konnte, mich von meinen Gefühlen überwältigen zu lassen. Die Pferde hatten ihre Aufgabe voll und ganz erfüllt, ich jedoch nicht.

> *23. August 1985, Hacienda Los Lingues*
> Abschied von Hornero und Jolgorio, deren Mut alles erst möglich gemacht hat. Wie schwierig es ist, einem Pferd Lebewohl zu sagen! Mit einem verschmitzten Augenzwinkern und das Maul voll von saftigem Gras versucht Jolgorio immer noch, am Fotoapparat zu knabbern – er bleibt mir so dicht auf den Fersen, daß es schwierig ist, ein Abschiedsfoto zu machen. Hornero – immer noch das stolzeste Pferd, das ich kenne – schaut mich aus großen braunen Augen an, als wollte er mich fragen: Und wohin geht's jetzt? Ich jedoch sage einfach „*Ciao*", schwinge mich auf ein anderes Pferd, das mich zu ihrer Koppel herausgebracht hat, und galoppiere weinend davon. Ich weiß, eigentlich sollte ich nicht weinen, denn immerhin habe ich meine Pferde dort zurückgelassen, wo für sie wohl das Paradies liegt, und das Lebewohl ist der Preis, von dem ich immer gewußt habe, daß ich ihn eines Tages würde zahlen müssen.

Wenn ich nicht den Pferden zusah und die unvergleichliche Gastfreundschaft der Claro Liras genoß, war ich in Santiago und versuchte, alle Leute zu beeinflussen. Mein erster Besuch galt General Mendoza. Ich meinte, daß er grauer aussähe als bei meinem ersten Besuch vor ein paar Monaten. Er hieß mich warmherzig willkommen und beruhigte mich, als ich die ganzen Dias über den Boden verstreute, die ich mitgebracht hatte, um sie ihm zu zeigen. „*No te pongas nerviosa*", sagte er. „Nur nicht nervös werden." Als ich sein Büro verließ, hielt ich eine enorme

Bronzeplakette für „Besondere Verdienste“ in der Hand und hatte sein festes Versprechen, sich persönlich bei seinem Kollegen in der Junta-Regierung, Admiral Merino, dem Oberkommandierenden der Marine, dafür einzusetzen, daß ich Kap Horn besuchen dürfe.

Doch eines sollte ich jetzt endgültig lernen: daß das Leben nie so einfach ist. Zwei Tage später hieß es in allen Schlagzeilen der Zeitungen: MENDOZA ZURÜCKGETRETEN!

Kap Horn schien immer weiter in die Ferne zu rücken. Durch die Umgestaltung der Regierung und wegen der Nachwirkungen des Erdbebens ging in Chile alles drunter und drüber. Vor diesem Hintergrund machte mein dringender Wunsch, nach Kap Horn zu gelangen, bei den sonst so freundlich gesonnenen Chilenen keinen besonderen Eindruck, was ich ihnen nicht verübeln konnte. Ich suchte eine ganze Reihe von Ämtern in Santiago auf, doch überall wurde ich auf sehr höfliche Weise mit einem „Nein“ beschieden. „Sie und Ihre Pferde sind schließlich bereits in Puerto Williams gewesen, oder?“ sagte ein Beamter. „Wir haben wirklich genug getan.“

„Wenn sie Sie nach Kap Horn lassen wollten, dann hätten sie es meiner Meinung nach längst getan“, erklärte John Hickman. Er und Jenny nahmen mich jedesmal, wenn ich nach Santiago kam, in der Dienstvilla des britischen Botschafters auf. Hätten sie und die Claro Liras mir nicht geholfen, ich hätte bestimmt aufgegeben. Im nachhinein vermute ich, daß selbst diese Freunde mich für leicht verrückt hielten. „Kap Horn ist etwas, das man umsegelt, oder?“ sagte John Hickman eines Tages. „Warum um alles in der Welt wollen Sie unbedingt dort *landen*?“

Ich beschloß, einen letzten Versuch zu machen, und den Oberbefehlshaber der Marine, Admiral Merino, persönlich aufzusuchen. Deshalb wandte ich mich noch einmal an den jetzt in Zurückgezogenheit lebenden General Mendoza und bewog ihn, meinetwegen an den Admiral zu schreiben. Auch der Vertreter der Luftwaffe, General Matthei, wurde angeschrieben. Und am

Ein letztes Abschiedsfoto mit „meinen" Pferden, Germán und seiner Frau Marie Elena

Montag, dem 19. August, erfuhr ich die Neuigkeit: „Die Luftwaffe wird Sie in die Antarktis bringen."

Ich war freudig erregt und enttäuscht zugleich. Nun sollte ich die Antarktis im Winter sehen, wo es nicht einmal die Pinguine dorthin schaffen, und weiter in den Süden kommen, als ich es mir jemals hatte träumen lassen – aber immer noch nicht nach Kap Horn. Die Hercules-Maschine sollte von Punta Arenas zur chilenischen Luftwaffenbasis Teniente Marsh auf dem King George Island in der Antarktis abgehen und dabei über Kap Horn hinwegfliegen. Nun, jedenfalls *sehen* würde ich es! Vielleicht würde mir das reichen müssen. Jedenfalls sollte ich die Antarktis nicht nur als „zweitbeste Möglichkeit" sehen, sagte ich mir immer wieder. Vielleicht wäre Kap Horn ohnehin eine Enttäuschung gewesen. Vielleicht sollte man sich eine Legende nicht aus allzu großer Nähe ansehen. Schließlich würde es schrecklich sein, auf Kap Horn, dem Symbol eines so großen Teils der Yachtsegelei, zu landen – bloß um festzustellen, daß es nichts weiter war als eine zerklüftete, öde Insel am Ende der Welt.

Am Tag, ehe ich auf der ersten Etappe meines Antarktisfluges nach Punta Arenas fliegen sollte, wurde ich ins Verteidigungsministerium gerufen. „Wie ich höre, haben Sie ein Problem?" sagte Admiral Gustavo Pfeifer. „O nein", erwiderte ich, „kein Problem, sondern einen unwiderstehlichen Drang."

Ich erklärte ihm, wie besonders freundlich die *Armada* bereits zu mir gewesen war und wieso ich diesen *unwiderstehlichen Drang* hatte, nach Kap Horn zu kommen. Ich wolle ja nicht, daß sie sich meinetwegen große Umstände machten oder auch nur einen Extrapeso ausgäben. Ich wolle nur die Erlaubnis, auf einem der Schiffe mitfahren zu dürfen, die die Leuchtturmwärter auf Kap Horn mit Nachschub versorgten.

Freundlich und geduldig hörte der Admiral mich an. „Admiral Merino wird die Entscheidung morgen persönlich fällen", sagte er mir. Als wir uns zum Abschied die Hand schüttelten, zwinkerte er mir zu – und ich war wieder voller Hoffnung.

Die eisige Kälte raubte mir fast den Atem, und ich klammerte mich auf dem Soziussitz des kleinen Schneemobils an meinen Vordermann. Rings um mich her eine phantastische Welt in Weiß.

Unmöglich, zu sagen, wo der Teppich aus Eis und Schnee endete und der Himmel begann.

Ich befand mich in der winterlichen Eiswüste der Antarktis. Zum Normalklima, so erklärte man mir, gehörten ständige Schneestürme, Winde mit einer Spitzengeschwindigkeit bis zu hundertfünfundzwanzig Stundenkilometern und Temperaturen dreißig Grad unter Null. Die Sichtweite konnte nicht mehr als vierhundert Meter betragen.

Selbst Pinguine und die Seelöwen, die für die Antarktis so bekannt sind, waren von dem lebensfeindlichen Wetter vertrieben worden und würden nicht zurückkommen, bis auch die meisten Besucher kommen würden, um sie zu fotografieren, also im nächsten Frühling. Selbst der berühmte Pfahl mit den Richtungsschildern nach London und vielen anderen Städten überall auf der Welt war vom Schnee fast begraben und stand in einer über fünf Meter hohen Schneewehe.

Unter Schwierigkeiten – weil das Schneemobil rutschte und holperte – zücke ich meinen Fotoapparat und stellte dann fest, daß es eigentlich kaum etwas zu fotografieren gab, nur Kilometer um Kilometer eintöniges Weiß. Das war vielleicht auch gut so. Man hatte mich gewarnt, daß in der extremen Kälte die Linsen springen konnten, wenn man sie allzu lange unbedeckt ließ.

Trotz allem schien mir die Möglichkeit, diesen ungewöhnlichen Teil der Welt in einer Zeit zu sehen, in der nur wenige Besucher herkommen, eine ganz besondere Vergünstigung. Die Antarktis dehnte sich um mich herum aus. Die wunderschönen Eisberge verbargen sich hinter dem fallenden Schnee, aber ihr Herz lag unbedeckt und offen da. Nichts Überflüssiges, keinerlei Ablenkungen, nur wilde, weiße Pracht.

All dies hatte ich dem ungewöhnlichsten Tagesflug zu verdanken, der jemals arrangiert worden war – von Punta Arenas bis in die Antarktis und zurück in vierundzwanzig Stunden. Organisiert wurde er für mich von einem freundlichen Luftwaffengeneral, der

Der berühmte Wegweiser in der Antarktis

dafür sorgte, daß ich mit einer Hercules-Maschine mitfliegen durfte, die den Teniente-Marsh-Luftwaffenstützpunkt auf der auf 62 Grad südlicher Breite gelegenen King-George-Insel ansteuerte, und dabei wertvollen Platz mit Luftwaffenpersonal und ihren Familien teilte.

Die Fahrt mit dem Schneemobil endete für mich in der Nähe der kleinen Siedlung Villa Las Estrellas oder der „Stadt der Sterne“, in der das abgehärtete Flugplatzpersonal – eines der ersten, das Frauen und Kinder mit in die Antarktis nahm – das ganze Jahr über lebte.

Ich versuchte, Augen und Ohren offenzuhalten, um in den wenigen Stunden, die mir auf diesem erstaunlichen Kontinent vergönnt waren, möglichst viel mitzubekommen, und kam sehr schnell dahinter, daß King George Island trotz des Wetters alles andere als nur verschneite Wildnis war. Man zeigte mir einen großen roten Container wie von einem Schiff, der sich als die südlichste Bank der Welt entpuppte. In einem ähnlichen Container war das Postamt untergebracht, das seine eigenen Antarktismarken verkaufte. In einem wesentlich größeren, gleichfalls roten Gebäude, war die Wetterstation untergebracht, wo ich Augusto Llaxo Eck, den Chefmeterologen, kennenlernte, den man in ganz Chile wegen seiner Arbeit am Südpol kennt. Er empfing mich und setzte mir geduldig die komplizierten Grundmuster des örtlichen Wettersystems auseinander. Nicht weit von hier lebten in sauberen kleinen Häusern die Familien des Luftwaffenpersonals. Trotz des unfreundlichen Klimas schienen sie ein ganz behagliches und gut organisiertes Leben zu führen. Drinnen wurde in diesen Häusern genauso gearbeitet und gelebt, und sie sahen auch ähnlich aus wie die adretten Häuser von Army- und Air-Force-Angehörigen überall in der Welt mit Nippessachen, Familienfotos und Souvenirs aus früheren Garnisonen auf dem Kaminsims. „Fast alles, was man braucht, wird eingeflogen, bis auf den Friseur", sagte man mir. „Das kann man doch nicht wirklich ein entbehrungsvolles Leben nennen, oder?"

Die Familien der Luftwaffenangehörigen begrüßten mich mit größter Freundlichkeit und begleiteten mich von Haus zu Haus, wo ich endlose Tassen Tee trinken mußte und stolz mit der kleinen, erst acht Monate alten Guisela bekannt gemacht wurde, dem ersten Baby weiblichen Geschlechts, das in der Antarktis geboren wurde.

Überrascht erfuhr ich bei meiner Stippvisite, daß über fünfundzwanzig Nationen in der Antarktis vertreten sind, davon mindestens sechs auf King George Island selbst. „Jeden Abend", erzählte mir eine Frau, „fragen wir uns: Sollen wir heute in China zu Abend essen? Oder lieber in Polen. Oder vielleicht doch in Rußland mit etwas Wodka?" Alle diese Länder unterhielten Niederlassungen auf der Insel, jede nur wenige hundert Meter von der anderen entfernt.

Als ich auf die Beleuchtung des Stützpunktes herniederschaute, mußte ich an die Worte von Lisa Marchelli denken, der Frau eines der dort stationierten Hubschrauberpiloten: „In klaren Frühlingsnächten", erzählte sie mir, „sind die Sterne fast zum Greifen nahe; daher auch der Name der Siedlung: Villa Las Estrellas – Stadt der Sterne. Geht dann die Sonne auf, wartet man gespannt darauf, was sie bringen wird. Die wunderschönen Formen und Farben der großen Eisberge ändern sich von Tag zu Tag. Manchmal wandelt sich überhaupt das ganze Bild über Nacht, weil ein Eisberg auf Nimmerwiedersehen davongeschwommen und dafür ein neuer aufgetaucht ist. Im Frühling kommen denn auch die Robben, die Seelöwen und unabsehbare Massen von Vögeln sowie Tausende von Pinguinen, die sich zwar dem Anschein nach so ähnlich sind, aber so grundverschieden im Charakter, daß Tiere, die sich paaren, einander ihr Leben lang treu bleiben." Ihre Worte wirkten wie ein Zauber auf mich. Ich wollte die Antarktis in meinem Herzen bewahren und eines Tages wiederkommen. Währenddessen lag Kap Horn irgendwo im Schatten und in den Wolken unter uns. Mein Magen verkrampfte sich. Was mochte der Admiral entschieden haben?

Endlich am Ziel – Kap Horn

Als die Hercules in Punta Arenas landete, wartete bereits eine Nachricht auf mich. Ich sollte Admiral Fernando Camúz, den Chef der Marinezone III, in seinem Hauptquartier in Punta Arenas aufsuchen. Er werde mir Admiral Merinos Entscheidung mitteilen.

Mit klopfendem Herzen betrat ich sein elegantes Büro. Er lächelte. Ich lächelte. Er hatte nicht jenes Gesicht aufgesetzt, das man trägt, wenn man jemandem eine schlechte Nachricht beibringt. Zuvor habe es ein Mißverständnis gegeben, sagte er. Jetzt sei mir die Erlaubnis erteilt, an einer ganz besonderen Mission teilzunehmen. Die AGS *Yelcho*, die eigens für das Südmeer gebaut sei, werde Kap Horn anlaufen und mich dort an Land setzen, während sie die Leuchtturmwärter mit Nachschub versorgte. Hinterher werde sie fünfunddreißig Meilen südlich von Kap Horn über die Drakes Passage zu den Diego-Ramírez-Inseln weiterlaufen, um ein paar Ingenieure an Bord zu nehmen, die gerade mit dem Bau des ersten Leuchtturms auf dieser Insel fertig geworden seien. Das Schiff werde mich in Puerto Williams übernehmen. Dorthin würde ich – dafür habe er gesorgt – morgen früh geflogen werden.

Ich konnte das alles kaum fassen. Das war wie zuviel Wein auf einmal. Als ich sein Büro verließ, platzte ich förmlich vor Aufregung und Dankbarkeit. Jeder Hufabdruck auf der Karte Chiles war dies wert, alle Kämpfe und Enttäuschungen.

Zurück in Puerto Williams, während ich darauf wartete, daß die *Yelcho* einlief, wurde ich von den Frauen der Seeleute aufgezogen: „Sie zieht es immer wieder hierher zurück." Ich war jetzt immerhin das drittemal hier. Der Schnee war verschwunden und lag nur noch auf den höchsten Bergen; die ganze Insel war wärmer und machte einen grüneren Eindruck. In den Büschen neben dem Rollfeld verriet feines Blöken das erstgeborene Lamm des frühen Frühlings. Doch die größten Veränderungen gab es in meinem Bewußtsein. Früher war Puerto Williams für mich die südlichste Stadt, das Ende der Welt gewesen, von dem ich – gäbe es nicht die Schwerkraft – hinunterfallen und ins All hinaussegeln könnte. Jetzt jedoch, nach meinem Besuch in der Antarktis, lag sie für meine Begriffe ziemlich weit im Norden. Die Gletscher entlang des Beagle-Kanals sowie die Kondore und gegenüber die großen Berge von Tierra del Fuego, von Feuerland, erfüllten mich nicht mehr mit überwältigendem Staunen; sie waren vielmehr vertraute Freunde, die wiederzusehen ich mich freute.

Der Leiter des Inselmuseums verlieh der auf mich zukommenden Fahrt noch eine Extradimension, indem er mir ein dickes Bündel Formulare zum Ausfüllen mitgab. Er fragte mich, ob ich bereit wäre, auf Kap Horn und Diego Ramírez an einer Albatros- und Pinguin-Erfassung mitzuwirken. Es kämen den Winter über nur so wenige Zivilisten dorthin, so daß die Lebensgewohnheiten der Vögel in dieser Zeit wenig bekannt seien. Er versah mich mit Beschreibungen von mindestens fünf verschiedenen Albatrosarten, nach denen ich Ausschau halten sollte, und vielen Arten von Pinguinen. Er brachte mir sorgfältig bei, wie man jeden Vogel erkennt. Ich hatte keine Ahnung, wieviel ich für ihn herausfinden konnte, doch habe ich von ihm mit Sicherheit eine ganze Menge gelernt.

Nachdem schlechtes Wetter für Verspätung gesorgt hatte, legte die *Yelcho* endlich am 2. September an der robusten Marine-Pier an. Comandante Eduardo García Domínguez, seine Offiziere, die Mannschaft und drei Schiffshunde – alle hießen mich herzlich willkommen. Der Navigationsoffizier, Rodrigo Lledo, stellte mir für die Dauer der Reise ritterlich seine Kammer zur Verfügung, die gemütlich im Herzen des Schiffes lag.

Die Gletscher den Beagle-Kanal entlang waren von einem besonders prachtvollen Sonnenaufgang goldüberhaucht, als das Schiff am frühen Morgen seine Leinen losmachte. „Ankunftszeit auf Cabo de Hornos wird gegen 16 Uhr heute nachmittag sein“, meinte Rodrigo Lledo, als wir an der Isla Gable vorüber in östlicher Richtung ausliefen. Ich beugte mich wieder über die Navigationskarten, auf denen er mir den Kurs gezeigt hatte, so daß er nicht ganz mitbekam, wie unsäglich aufgeregt ich war. Was für ein wunderschöner Tag, um nach Kap Horn zurückzukehren! Selbst der Name der *Yelcho* schien zutreffend: In der alten Mapuche-Sprache bedeutete er „Quelle der Hoffnung“.

Das erste Schiff dieses Namens hatte im Jahre 1916 während der Antarktisexpedition von Ernest Shackleton viele Überlebende der HMS *Endurance* übernommen. Bei der neuen *Yelcho*, die 1942 in Amerika gebaut worden war, handelte es sich um ein robustes und doch elegantes Bergungsschiff mit vier Motoren, die 300 PS produzierten. Auch sie hatte sich bereits einen großen Ruf als Rettungsschiff erworben und vielen Schiffen in Seenot geholfen. Die *Yelcho* hatte seit 1962 nicht weniger als neunzehn Reisen in die Antarktis unternommen und dabei eine Menge hydrographische und andere wissenschaftliche Daten gewonnen.

Gegen Mittag war der Goldhimmel der frühen Morgenstunden dicken rußschwarzen Wolken gewichen. Es gab Graupel- und Hagelschauer. Die See wurde rauher. Beim Mittagessen flogen in der Offiziersmesse sämtliche Teller und Gläser vom Tisch. Gott sei Dank, daß ich bei dieser Reise nicht den Smutje oder noch mehr den Navigationsoffizier spielen mußte!

Zwei Stunden später kam steuerbords der Wollaston-Archipel in Sicht. Der Himmel lichtete sich vorübergehend, die Sonne blinzelte durch die Wolken und gab den Blick auf Inseln frei, die sich als ein geheimnisvolles Gewirr grüner Formen und Schatten darboten. Über dem Schiff kreisten mehrere – wie mir schien – Schwarzbraunalbatrosse mit dem weißen Rumpf, schwarzgeränderten Schwingen und leuchtendgelben Beinen. Ich meinte, sie anhand der schmutzigbraunen Flecken über den Augen zu erkennen, doch wurde mir diese Aufgabe dadurch erschwert, daß uns noch viele große braune Seevögel umkreisten, die alle so taten, als wären sie Albatrosse.

Um 15 Uhr erkannte ich die Isla Deceit und die Isla Herschel. Das Südende der ersteren schien aus einer Reihe von großen Felszähnen zu bestehen, die steil aus dem Wasser herausragten. Als gehörten sie zu einem irren Riesen des Südmeers, schäumte es auf, wenn die Wogen über sie hereinbrachen. Die *Yelcho* mußte sie umfahren, um dann Kurs auf die Insel Horn zu nehmen. Doch als wir näher kamen, vermittelten die Felsen den Eindruck, als rückten sie in immer größere Ferne, denn der Wind frischte wieder auf, und ein weiterer schwerer Hagelsturm beeinträchtigte die Sicht gewaltig.

Dann – Deceit querab – wurde der Himmel plötzlich wieder hell. Die nächsten zwanzig Minuten lang fuhren wir durch einen meteorologischen Cocktail aus Hagelstürmen und kräftigen Böen; dazwischen gab es atemberaubend schöne Augenblicke voller Sonnenschein und mit kristallklarer Sicht. Es war, als ob das Südmeer uns alle Wettermöglichkeiten vorführen wollte, über die es gebot.

Plötzlich sah ich es! Zum erstenmal seit dreizehn langen Jahren erblickte ich wieder das einzigartige Profil von Kap Horn!

Es war weit prächtiger, als ich es in Erinnerung hatte. Dunkle Bündel tiefhängender Wolken ballten sich über der Drakes-Passage, doch landwärts, hinter der Hermiten-Gruppe, wies der Himmel rosa Flecken auf. Sonnenstrahlenbündel, die durch die Wolken brachen, verliehen den legendären Umrissen des großen Felsens noch zusätzlich Dramatik und Pracht. Als der Wind heulte und sich in meinem Kopf die Erinnerungen überschlugen, meinte ich, an der unglaublichen, wilden Schönheit des Ortes fast zu ersticken.

Die *Yelcho* ankerte in Lee der Insel, auf der geschützteren Westseite, nahe der einzigen Stelle, an der es möglich ist, Menschen und Nachschub an Land zu bringen. Immer noch erreichte der Wind in den Böen eine Geschwindigkeit von fünfunddreißig bis vierzig Knoten, als der Zodiac-Tender an dem kleinen Felsstrand landete. Das war um so gefährlicher, als der Propeller des Außenbordmotors sich immer wieder an einer dicken Schicht Tang festfraß.

Während ich mich anschickte, den steilen Aufstieg vom Strand hinter mich zu bringen, sah ich, wie die Matrosen den Viermonatsvorrat an Lebensmitteln für die drei Leuchtturmwärter ausluden; hinzu kam noch Feuerholz für drei Monate sowie der schwere neue Ofen, der für die Hütte der Leuchtturmwärter bestellt worden war. Irgendwie mußten sie das halb unter Wasser liegende Dinghy unter ständigen Böen immer wieder zwischen *Yelcho* und Strand hin und her schippern, und nachdem alles ausgeladen war, die gesamte Fracht auch noch den sechzig Meter hohen Hang hinaufschaffen.

Gemeinsam mit einem der Offiziere der *Yelcho* legte ich den ziemlich morastigen Pfad zu einer kleinen, recht gebrechlich aussehenden Hütte mit einer Tafel davor zurück, auf der es hieß: „Willkommen – Cabo de Hornos!" Drinnen siedete bereits Wasser im Kessel der Leuchtturmwärter, die mir einen Stuhl an den primitiven Holzofen schoben und mich willkommen hießen.

Auf Kap Horn mit den Leuchtturmwächtern Kaffee zu trinken – das muß der Gipfel der Träume für jeden Segler sein, der es sich in den Kopf gesetzt hat, hier zu landen. Als wir an dem sengend heißen Getränk nippten und die kleinen Kekse knabberten, die sie auf einem Blech überm Feuer gebacken hatten, erzählten sie mir von den Beschwerlichkeiten ihres Lebens am Ende der Welt. Bei stürmischem Wetter war es sehr gefährlich, die Leuchtfeuer zu versorgen, und viele Wärter hatten im Laufe der Jahre hier ihr Leben gelassen. Der Leuchtturm selbst stand auf der anderen Seite

Endlich am Ziel!

der Insel. Sie führten ein wirklich einsames Leben. Die *Yelcho* hatte ihnen die erste Post seit Monaten gebracht.

Als ich meine Pflicht erfüllte und mich nach den Vögeln erkundigte, berichteten sie, die Pinguinkolonie habe die Insel im Laufe des strengen Winters verlassen und sei noch nicht wieder zurückgekehrt. Dafür stellten sie mir stolz ihre Welpe Línea vor, die, wie sie meinten, irgendwie wissenschaftlich erfaßt werden müsse, da sie der erste Hund sei, der je auf Kap Horn das Licht der Welt erblickt habe.

Ich dankte ihnen für den Kaffee und überließ sie ihrer Post und dem Sortieren ihrer Vorräte. So weit ich konnte, kämpfte ich mich dann nach Süden vor, wobei ich mich gegen den Wind stemmte, der mich, wie ich meinte, jeden Augenblick packen und hinaus in die Drakes-Passage wirbeln konnte, wie es nicht wenigen vor mir widerfahren war.

Als ich hinausschaute aufs Meer, war mir fast, als sähe ich den Katamaran *Anneliese* und hörte das Gelächter meiner Kinder, als sie mit langen Streifen Blasentang spielten. In diesem Augenblick, da vergangene und gegenwärtige Abenteuer sich trafen, versuchte ich, ihm dort oben zu danken.

Vierhundertneun Tage hatte es gedauert, nach Kap Horn zurückzukehren. Dies war die härteste Expedition, die ich jemals unternommen hatte, und auch die lohnendste. Viele Male waren die Pferde und ich drauf und dran gewesen, es aufzugeben. Viele andere Male war das eigentliche Ziel meines Unternehmens von Schwierigkeiten überschattet gewesen, und nur ein eigensinniger Instinkt hatte mich weitermachen lassen. Es war den ganzen gewaltigen Kampf wert gewesen!

Ehe ich Kap Horn verließ, schrieb ich Horneros und Jolgorios Namen in das Gästebuch der Leuchtturmwärter – die Namen der ersten Pferde, die jemals darin eingetragen wurden. Es war das Ende einer Odyssee.

Infos

Wie man hinkommt

Jahrhundertelang war in der ganzen Welt kaum ein Land schwerer zu erreichen als Chile. Die Natur hat es besonders gut geschützt:

Im Norden liegt *Atacama,* die unwirtlichste und trockenste Wüste auf Erden. Die gesamte Ostseite des Landes wird von den mächtigen und oft unübersteigbaren Anden oder *Cordilleras de los Andes* gesäumt. Die Westgrenze bildet eine der längsten und tückischsten Meeresküsten der Welt, wobei wiederum der ausgefranste Schwanz Chiles – der Chilenische Archipel – eines der regenreichsten und stümischsten Gebiete der Erde bildet, an dessen äußerster Spitze Kap Horn liegt.

Vor dem Bau des Panamakanals und vor dem Zeitalter der Flugreisen führte der traditionelle Weg von Europa nach Chile auf einer West-Ost-Route per Segelschiff um Kap Horn herum. Ausnahmslos alles – vom lebenden Vieh bis zu den Menschen und den hochgeschätzten Konzert-Flügeln aus Deutschland – mußte diese Reise machen.

Heutzutage ist es glücklicherweise einfacher, nach Chile zu kommen: Die meisten Reisebüros, viele Zeitungen und eine Reihe von Fluglinien bieten Billigflüge nach Santiago, der Hauptstadt Chiles, an.

Die meisten Flugtickets behalten – was den Rückflug betrifft – maximal ein Jahr ihre Gültigkeit. Bleibt man länger fort, wird der Restbetrag im allgemeinen erstattet und/oder das Ticket neu ausgestellt (wobei leichte Preiserhöhungen, zu denen es in der Zwischenzeit gekommen sein könnte, in Kauf genommen werden müssen). Doch einige der billigsten Hin- und Rückflugtickets werden bei Nichtinanspruchnahme *nicht* erstattet und auch *nicht* verlängert.

Ist man sich hundertprozentig sicher, wie lange man fortbleiben will, bieten einige dieser Tickets die billigste Flugmöglichkeit. Sollte jedoch die geringste Möglichkeit bestehen, daß der Besuch oder die Reise doch länger dauert, als ursprünglich geplant, sollte man jedes Flugticket, das man kauft, sehr, sehr sorgfältig prüfen. Ich spreche da aus bitterer Erfahrung.

Ursprünglich sollte meine ganze Reise vier oder fünf Monate dauern. Schließlich brauchte ich vierzehn Monate, um mein Ziel zu erreichen. Die meiste Zeit über klammerte ich mich an mein Rückflugticket wie Linus aus den *Peanuts* sich an sein Schmusetuch. Was immer mir unterwegs zustoßen mochte – wenn alles vorüber sein würde, hatte ich jedenfalls die Möglichkeit, wieder heimzufliegen. Dieses Ticket durchquerte Flüsse mit mir und überlebte die Sandstürme in der Atacama – ich behielt es auch bei mir, als ich von Kopf bis Fuß schlammbeschmiert durch den Morast wankte. Doch als ich schließlich nach Santiago zurückkehrte, mußte ich nicht nur feststellen, daß es abgelaufen war, weil ich länger als ein Jahr fortgeblieben war – es ließ sich auch weder verlängern, noch bekam ich den Preis erstattet. Kurz: Ich konnte es wegschmeißen, und genug Geld zusammenzubekommen, um ein neues Ticket für den Heimflug zu erstehen, war schwierig, um das mindeste zu sagen.

Was ist mitzunehmen?

Ohne Einschränkung so wenig wie möglich. Nirgends trifft die Maxime: „Man braucht halb soviel Ausrüstung und doppelt soviel Geld" mehr zu als hier. In Chile trifft das für die allgemeine Ausrüstung genauso zu wie für Medikamente.

Selbst wenn man die abgelegenen und unberührten Regionen des Südens erkunden will, wo man alles, was man benötigt, um mehrere Wochen oder gar Monate zu überleben, selbst tragen muß, braucht man nicht viel Ausrüstung aus Europa mitzubringen, wie ich das aus Unwissenheit getan habe. Alles Lebensnotwendige – von Campinggas und Sonnenbrillen bis zu Seife, Zahnpasta und Lebensmitteln – läßt sich in den meisten chilenischen Städten, insbesondere in Zentralchile, genauso billig und mühelos einkaufen wie bei uns.

Chiles extremer Klimaverhältnisse wegen – die von subtropisch bis zu polar gehen – hängt das, was man wirklich braucht, weitgehend davon ab, welchen Teil des unendlich langen Landes man besuchen möchte.

Entsprechend meinen persönlichen Erfahrungen und in der Annahme, daß Sie zelten und nicht von einem Hotel zum anderen ziehen wollen, würde ich raten, folgende Dinge mitzubringen:

1. Bequeme, leichte Wanderstiefel.
2. Ein gutes Zelt und einen Schlafsack. Kein Mensch wird sich in seinen eigenen vier Wänden jemals so pudelwohl fühlen, wie ich in meinem geliebten Iglu-Zelt, das mir vierzehn Monate hindurch besten Schutz bot und den Mittelpunkt meines Nomadenlebens bildete. Zelte sind in Chile teuer.
3. Isomatten (sind in Chile sehr schwer erhältlich!)
4. Warme Unterwäsche, Sturmhaube sowie Handschuhe.
5. Mehrere Paar Wadenwärmer – die sind phantastisch und beanspruchen kaum Raum.
6. Fotoapparat – am besten *zwei!* Reparaturen sind in Chile außerordentlich teuer. Und da es so viele schöne Bilder zu knipsen gibt, ist es schon sehr frustrierend, wenn ein Apparat nicht funktioniert, weil er in einen Fluß gefallen oder sonstwas damit passiert ist. Filme hingegen sind in Chile kaum teurer als in Europa. Dia-Filme, deren Preis die Entwicklung einschließt, werden nur im Lande selbst entwickelt – vergessen Sie also nicht, sie entwickeln zu lassen, ehe Sie wieder heimfahren. Wenn Sie vorhaben, die südliche Inselwelt zu bereisen, können Sie gar nicht genug Filmmaterial mitnehmen – und zwar in kleine Päckchen aufgeteilt, möglichst in kleinen Plastikhüllen verschlossen, damit trotz des ständigen Regens zumindest einiges davon überlebt. In weit im Süden gelegenen Städten wie zum Beispiel Cochrane werden häufig keine Filme verkauft. Der dort ansässige Lehrer machte mir ein großartiges Geschenk: eine Rolle Schwarz-Weiß-Film. Das war alles, was ich wochenlang an Fotomaterial hatte. Dabei kämpfte ich mich durch eine der ungewöhnlichsten und erlesensten Weltgegenden – was für ein Jammer! Bitte, machen Sie nicht denselben Fehler wie ich!
7. Ölzeug und Anoraks sollte man aus Europa mitbringen. Genauso eventuell benötigte Bergsteigerausrüstung und Rucksäcke.
8. Besonders unwichtig und doch höchst brauchbar und daher mitbringenswert: Postkarten aus Ihrer Heimat und anderen europäischen Ländern, die Sie an Leute verschenken können, denen Sie begegnen. Sie werden ihnen sehr viel bedeuten.

Kleidung

Wenn man wirklich Geld und Platz im Koffer sparen will, dann an Kleidung. Die Chilenen sind selbst in abgelegenen Landesteilen außerordentlich modebewußt und fahren Hunderte von Kilometern, bloß um Blue Jeans für die Familie zu kaufen. Dabei ist handgesponnene und handgewebte chilenische Kleidung wunderbar warm, bequem und billig. Es erwies sich als absolut überflüssig, bei einem Campingausstatter in London teure Bergsteigersocken zu kaufen – die Socken, Pullover, Schals und Ponchos, die ich in Chiloé für wenige Pesos kaufte, haben mich nie im Stich gelassen. Selbst im Regenwald ließen sie nur sehr wenig Feuchtigkeit durch. Wurden sie aber doch einmal naß, wie etwa beim Durchschwimmen von Flüssen, hielten sie mich trotzdem warm.

Restaurants/Essen

Meine Kenntnis chilenischer Restaurants beschränkt sich im wesentlichen auf die wunderbaren, an den Landstraßen gelegenen *posadas,* über die im allgemeinen eine ausladende und lustige Señora das Regiment führt. Hier gibt es preiswerte Eintöpfe oder *cazuelas* und *empanadas,* mit allen möglichen wohlschmeckenden Füllungen versehene Teigtaschen. Besonders auf Chilóe gibt es überall an der Küste sehr empfehlenswerte kleine Holzschuppen, die manchmal auf stelzenartigen Pfählen ins Meer hineingebaut sind und in denen merkwürdig schillernde Fische und Meerestiere gereicht werden; unter anderem *loco* oder Riesenkrebse, *caldilla de congrio* oder Meeraalsuppe, Austern usw. Zu allem gibt es köstlichen chilenischen Wein, von dem ein großes Glas rund fünf Pesos kostet.

Unterwegs aß ich möglichst einfach, denn ich konnte es mir weder leisten, größere Portionen zu kaufen, noch sie mit mir herumtragen und zubereiten. Ich lebte vornehmlich von Brot, das ich für wenige Pesos von den Bauern kaufte, an deren Höfen ich vorüberkam. Zuletzt entwickelte ich eine große Fertigkeit, wo immer das Wetter es erlaubte, unter meinem Lagerfeuer im heißen Sand meine eigenen Brötchen zu backen. Außerdem kaufte ich Gemüse und Trockenfleisch, allerdings immer nur in sehr kleinen Mengen, als Luxus. Mir war daran gelegen, nicht zuviel zu essen, damit der arme Jolgorio nicht noch mehr tragen mußte als ohnehin schon.

Gleichfalls um Gewicht und Geld zu sparen und um die Umwelt nicht zu belasten, nahm ich niemals Blechkonserven mit. Ich war glücklich mit meinen drei kleinen Plastikbehältern – mit Salz, Kaffee und Zucker. Insbesondere der Kaffee hat mir viel bedeutet. Doch im Regenwald war es mir manchmal tagelang nicht möglich, ein Feuer zu entfachen; dann lebte ich nur von Brot mit etwas Zucker darauf (um es haltbar zu machen) und kaltem Wasser. Geschadet hat mir das nicht.

Klima

Chile erstreckt sich über nahezu vierzig Breitengrade, die chilenische Antarktis mitgezählt, sind es sogar über siebzig. Kein Wunder also, daß es hier mehr Klimatypen und größere Klimaextreme gibt als in jedem anderen Land.

In der Atacama gibt es ausgedehnte Gebiete, in denen seit Erschaffung der Welt kein Tropfen Regen gefallen ist. Auf Hunderten von Quadratkilometern sieht es dort nicht anders aus als auf dem Mond. Hier haben nie auch nur die bescheidensten Pflanzen Wurzeln geschlagen.

Die südliche Inselwelt bildet gleichfalls eine Wildnis, in der es allerdings regnet, und das rund dreihundertvierzig Tage im Jahr. Hier sieht man praktisch den Wald vor lauter Bäumen nicht; er ist schier undurchdringlich.

Zu anderen Klimazonen in Chile gehören die Halbwüsten oder Savannen unmittelbar unterhalb der Atacama, in denen es Riesenkakteen und bewässerte Weinberge gibt. Diese Gebiete führen weiter nach Zentralchile, in das Herzstück dieses Landes, das mit einem mediterranen Klima gesegnet ist, fruchtbare Täler und üppige Farmen aufweist. Diese werden von frischen Flüssen bewässert, die von den schneebedeckten Kordilleren herunterfließen. Südlich daran anschließend kommt die wunderschöne Seenplatte und noch weiter südlich der chilenische Archipel oder die Inselwelt selbst, die hauptsächlich aus hohen Bergen und undurchdringlichen Wäldern besteht und an südlichen Eiskappen vorbei über ein Gewirr von unbewohnten Inseln, reißenden Flüssen, Sümpfen und Fjorden bis nach Kap Horn hinunterführt. Wobei Chile noch über die Drake-Passage hinweg bis King George V. Island reicht und sich bis in die Antarktis erstreckt.

Ganz allgemein würde ich dazu raten, die Atacama im Juli, August und September aufzusuchen. Dann herrscht auf der Südhälfte der Erdkugel Winter, und es ist ein wenig kühler. Zentralchile mit seinem gemäßigten Klima kann man selbstverständlich zu jeder Jahreszeit bereisen; doch am schönsten ist es vielleicht im Frühling. Der äußerste Süden zeigt sich im Sommer von seiner angenehmsten Seite. Allerdings: Auch wenn es dann vielleicht weniger Schnee und Eis gibt, ist der berühmte patagonische Wind um diese Jahreszeit am aktivsten.

Die Menschen

Viele Chilenen sind spanischer Herkunft und stammen von den Conquistadores ab; oder aber sie sind *mestizos*, Mischlinge. Die Huilliche-Indianer, die vornehmlich auf Chiloé lebten, kamen gut mit den spanischen Eroberern aus und vermischten sich bald mit ihnen. Die stolzen Mapuche südlich des Río Bio Bio, nahe Concepción, hingegen setzten von allen südamerikanischen Indianern den Spaniern den erbittertsten Widerstand entgegen, besiegten und vernichteten nicht selten ganze spanische Armeen. Sie sprechen auch heute noch ihre eigene Sprache und pflegen ihre eigene Kultur. Allerdings begegnen sie heute allen Fremden mit größter Zuvorkommenheit und Gastfreundlichkeit. Die Freundschaft eines Mapuche kann gar nicht hoch genug eingeschätzt werden. Es gibt immer noch einige wenige Überlebende der alten Yama-na-Indianer, die in einer kleinen Siedlung, Puerto Eden, etwa in der Mitte der nach Süden führenden Kanäle leben. Sonst stammen die Chilenen von jugoslawischen, schweizerischen, französischen, holländischen, britischen und deutschen Einwanderern ab, die im Laufe des 19. Jahrhunderts als Pioniere nach Chile kamen.

Die Deutschen, die um 1850 einwanderten, siedelten hauptsächlich zwischen Valdivia und Puerto Montt in dem Gebiet der südlichen Seenplatte und setzten als Kolonialisten hohe Maßstäbe. Die Nachfahren dieser deutschen Einwanderer besitzen heute einige der schönsten landwirtschaftlichen Betriebe in ganz Chile. Es ist ihnen gelungen, viel von ihrer deutschen Kultur zu bewahren, die sich gut mit dem chilenischen Nationalstolz verträgt. Deutsch wird in diesen Landesteilen noch viel gesprochen, und manche der schönen Anwesen und malerischen Häuser könnten genausogut in Bayern stehen.

Die Sprache

Bis auf die deutschen Kolonien im Süden, wo z. T. Deutsch gesprochen wird, beherrschen nur wenige Chilenen außer Spanisch irgendeine andere europäische Sprache. Es heißt bei ihnen, ein Bild sei soviel wert wie tausend Worte – nun, wenn man nach Chile kommt, ist ein Wort Spanisch soviel wert wie zehntausend Wörter in irgendeiner anderen Sprache. Es lohnt sich daher, zumindest etwas Spanisch zu lernen, ehe man hinfährt. Ein guter Sprachführer und ein Wörterbuch sind unabdingbar.

PFERDE · Die verschiedenen Rassen

In Chile gibt es nicht die rassische Vielfalt bei Pferden wie in Europa, wo vom Shetland-Pony bis zum schweren Kaltblüter alles zu finden ist. Es gibt nur drei Haupttypen, und zwar folgende:

Chilenische Vollblüter, wie Hornero und Jolgorio, die alle das besondere, auf Seite 65 beschriebene Brandzeichen tragen und über Stammbäume verfügen, die viele Generationen zurückgehen. Sie sind bekannt für ihre stolze Haltung, Ausdauer, Mut, Wendigkeit und dafür, daß sie viel Spaß verstehen. Farblich sind sie zumeist von hellerem oder dunklerem Braun, Mausgrau oder Schwarz. Kastanienbraune oder apfelschimmelgraue wie Hornero sind selten. Schecken kommen nicht vor. Ihr Stockmaß beträgt im allgemeinen nur zwischen 1,40 m und 1,50 m, doch dafür haben sie das Herz von Riesenpferden, und die Chilenen würden im Traum nicht darauf kommen, sie jemals als Ponys zu bezeichnen. Dabei sind sie äußerst lebhaft, kinderlieb und sehr tolerant in bezug auf menschliche Marotten. Aculeos werden hoch geschätzt, und wer einen kaufen will, muß viel dafür bezahlen.

„Corriente" Pferde – wörtlich übersetzt „gewöhnliche" Pferde, womit man ihnen jedoch unrecht tut. Viele von ihnen sind überlegen gezüchtete, redliche Pferde, die den Bedingungen des jeweiligen Landesteils, in dem sie leben, sehr wohl angepaßt sind. *Corrientes* sind im allgemeinen nicht größer als Vollblüter und ziemlich feingliedrig. Schwere Rassen wie etwa Kaltblüter gibt es in Chile nicht. Die besten *Corrientes* sind mit chilenischen Vollblütern gekreuzt. Weil es keine Stutbücher für sie gibt, sind sie sehr preiswert – so sehr, daß diese Pferde das halbe ländliche Chile entweder auf dem Rücken tragen oder es ziehen. Weiden ist in Chile billig, weil Land nicht viel kostet. Auch ein armer Bauer, der sich nie auch nur ein uraltes Auto, ja, nicht einmal ein Fahrrad leisten könnte, besitzt im allgemeinen mindestens ein halbes Dutzend Pferde. Mehrere dieser Tiere zusammengespannt, ziehen fröhlich die ganze Woche über einen schweren Pflug und tragen dann – gestriegelt, herausgeputzt und einen schönen handgearbeiteten Sattel auf dem Rücken – am Sonntag die ganze Familie zum Gottesdienst in die Kirche.

Englische Vollblüter und Vollblutkreuzungen: Bei diesen Pferden handelt es sich in Chile vergleichsweise um Neulinge, aber ihre Zahl nimmt zu. Die Chilenen lieben Pferderennen und noch mehr vielleicht Springreiten. General Mendoza sprang auf der Olympiade in Helsinki für Chile. Comandante René Varas gewann mit seinem großartigen Pferd Quintral in München eine Medaille. Darüber hinaus gibt es viele talentierte junge Springreiter. Da jedoch die besten Vollbluthengste weit weg im Ausland stationiert und sehr teuer sind, haben die Chilenen Schwierigkeiten, potentielle Springer von genügend hohem Stockmaß zu züchten. Und da die reiterischen Wettkämpfe meist Kontinente entfernt statt finden, ist es für chilenische Reiterteams sehr teuer, dorthin zu reisen – doch als Reiter sind sie großartig. Entfernte Verwandte dieser Wettkampfpferde in Chile sind die einen etwas schwereren Knochenbau aufweisenden, besonders für die Carabineros durch Kreuzung zwischen englischen Vollblütern und *Corrientes* gezüchteten Polizeipferde.

Pferdeausrüstung unterwegs

Meine persönliche Meinung über Sättel und Zaumzeug, die ich benutzte, lautet folgendermaßen:

Packsattel (geliehen vom *Royal Army Veterinary Corps*). Dieser Sattel hat uns allerbeste Dienste geleistet. Er war aus schönem Leder gearbeitet und an der Unterseite gut gepolstert. Außerdem wies er gute Anschnall- und Anhängemöglichkeiten auf, die halfen, die Lasten gut auszubalancieren und festzuzurren, was besonders dann notwendig war, wenn der arme Jolgorio steile Bergpfade hinauf und hinunter mußte. Ich würde jedem, der ernsthaft an eine Expedition mit Pferden oder Maultieren als Tragtiere denkt, raten, alles zu versuchen, um sich einen europäischen Packsattel von der Kavallerie oder der Polizei zu leihen oder vielleicht sogar zu kaufen. Das empfiehlt sich insbesondere für Chile, da hier Packsättel, außer im südlichen Archipel, kaum benutzt werden. In der Landesmitte ziehen die Menschen es im allgemeinen vor, so schnell wie möglich von einem Ort zum anderen zu galoppieren. Es gibt unterwegs immer genügend Freunde oder Verwandte, bei denen man zwischendurch unterkommen kann. Im nahe gelegenen Peru werden Packsättel im Gebirge gebraucht, doch handelt es sich dort um die rohen Holzgestelle, die sich verheerend auf den Pferderücken auswirken – und sich gebührend um diesen zu kümmern ist schwierig, wenn die Tiere fast jeden Tag arbeiten müssen und Monat für Monat Hunderte von Kilometern zurücklegen. Trotz der vorzüglichen Polsterung an der Unterseite meines Army-Packsattels stellte ich fest, daß Jolgorio, sich am wohlsten damit fühlte, wenn er zusätzlich noch eine dicke Schaumstoffunterlage und etwa sechs Woilachs untergelegt bekam – wobei letztere mir nachts dazu dienten, mich zusätzlich zu meinem Schlafsack warm zu halten.

Zügel. Für Hornero benutzte ich einen ganz einfachen Lederzaum mit Trense. Bei der Länge der Reise war die Trense für ihn angenehmer als das traditionelle chilenische Gebiß und funktionierte sehr gut. Manchmal, um ihm bei besonders ermüdenden Teilen unseres Abenteuers Erleichterung zu verschaffen, ritt ich ihn über Hunderte von Kilometern nur mit dem Halfter und lenkte ihn mittels Stimme und Beinen.

Stallhalfter. Jolgorio trug überhaupt nur ein Halfter. Das *Royal Army Veterinary Corps* in England war so freundlich, mir zwei Halfter aus Leinwandgurten zu leihen, die robust und sehr gut zu gebrauchen waren – das einzige, was ihnen fehlte, war der Glanz der wunderschönen handgearbeiteten Halfter aus Ziegenleder.

Sattel. Bei meinem Sattel handelte es sich um eine Promenadenmischung – das heißt, in der Form war er europäisch, dazu aber mit den eingearbeiteten Taschensteigbügeln eines chilenischen Sattels ausgestattet. Señor Claro Lira hatte ihn eigens für mich anfertigen lassen. Die Steigbügel waren gut, weil ich darin mit jeder Art von Fußbekleidung zurechtkam. Nur ganz so bequem wie die gewöhnlichen chilenischen Sättel war er nicht, und außerdem wies er nicht die Halterungen eines chilenischen Sattels auf, an dem man Seile, Satteltasche usw. befestigen kann, und deshalb habe ich ihn oft verflucht. Doch viele seiner Nachteile machte er mehr als wett durch die Tatsache, daß er außerordentlich leicht war – und das war schon ein großer Gewinn. Auch bei diesem Sattel benutzte ich als Unterlage ein dickes Schaumgummipolster und so viele Woilache wie möglich, um Horneros Rücken zu schonen.

Die Pflege des Pferdes

Man sollte es sich genau überlegen, ehe man mit Pferden als Gefährten auf eine Expedition zieht. Pferde sind ohne Arg und bitten nicht darum, auf die verrückten Abenteuer von Menschen mitgenommen zu werden. Die Belohnung, mit ihnen unterwegs zu sein, ist sehr groß – doch gilt das nicht minder für die Schuldgefühle, die einen befallen, wenn man in schweren Zeiten zusehen muß, wie sie leiden. Sie in der Wüste oder überhaupt in der Wildnis zu pflegen, stellt eine große Verantwortung dar und ist alles andere als leicht. Häufig gibt es keinen Stall und keine Koppel in der Nähe, wo sie sich ausruhen können, wenn sie lahmen oder sonst krank sind – und einen Tierarzt findet man auch nicht so schnell.

Wer jemals beschließt, eine längere Expedition durch unbewohnte Gebiete hoch zu Roß und ohne tatkräftige Unterstützung von seiten

Dritter zu unternehmen, sollte vorher zu Hause die besten Tierärzte und Pferdefachleute aufsuchen und möglichst viel von ihnen lernen. Unbedingt nötig ist es, *vor* Antritt des Unternehmens zu wissen, wie man einem Pferd eine Spritze gibt, wie man die bekanntesten Krankheiten behandelt, Kolik diagnostiziert, Wunden versorgt, Pferde beschlägt usw. Wer mein Buch schon gelesen hat, kennt die Gründe, warum ich dazu rate.

Sehr ratsam ist es, nach der Ankunft in Chile einen der dort ansässigen Tierärzte aufzusuchen und um Ratschläge zu bitten. Er kann sagen, welche Pferdemedikamente für welche Region Chiles nötig sind. Auch kann er möglicherweise raten, wo man gute Pferde kaufen oder mieten kann. Auch sollte man sich an die Behörden, Carabineros eingeschlossen, wenden. Sie sind im allgemeinen sehr hilfsbereit, wenn es darum geht, sich über die besten Reiserouten klarzuwerden und zu erfahren, wo man Futter bekommt usw.

Überhaupt zum Futter: Hornero und Jolgorio mußten sich in der Atacama mit Heu und Vitaminspritzen begnügen. Später jedoch habe ich – selbst in Zentralchile, wo es unterwegs für gewöhnlich überall gutes Gras gibt – immer versucht, ihnen Hafer und Mais zu kaufen, um ihre einseitige Grasernährung möglichst zu ergänzen. Pferde, die zehn Stunden hintereinander marschieren müssen, und das fünf Tage in der Woche, sind Schwerarbeiter und brauchen die beste Ernährung, die sich finden läßt.

Ist man erst mal unterwegs, lohnt sich die Mühe, die Pferde bei jeder Mittagsrast vollständig zu entladen – das heißt, sie auch abzusatteln. Dann kommt Luft an ihren Rücken heran, und man kann nachprüfen, ob es zu irgendwelchen Schwellungen gekommen ist. Vor dem neuerlichen Aufsatteln empfiehlt es sich, jene Stellen, auf denen der Sattel besonders aufliegt, mit Öl einzureiben; das wirkt vorbeugend gegen Rükkenbeschwerden. Ist der Tagesmarsch vorüber, sollte *nie* versäumt werden, den Pferden den Rücken und die Beine mit kaltem Wasser abzuwaschen. Ein oder zwei Eimer Wasser, dem Pferd über den Rücken gegossen und gegen die Beine gespritzt, helfen alle möglichen Beschwerden des Tages zu vertreiben. Sie in einem Dorf mit einem Schlauch abzuspritzen, ist natürlich ein noch größerer Luxus. Hinterher müssen die Pferde selbstverständlich trockengerieben und umhergeführt werden, bis sie warm sind und sich für die Nacht hinlegen. Wer all dies geschafft hat, wird im allgemeinen vor Erschöpfung umfallen, doch nie vergessen: *Vier Beine müssen immer vor zwei Beinen kommen!* Steht kein Wasser zur Verfügung, massiert man ihnen die Beine und den Rücken mit einem Einreibemittel ein.

Wenn es etwas gibt, das noch wichtiger ist als der Rücken des Pferdes, dann sind es seine Füße! Es gibt eine alte Reiterweisheit „Hast du keinen Fuß, hast du kein Pferd." Wie wahr! Der kleinste Fehler, etwas, das lange Zeit nicht im mindesten auffällt bei einem Pferd, das durchschnittlich ein paar Tage in der Woche geritten wird – so etwas macht sich rasch bemerkbar bei Pferden, die täglich viele Kilometer zurücklegen. Der Zustand der Füße sollte ständig überwacht werden: die Hornschicht (keine Risse usw.?); die Sehnen (geschwollen?); und natürlich auch Hufeisen und Nägel.

Noch etwas, worauf man sein Augenmerk richten sollte: Koliksymptome. Bei allen Pferden gleichermaßen wichtig ist es, sie nie Heu oder Korn vom bloßen Wüstenboden oder der nackten Erde fressen zu lassen. Man sollte stets ein „Tischtuch" darunter ausbreiten, denn Sandkörner oder winzige Steine in ihren Eingeweiden können ihren Tod zur Folge haben.

Ganz allgemein gesprochen: Achten Sie bei Ihren Pferden auf kleinste Veränderungen. Versuchen Sie sich darauf zu konzentrieren, wie es ihnen wirklich geht und wie sie sich fühlen. Wenn Sie finden, daß sie abmagern oder an Form verlieren – unternehmen Sie sofort etwas dagegen, ehe es schlimmer wird. Ein kleines Mittel zur rechten Zeit erspart auch hier, wie wohl überall, viel Mühe.

Aculeo Hornero und Aculeo Jolgorio

Diese beiden sind natürlich meine besten Freunde in Chile. Vielleicht haben Sie sich beim Lesen selbst ein wenig in sie verliebt. Es geht ihnen gut, sie sind beide wohlauf und führen auf der wunderschönen Hacienda, von der sie stammen, ein verwöhntes Leben. Ihre Pfleger, die fast so etwas wie Kammerdiener für sie sind, lesen ihnen jeden Wunsch von den Augen ab, und sie genießen das in vollen Zügen. Mir fehlen sie sehr. Zu meinem großen Leidwesen ist Chile unendlich weit weg, so daß ich es mir nicht leisten kann, mal kurz hinzufahren und sie zu besuchen.

Ihre Adresse lautet: Aculeo Hornero und Aculeo Jolgorio, c/o Señor Germán Claro Lira, Hacienda Los Lingues, Torre C. Of 205, 1100 Providencia, Santiago, Telefon: Santiago 2233518. Sollten Sie jemals nach Chile kommen – bitte, bitte, rufen Sie an, und erkundigen Sie sich wie es ihnen geht. Oder noch besser: Fahren Sie hin, und überzeugen Sie sich selbst – und streicheln Sie sie von mir. Nicht nur, daß die Hacienda Los Lingues ein ungewöhnlich schöner Fleck Erde ist und Señor Claro Lira und seine Familie bezaubernde Menschen – ich bin sicher, daß Hornero und Jolgorio Sie gern mit den anderen Aculeos bekannt machen würden.